지금부터 리더

지금부터 리더

신임 리더 온보딩을 위한
리더십 팩트 체크!

지정훈, 조한겸, 정우성, 전수정, 박한샘,
박찬규, 박진일, 김화정, 김정현, 김윤정 지음

plan b
DESIGN

차례

| 프롤로그 | 지금부터 리더 • *9*

Part 1
신임 팀장 3개월, **6 Wheel** 장착하기

Wheel 1 **지지자 만들기** '추종하는 자가 있어야 진정한 리더다' • *19*

Wheel 2 **상사의 기대 확인하기** '상사, 핵심 이해관계자이자 내부고객이다' • *25*

Wheel 3 **팀원의 기대 확인하기** '아날로그 소통, 결정적 순간 리더십을 결정한다' • *37*

Wheel 4 **업무 R&R 명확하게 하기** '명확하지 않은 R&R이 갈등을 일으킨다' • *49*

Wheel 5 **초기 작은 성공 만들기** '처음 100일, 신뢰와 생존이 달려 있다' • *60*

Wheel 6 **회고하기** '회고하는 팀의 성장 속도는 다르다' • *76*

Part 2
팀장 리더십 **FAKE & FACT**

Chapter 1. 일이 되게 하는 리더

Fake 리더는 가르치는 사람이다 **vs** Fact 리더는 가리키는 사람이다 • *92*

Fake 3요를 따져 묻다니 싸가지가 없다 **vs** Fact 3요를 따져 물으면 일머리가 있다 • *98*

Fake 권한위임은 맡기는 거다 **vs** Fact 권한위임은 맡겨서 되게 하는 거다 • *102*

Fake 회의는 양을 줄이는 게 생산성이다 **vs** Fact 회의는 질을 높이는 게 생산성이다 • *110*

Fake 성과관리는 완벽한 제도에 달렸다 **vs** Fact 성과관리는 리더가 누구냐에 달렸다 • *116*

Fake 싫은 소리 하면 어색해질 거다 **vs** Fact 꿍하지 말고 쿨해라 • *124*

Fake 리더는 문제를 다 해결해줘야 한다 **vs** Fact 착한 척하지 마라, 잘난 척하지 마라 • *129*

Fake 리더는 완벽하게 의사결정해야 한다 **vs** Fact 완벽한 의사결정은 존재하지 않는다 • *136*

Chapter 2. 사람을 움직이게 하는 리더

Fake 동기부여는 리더의 책임이다 **vs** Fact 동기부여는 스스로 하는 것이다 • *144*

Fake 주인의식을 가지고 일하라 **vs** Fact 일의 주인공이 되게 하라 • *152*

Fake 팀원의 능력을 키워줘야 한다 **vs** Fact 팀원의 생각을 키워줘야 한다 • *157*

Fake 내 맘 같은 팀원이 없다 **vs** Fact 네가 보는 눈이 없다 • *161*

Fake 바빠서 면담할 시간이 없다 **vs** Fact 줄퇴사로 더 바빠질 것이다 • *167*

Fake Yes 하고 은근히 속 뒤집는 팀원 **vs** Fact No 하고 대안을 제시하는 팀원 • *172*

Fake 공감의 깊이를 더하자 **vs** Fact 공감의 반경을 넓히자 • *179*

Fake 논리적으로 말이 돼야 따른다 **vs** Fact 좋은 사람의 말을 따른다 • *184*

Chapter 3. 조직을 단단하게 하는 리더

Fake 수평문화, 있어빌리티~ **vs** Fact 수평은 선, 수직은 악이 아니다 • *189*

Fake 요즘 애들은 개인주의다 **vs** Fact 이기주의는 아니다 • *196*

Fake 공평한 분배, 공평한 대우 **vs** Fact 기회는 공평하게, 평가는 공정하게! • *200*

Fake 조직은 항상 변해야 한다 **vs** Fact 조직은 때로 변하지 않아도 된다 • *206*

Fake 문제의 갈등을 제거하자 **vs** Fact 문제는 갈등 앞에 얼어붙는 것이다 • *208*

Fake 팀원과 인간적인 신뢰감이 필요하다 vs Fact 팀원과 일을 위한 신뢰로 충분하다 • **214**

Fake 한 팀이라면 당연히 도와줘야지 vs Fact 한 팀이지만 협업은 정확히 하자 • **218**

Fake 친절한 리더가 좋다 vs Fact 적당히 까칠한 리더가 매력적이다 • **225**

Fake 리더십과 팔로워십의 합이 중요하다 vs Fact 플레이어십이 강팀을 만든다 • **229**

Fake 미래를 대비하는 리더 vs Fact 미래를 현재로 가져오는 리더 • **234**

Chapter 4. 스스로를 관리하는 리더

Fake 팀원들이 나를 잘 모른다 vs Fact 팀장만 스스로를 모른다 • **239**

Fake E형 리더가 리더답다 vs Fact I형 리더도 리더답다 • **245**

Fake 팀장은 감정적이면 안 된다 vs Fact 팀장은 감정을 표현할 줄 알아야 한다 • **253**

Fake 돈 잘 쓰는 리더가 좋은 리더 vs Fact 시간을 잘 쓰는 리더가 좋은 리더 • **258**

Fake 리더는 도덕적이어야 한다 vs Fact 리더는 도덕면허를 경계해야 한다 • **264**

Part 3
리더의 6 Core

Core 1   신뢰, 여전하지 않고 꾸준해야 쌓인다 • **276**

Core 2   진심, 용기가 있어야 전해진다 • **286**

Core 3   겸손, 존중할수록 더 멋져진다 • **296**

Core 4   공감, 화합&협력의 고리를 만든다 • **306**

Core 5   치열, 강한 믿음&행동이 자발성을 만든다 • **316**

Core 6   균형, 흔들릴 때 힘이 더 강해진다 • **326**

지금부터, 리더

Part 1. '처음 리더', 기대를 확신으로 장착하기

"첫눈, 첫 만남, 첫사랑, 첫 여행, 첫 마음….." 이 단어를 보면 기분이 어떠한가? 마치 하얀 구름 위에 떠오른 설렘과 기대라는 감정이 햇살이 되어 눈부시게 하는 장면이 떠오른다. "첫 출근, 첫인사, 첫 발표, 첫 이직, 처음 리더", 이 단어는 또 어떤 느낌인가? 처음이라는 의미는 동일한데 직장, 조직이라는 환경으로 무대를 옮기면 느낌이 사뭇 달라진다. 설렘과 기대도 있지만 불안, 부담이라는 감정도 공존한다. 시간은 흐르고 감정도 흘러가지만, 처음이라는 단어는 해석하는 마음에 따라 그 순간 결심을 만들고, 그 결심은 행동을 결정한다. 그리고 그 행동은 지금이 아닌 미래를 만들게 한다. 이 책은 처음이라는 단어가 기대보다는 불안, 부담으로 다가오는 리더들을 위해 쓰게 되었다. 팀장이 되기 싫어하는 시대, 아직은 리더가 궁금한 사람들의 마음속 불꽃이 꺼지기 전에 불씨를 살리고 싶었다.

이 책에서 제시하는 통찰을 통해 리더십의 뼈대를 올린다면, 처음 하는 리더 역할일지라도 '나도 잘할 수 있다'는 자신감이 생길 것이다. 리더가 되면 일과 조직을 장악하기 위해서 초기 3개월의 코어타임에 기초공사가 필요한데, 이를 6개의 휠Wheel에 비유하였다. 첫 번째 휠은 지지자 만들기로 리더에게 추종자 만들기가 중요한 이유와 추종자 만드는 방법을 소개했다. 두 번째 휠은 상사의 기대를 확인하고 활용하는 방법, 세 번째 휠은 팀원의 기대를 확인하고 관리하는 방법을 제시했다. 네 번째 휠은 업무 R&R을 명확하게 하는 방법, 다섯 번째 휠은 초기 작은 성공을 만들어 신뢰를 쌓는 방법을 정리했다. 마지막으로 여섯 번째 휠은 회고하는 팀이 되는 방법을 통해 처음 리더가 된 그 누구라도 따라가기 쉬운 여섯 가지 휠을 장착해두었다.

Part 2. '지금부터 리더', 리더십 Fake & Fact 구분하기

지금까지 일을 잘해왔던 실무자인 당신은 '지금부터 리더' 역할을 맡게 되었다. 지금까지 아무리 잘해왔더라도 아쉽지만 지나간 성과나 실적은 떠나보내야 하고, 지나온 시간이 후회가 되는 순간이 있더라도 '지금부터 리더'로서 잘하면 된다. '지금부터'라는 말은 상당한 매력이 있다. 앞으로 맞이할 시간과 마음가짐까지도 포용하기 때문이다. 열심히 사느라 후배를 소홀히 했던 당신도, 조직관리는 영 자신이 없던 당신도 '지금부터'라는 한 단어를 통해 마음속 해방감을 가지고 시작할 수 있다.

신임 리더가 되자마자 챙겨야 할 것들, 즉 Part 1의 6휠을 장착한 후에는 본격적으로 팀 운영을 하게 된다. 하지만 내가 여태껏 들어왔던 리더십 지식, 겪어본 리더들로부터 배운 간접 경험, 선배들을 통해 학습한 방식으로 해서는 큰일 난다. 시대도, 세대도 바뀌었기에 새로운 시대와 세대에 적합한 방식의 리더십을 발휘해야 한다. 막연하게 팩트처럼 여겨지는 것들이 있을 텐데, 진짜 팩트가 무엇인지 체크해보고 방향을 제대로 잡아야 한다. Part 2에서는 리더십(Fake & Fact)을 정확하게 이해할 수 있는 실무 리더들의 경험과 통찰을 담았다. 사람(구성원)을 움직이게 해서 일을 되게 만들고, 조직을 단단하게 만드는 리더를 제시하고, 스스로를 관리하는 방법까지 다뤘다. 챕터 1_ 일이 되게하는 리더에서는 비전 제시, 커뮤니케이션, 권한위임, 회의, 성과관리, 피드백, 문제해결, 의사결정을 구분하여 일 관리하는 방법을 세부적으로 제시했다. 챕터 2_ 사람을 움직이게 하는 리더에서는 동기부여, 주인의식, 팀원 육성, 안목, 면담, 공감, 리딩을 통해 강요하지 않고 구성원을 끌어가는 방법을 기술했다. 챕터 3_ 조직을 단단하게 하는 리더에서는 수평문화, 포용, 평가, 변화관리, 갈등관리, 신뢰, 협업, 솔직, 플레이어십, 미래지향을 통해 조직을 빌드업하는 과정을 담아냈다. 챕터 4_ 스스로를 관리하는 리더에서는 자기인식, 강점관리, 감정관리, 시간관리, 윤리의식을 통해 리더 스스로 자기 객관화를 하고 성장할 수 있는 방법을 안내했다.

Part 3. '진짜 리더', 리더십 6 Core 간직하기

세대가 변하고, 세상이 변해도 리더가 간직해야 할 코어Core는 분명히 존재한다. 리더십 체력을 길러줄 수 있는 코어를 여섯 가지로 정의하고 이를 손쉽게 접할 수 있는 드라마, 영화, 다큐를 통해 여러분에게 제시했다. 6 Core는 '신뢰, 진심, 겸손, 공감, 치열, 균형'이다. 진짜 리더의 모습은 그리 멀지 않은 곳에 있음을 깨닫고 여러분이 이 글을 통해 6 Core를 간직하는 리더가 되길 기대해본다.

Part 1

신임 팀장 3개월,

6 Wheel

장착하기

> **"**
> 목표를 달성한 모습을 떠올리면
> 실현 확률이 늘게 되고,
> 즐기면서 실행하는 것이
> 최고의 성공 비결이다.
> **"**

가바사와 시온 뇌과학 연구자

팀장 리더십, '기초공사'를 시작하라

요즘 현지인들이 애호하는 숨은 장소를 찾아 경험해보는 로컬 체험이 유행이다. 유행에 반응하듯 여행 예능 프로그램에도 지각변동이 일어났다. 예전 여행 예능은 주로 우리나라의 유명 연예인이 해외에 나가 여행객(이방인)의 시선으로 유명 관광지, 액티비티를 보여주었다. '그들'의 세상을 '나'의 관점으로 체험하고 보여주는 방식인 셈이다. 그런데 최근 들어 〈톡파원 25시〉, 〈어쩌다 사장〉 등의 프로그램을 보면 여행자는 더 이상 여행객(이방인)이 아니다. 〈톡파원 25시〉는 겉핥기 랜선 여행이 아니다. 톡파원(현지인)이 여행객들은 알기 힘든 디테일한 여행 꿀팁까지 알려주는, 현지 생활감이 물씬 묻어나는 여행 예능이다. 그리고 스튜디오에서는 톡파원이 영상에서 '케밥'을 먹는 모습을 보면 케밥과 관련된 좀 더 다양한 이야기 꽃을 피우며 프로그램을 더 풍성하게 만들어 나간다.

반면 〈어쩌다 사장〉은 일정 기간 동안 현지인으로서 그곳 주민들의 생각과 생활방식을 따라 하며 새로운 환경에 적응하는 모습, 현지인과 어울리며 동화되는 모습을 통해 새로운 재미를 선사한다. 주인공인 차태현과 조인성이 지방 슈퍼마켓을 맡아 운영하면서 겪는 여러 가지 어려움을 재미로 승화시켰다. 강원도 화천군 원천리에서는 버스표를 슈퍼마켓에서 사야 한다. 서울생활과는 다른 그곳의 생활방식에 적응하면서 마을 사람들의 삶을 이해하고 동화되어간다. 프로그램에서 보여주는 원천리의 아름다운 장소들도 평소 흔히 접할 수 있는 여행 안내서에서 소개하는 핫플레이스와는 거리가 멀다. 프로의 성공요인은 두 주인공이 사장으로서 마켓 안의 상품 이름과 가격 외우기, 계산을 얼마나 빠르게 잘했는지, 얼마나 많이 판매했는지보다 얼마나 현지인들의 삶에 녹아들었나에 있다. 주인공들이 현지인의 삶에 동화되고 마음으로 연결되는 순간, 비로소 주인공들은 마을의 진정한 일원이 되었고, 진정한 사장이 되었다.

신임 팀장의 첫 3개월도 크게 다르지 않다. 내부에서 승진한 팀장 케이스든, 경력직 팀장 케이스든 상관없이 대부분 팀장은 그동안의 뛰어난 실무역량을 인정받아 팀장이 된 경우가 많다. 그러기에 자신을 알아봐준 조직에게 빠른 시일 내에 자신을 선택한 것이 얼마나 탁월한 결정이었는지 '성과'를 통해 증명해내야 한다. 의욕과 함께 조바심이 앞서는 것은 당연하다. 하지만 신임 팀장은 더 이상 실무자가 아니다. 예전 자신을 성공으로 이끌었던 실무 방식과 습관은 이제 내려놓아야 한다. 팀원들에게 리더로서 방향성을 제시하고, 자율성을 부여하여 스스로 맡은 업무를 잘 수행할 수 있도록 이끌어야 한다. 빛나는 팀의 성과로 만들어야 한다.

신임 팀장이 '성과'를 내기 위해서는 3개월 동안 리더십 기초공사를 해야 한다. 기초공사는 '팀 내부 상황 파악 및 재정비'를 의미한다. 대부분 팀장은 보임 초기, 팀을 제대로 리딩하기 위해 팀 여기저기에 관심을 가지는 아주 자연스러운 모습을 보인다. 그런데 이때 중요한 것이 바로 어떤 관점과 태도를 가지고 내부 파악을 하느냐다. 급히 먹는 밥이 체하듯이 조급함 때문에 서두르게 되면 여행객(이방인)의 시선으로 팀을 바라볼 수밖에 없다. 수박 겉핥기로는 본질을 놓칠 위험이 있다. 빨리 가려다 가장 늦게 가게 되거나, 최악의 경우 아예 목적지에 못 갈 수도 있다. 결정적 순간에 리더십을 잘 발휘하려면 리더십 기초공사를 튼튼하게 잘해야 한다. 다시 말해 겉으로 보이는 현상에만 집중하고 혼자 판단하기보다는 팀 내부에 깊이 침투하여 그들의 히스토리를 듣고, 이해하고, 동화되어 마음으로 연결되어야 한다. 리더십 기초공사의 중심에 '사람'이 있음을 기억하자.

결론적으로 여행객(이방인) 관점으로는 본질에 근접하지 못한다. 현상 파악에만 머물게 되니 팀에 제대로 된 변화를 일으키기 어렵다. 여행객(이방인)이 아닌 현지인 관점의 접근이 필요하다. 그래야 본질에 근접하여 팀 재정비를 시작할 수 있다. 현지인 관점은 기존 구성원과 수시로 부대끼며 질문하고 듣는 시간이 절대적으로 필요하다. 기존 구성원들을 이해하고, 팀에 녹아들어야 하기에 조금 더 시간이 걸리고 번거롭다. 그러나 팀원의 성향, 강점, 업무 히스토리, 맥락, 갈등,

고충 및 애로사항, 개선사항, 팀원 간 케미 등을 알아가는 과정에서 기존 구성원들의 새 팀장에 대한 심리지수는 빠르게 상승곡선을 만들어 낼 것이다.

리더십에 있어 관계 증진, 신뢰 형성은 가장 중요한 부분이며, 신뢰를 얻으려면 시간이 필요하다. 조급함을 버리고 3개월 동안은 '말하기'보다 '듣기'에 초점을 맞춰 팀원들을 내 편으로 만드는 데 집중하자. 그래야 구성원과 어우러져 멋지게 성과를 만들어내는 팀장, 진정한 리더로 우뚝 설 수 있다. 지금부터 신임 팀장이 결정적인 순간 리더십을 잘 발휘하여 '성과'라는 목적지에 빠르게 도달할 수 있도록, 3개월 동안 '6 Wheel'을 장착할 수 있는 구체적인 방법에 대해 알아보자.

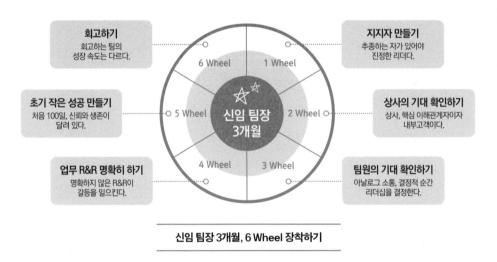

신임 팀장 3개월, 6 Wheel 장착하기

추종하는 자가 있어야 진정한 리더다

미국의 경영학자 피터 드러커는 말년에 이르러 "리더십이란 게 그렇게 거창한 것인지 모르겠다"고 고백했다. 그리고 "확실하게 말할 수 있는 단 한 가지는 리더는 추종자들이 있는 사람들이라는 것뿐"이라고 했다. 이 말은 옳다. 조직의 성공은 조직에 있는 구성원의 헌신에 달려 있다. 그리고 구성원의 헌신은 리더에 대한 전적인 추종, 다시 말해 리더가 말하는 비전을 공감하고 리더의 말을 따르며 최선을 다해 공헌하려는 태도에서 나온다. 따라서 추종자가 없거나 일부만 있는 리더는 진정한 의미에서 리더가 아니다. 리더를 추종한다는 것, 지지한다는 것은 리더가 추구하는 목표와 방향에 맞춰 기꺼이 따르겠다는 의지의 표명이자 리더십 지표다. 구성원 모두의 추종을 끌어내는 것이야말로 리더십의 본질이다. 리더가 있기 때문에 추종자가 있는 것이 아니라 추종자가 있기 때문에 리더가 있다고 말할 수 있다.

리더는 타인을 통해 성과를 내는 사람이다. 구성원의 지지와 신뢰가 없으면 탁월한 성과를 내는 것은 불가능하다. 단기적인 성과는 가능하나 지속적인 성과를 내기 어렵다. 신뢰하지 못하는 사람을 위해 더 많은 일을 하거나 몰입해 일하는 사람은 없다. 진정한 지지자는 어떻게 하면 리더가 결정한 사안, 목표가 달성될 수 있을지 함께 고민해 준다. 하지만 지지자가 아니면 '일만 많아진다', '굳이 이걸 왜 해야 해?', '하던 일이나 잘했으면 좋겠다' 같은 부정적인 생각을 하면서 온몸으로 거부감을 표현하며 리더십에 불만을 갖는다. 구성원의 자발성을 끌어내지 못했다는 사실을 인지한 리더의 마음은 어떨까? 리더 역할을 해야 하는 순간마다 구성원의 눈치를 볼 것이고, 움직이려 하지 않는 구성원에게 언성을 높이며 팀 내 분위기는 차갑게 얼어갈 것이다. 그런 의미에서 팀장이 되었다고 모두가 리더가 되는 것은 아니다.

추종자 없는 리더의 최후

남미에는 유독 유명한 좌파 성향의 지도자들이 많다. 좌파 성향의 지도자들은 소수인 지배계층보다 다수인 중산층 이하의 국민들을 위한 정책을 펼쳤다. 즉 사람의 마음을 얻는 것이 얼마나 중요한지 가장 잘 아는 리더들이다. 브라질 전 대통령 '룰라' 또한 그들 중 하나다. 그의 행보를 주식에 비유하자면 매일 상한가를 달리던 초특급 우량주였다가 하한가를 맞아 상장폐지 심사를 앞두고 있는 격과 같다.

2010년 서울에서 열린 G20 정상회의에서 오바마는 룰라를 보며 "이분이야말로 세계에서 가장 인기가 많은 대통령이다. 룰라 대통령은 나의 우상이다. 나는 그를 깊이 존경한다"고 말했다. 하지만 6년 후 브라질 대통령 '지우마 호세프' 탄핵 시위 때 화살의 방향은 룰라를 겨냥하고 있었다. 임기 마지막, 지지도가 87퍼센트에 달했던 가장 인기 있고 사랑받던 지도자가 그 화살을 맞고 몰락하였다. 사람의 마음을 얻은 리더와 사람의 마음을 잃어버린 리더의 모습을 극명하게 보여주는 사례다.

룰라는 가난한 소작농의 아들로 태어나 궁핍한 삶을 살았다. 이런 배경을 가진 그가 세 번의 대선 도전으로 대통령이 되었을 때 국민들의 환호는 대단했다. "왜 부자들을 돕는 것은 '투자'라 하고, 가난한 이들을 돕는 것은 '비용'이라고 말하는가"라는 어록처럼 그는 성장과 복지 두 마리 토끼를 다 잡으면서 재선에 성공했다. "영어도 못 하는 대통령이 어떻게 국제무대에서 브라질을 대표할 수 있는가?"라는 일부 비판에도 항상 포르투갈어로 국제무대에서 적극적으로 자국의 이익을 대변해왔다. 복잡한 국제문제가 있을 때는 서슴지 않고 중재에 나서는 등 주요 언론으로부터 찬사를 듣는 몇 안 되는 인물이었다.

박수 칠 때 떠나라는 말을 몸소 실천하면서 전 세계 대통령 중 최고의 평판을 유지해오던 룰라는 2015년부터 밝혀진 각종 부정부패, 대형 건설사와의 유착으로 인해 국민들에게 큰 상처와 실망을 안겨주게 된다. 수석 장관직에 재임명되며 다시 한번 부상을 꿈꿨지만 국민들은 이미 그에게 정치적 사망 선고를 내렸다. 사람의 마음을 잃어버린 리더, 추종자가 없는 리더의 최후는 진정 초라했다. 다시 한번 추종자가 있어야 리더가 있고, 추종자의 합이 리더의 능력임을 알 수 있는 대목이다.

함께 춤춰줄 첫 번째 추종자를 만들어야 한다

TED에서 데릭 시버스Derek Sivers는 구경꾼에 둘러싸여 춤추는 한 남자의 영상을 보여주면서 변화가 어떻게 시작되는지에 대해 이야기한다. 영상 속에는 한 남자가 사람이 많은 곳에서 홀로 춤을 추고 있다. 그러다 그를 따라 춤을 추기 시작하는 첫 번째 추종자(지지자)가 나타난다. 첫 번째 추종자(지지자)의 등장은 '외롭고 이상한 놈'을 '리더'로 변모시킨다. 첫 번째 추종자(지지자)는 남자의 춤을 따라 추면서 다른 친구들을 불러 모은다. 그러다 두 번째 추종자(지지자)가 오고 이제 3명이 된 이들은 하나의 집단이 된다. 이후 두 명의 사람이 더 오고, 바로 뒤에 세 명의 사람이 더 붙는다. 어느 순간 가속도가 붙어 그곳에 있는 많은 사람이 함께 춤을 추게 된다. 데릭 시버스는 이 순간이 바로 변화를 일으키는 전환점이라고 말한다.

고사성어에 세 사람이 모이면 호랑이도 만들어낸다는 '삼인성호三人成虎'라는 말이 있다. 심리학에도 세 명의 사람이 하나의 상황을 만들어 행동할 때 집단으로 인식되어 주변 사람들도 그 상황을 따른다는 이론이 있다. 새 팀장이 자신을 중심으로 팀 내 새로운 변화를 일으키고 싶다면 영상처럼 처음엔 우스꽝스러운 춤처럼 보일지라도 리더를 믿고 기꺼이 우스꽝스러운 춤을 같이 출 첫 번째 추종자(지지자)를 만들 수 있는 전략이 필요하다. 첫 번째 추종자(지지자)의 모습을 통해 두 번째, 세 번째 추종자(지지자)가 만들어지고 변화를 일으킬 수 있는 전환점을 맞을 수 있기 때문이다.

어떤 사람을 첫 번째 지지자로 만들 것인가?

'나비효과Butterfly Effect'라는 말을 들어봤을 것이다. 어느 한 곳에서 일어난 작은 나비의 날갯짓이 뉴욕에 태풍을 일으킬 수 있다는 이론이다. 처음 팀장이 된 사람이 세를 확장해 나가야 할 때 딱 맞는 이론이라는 생각이 든다. 팀 내에서 새로운 직책을 맡아 팀장이 되든, 경력직으로 이직해서 팀장이 되든 팀장이 바뀌는 일은 구성원에게 스트레스 그 자체다. 새로운 사람이 들어와 새롭게 만들어낼 많은 일이 설레고 기대되기보다 걱정과 불안한 감정이 더 크다. 이 상황에 변화와 혁신을 외치며 거창한 일을 도모한다고 반겨줄 사람이 몇이나 될까? 나비의 작은 날갯짓을 시작하기 위해 팀 내 어떤 사람을 첫 번째 지지자로 만들 것인지 고민하고 결정하라.

• 팀장인 나와 비전과 가치가 일치되는 사람

- 전문가로 인정받는 사람
- 정서적으로 아우르는 사람
- 실력은 있는데 아직까지 인정받지 못한 사람
- 상사나 조직의 신뢰를 받고 있는 사람

먼저 팀원의 열렬한 치어리더가 되기

'인정', 적을 내 편으로 만들 수 있는 가장 강력한 단어가 아닐까? 나를 반대하는 사람이 있다면 내 존재 자체에 대한 반대인지 의견에 대한 반대인지, 매사 반대하는지, 특정 건에 대해 반대하는지 시간을 가지고 구분해야 한다. 만약 의견에 대한 반대, 특정 건에 대한 반대라면 희망은 있다. 그의 전문성과 경험을 인정해주며 지속적으로 설득해 나가야 한다. 흔히 점수를 따고 싶으면 먼저 상대에게 100점을 주고 시작하라는 말을 한다. 이처럼 먼저 지지를 보내는 게 가장 빠르고 강하게 지지를 얻는 방법이다. 당신이 먼저 팀원의 열렬한 치어리더가 되어라. 가장 빠르고 강하게 지지를 얻을 수 있을 것이다.

상사, 핵심 이해관계자이자 내부고객이다

심리학에 '기대치 위반 효과Expectancy violations theory'라는 것이 있다. 이것은 긍정적인 기대를 하고 있다가 부정적인 결과를 얻으면 더욱더 불쾌하게 느끼고 생각하는 것을 의미한다. 만약 상대방의 행동이 내 기대치를 초과하는 방향으로 나타나면 '호감, 감동, 긍정적인 평가'가 이뤄진다. 하지만 상대방의 행동이 기대치에 미흡하거나 기대치에 반하는 방향으로 나타나면 '반감, 실망, 부정적인 평가'를 내리는 것이 사람의 심리다. 인간관계가 악화되는 이유도 상대가 나에게 실망하거나 내가 상대에게 실망을 느끼기 때문이다.

신임 팀장에게 중요한 인간관계는 바로 상사와 팀원들이다. 이 말인즉, 팀장은 리더와 팔로워의 역할 두 가지 모두 해야 한다는 뜻이다. 성공적인 소프트랜딩을 위해 보임 초기 리더 역할에만 매몰되어 팀원 관리에만 많은 시간과 에너지를 써서는 안 된다. 팔로워로서도 상사가 원하는 것을 신속하게 파악하기 위해 소통하는 노력이 필요하다. 소통을 통해 상사의 기대치를 확인하고 자신의 생각과 한 방향으로 조율해야 한다. 왜냐하면 상사는 팀장 당신의 성과를 평가하는 핵심 이해관계자이자 내부고객이기 때문이다.

거인의 어깨에 올라타는 방법

    일반적으로 모든 상사는 부하 직원에게 어느 정도의 기대치를 가지고 있다. 그중에서도 특히 그동안의 노력과 성과를 조직에서 인정받아 팀장이 된 당신에게 거는 기대는 좀 더 클 수 있다. 하지만 조직에서 팀원으로서 신뢰받는 것과 팀장으로서 신뢰받는 것은 전혀 다른 영역이다. 상사에게 좋은 평가를 받고 싶다면 가장 먼저 상사의 기대부터 확인해야 한다. 상사가 기대하는 대로 행동하지 않고 전혀 엉뚱한 방향으로 일을 하게 되면 그것은 그야말로 헛수고가 된다. 주식투자에 '거인의 어깨에 올라타라'는 말이 있다. 돈의 흐름을 알아야 돈을 번다는 뜻으로 훌륭한 사람의 노하우를 참고하여 자신의 성공에 적용하는 방법이다. 신임 팀장에게 상사의 어깨는 거인의 어깨와 같다고 할 수 있다. 단기간 내에 상사의 기대를 확인하고 신뢰를 얻을 수 있는 3단계 방법을 소개하겠다. 구조화된 단계를 빠르게 진행하여 상사와 우호관계를 더욱 증진시키길 바란다.

워밍업	1단계	2단계	3단계
관점 전환	방법론	대화법	Managing up
심리적 거리감 줄이기	상사 파악하기	기대 확인하기	상사 활용하기

워밍업 심리적 거리감 줄이기

직장생활이나 조직생활을 하다 보면 느끼지만, 내가 좋아하는 사람의 80~90퍼센트는 그 사람도 나에게 호의적이다. 또한 내가 싫어하는 사람의 경우 열에 아홉은 그 사람도 나를 좋아하지 않는다. 이처럼 신임 팀장인 당신이 상사를 어려워하고 싫어한다면 상사도 그런 심리적 거리를 직관적으로 느낀다. 이것은 일을 시작도 하기 전에 어려운 구조를 만들어 업무를 진행하는 상황과 같다. 그런데 신임 팀장이 된 당신이 임원을 어려워하는 이유는 뭘까? 바로 임원인 그를 나와 다른 대상으로 바라보는 관점 때문일 가능성이 크다. 따라서 상사도 나도 같은 배를 탄 운명 공동체이며, 상사도 의사결정을 받고 보고해야 하는 차상위 상사가 있고 스트레스나 압박을 받고 있으며, 상사도 나와 똑 같은 월급쟁이라는 세 가지 관점 전환을 시도한다면 심리적 거리감이 훨씬 줄어든 상태에서 상사를 대할 수 있을 것이다.

1단계 상사를 파악하는 5가지 방법

❶ 상사의 업무적인 목적 · 목표 확인

상사가 업무적으로 무엇을, 왜 달성하려는지 알아야 그에 맞춰 업무를 처리할 수 있다. 그러나 상사는 팀장인 나에게 상세하게 알려주지 않고, 고맥락 지시를 할 가능성이 매우 크다. '질문은 바위처럼 굴러 떨어지는 상사의 지시를 잘게 쪼개는 망치와 같다'라는 말이 있다. 질문을 통해 상사의 목적과 기대뿐만 아니라 평가, 시간, 업무 순위, 형식을 늘 확인해야 한다.

❷ 상사의 동기부여 및 스트레스 요인 확인

사람마다 동기부여가 되는 포인트, 스트레스를 받는 상황과 압박 요인은 다를 수 있다. 동기부여가 되는 긍정적인 요소, 피하거나 줄여야 하는 부정적인 요소를 미리 파악한다면 더 효과적으로 문제를 해결할 가능성이 커진다.

❸ 상사의 강점과 약점

상사의 강점은 활용할 줄 알아야 하고, 약점은 당신이 보완할 수 있어야 한다. 상사의 강점을 파악하지 못하면 업무를 진행함에 있어 결정적인 상황에 활용할 수 없다. 상사가 가장 쉽게 처리하거나 성취할 수 있는 것이 무엇인지, 진행하면서 자신감 있는 것이 무엇인지 확인하자. 이미 상사를 경험해본 구성원들에게 물어보는 것도 방법이 될 수 있다. 또한 모든 사람에게는 용의 목에 거꾸로 난 비늘(역린)처럼 약점이 있고, 그 약점을 건드리면 정도의 차이는 있겠지만 감정적으로 폭발하기 마련이다. 상사가 감정적으로 평정을 잃는 경우를 잘 생각해보고 '역린의 패턴'을 찾는 노력도 필요하다.

❹ 상사가 선호하는 소통방식

보고 방식, 보고 시기 등에 있어 선호하는 방식이 다르다. 대면 보고를 할지 이메일로 보고할지, PT를 할지 워드로 할지. 단순해 보이는 것 같지만 업무 스타일을 알고 보고하는 사람과 모르고 보고하는 사람이 의사결정을 받을 수 있는 확률은 차이가 날 수밖에 없다. 당신의 상사가 직접적으로 얘기하는지, 우회적으로 얘기하는 스타일인지 구분할줄 알아야 한다. 또한 소통 채널을 주로 어떻게 활용하는지, 전달하는 타이밍은 언제인지 파악한다면 효율적으로 상사의 의중을 파악할 수 있다.

❺ 상사의 심리적 시간의 길이

사람마다 결과물을 기대하는 심리적 시간의 길이가 다르다. "되도록이면 빨리해주세요"라는 똑같은 표현에도 어떤 사람이냐에 따라 1~2시간일 수도 있고, 일주일 이상일 수도 있다. 동일한 물리적 시간을 심리적으로 다른 길이로 느낀다면 매우 난감한 상황이 발생하기 쉽다. 이것이 많은 팀원이 상사에게 느끼는 불편함이기도 하다. 사람마다 다른 이 시간의 길이에 대해서 상사와 길고 짧음을 맞춰볼 필요가 있다. 이 부분을 명확하게 확인하지 않고 일을 시작한다면 고생은 고생대로 해놓고 당연한 일을 느리게 처리하는 사람으로 평가받을 수도 있다는 사실을 명심하자.

2단계 | 상사의 기대 확인하기

미국의 경영학자 피터 드러커는 "먼저 성과를 달성하는 것이 가장 빠르게 관계를 맺는 길이다. 서로가 책임을 다하게 되면 서로를 인정하고 깊은 인간관계를 맺을 가능성이 높아진다"고 말했다. 이 메시지를 보면 결국 상사와의 신뢰 관계를 만드는 것은 '성과 달성'과 '책임'이라는 것을 알 수 있는데, 상사의 기대를 확인하는 대화가 바로 그 준비 단계다.

단기간에 신뢰받는 팀장이 되기 위해서 반드시 상사가 가지고 있는 '일과 사람(조직관리)에 대한 기대'를 확인해야 한다. 우선 '일'과 관련해서 업무의 목적과 가이드라인이 무엇인지, 그리고 업무 처리에 있어 상사 입장에서 가용했으면 하는 자원의 수준까지 명확히 확인할 필요가 있다. '사람(조직관리)'과 관련해서는 상사가 가진 가치관, 관점을 적극적으로 수용할 필요가 있다. 옳지 못한 관점까지 수용하라는 의미는 아니지만, 구성원을 바라보는 관점을 통일해야만 상사가 생각하는 관점에서 전략을 수립할 수 있기 때문이다.

❶ 상사의 숨겨진 니즈(Pain Point)를 파악하는 대화법

상사는 팀장인 나에게 어떤 기대치를 가지고 있을까? 상사는 나의 고객 중 한 명이다. 고객이 알아서 찾아와 주지 않듯이 고객이 요구하는 사항들에 대하여 지속적으로 고민하고 찾아내야 한다. 그리고 진정한 고객 만족을 위해서 고객의 아픈 곳인 패인 포인트Pain Point에 집중해야 한다. 기대치는 패인 포인트에서 나온다. 숨겨진 니즈를 파악해야 한다. 완벽한 팀장이 되려고 하지 말고 상사의 패인 포인트에 집중하는 팀장이 돼라. 기존 리더의 실패 경험을 통해서 내가 하지 말아야 할 것, 그간 잘 추진되지 않았던 업무, 올해 반드시 해내야 할 과업 등 상사가 기대하는 바를 빠르게 파악하는 것이 당신이 단시간 내 신뢰를 얻을 수 있는 방법이다.

그럼 상사의 숨겨진 니즈를 확인하려면 어떻게 해야 할까? 그 니즈를 확인하는 것이 팀장이 해야 할 첫 번째 미션이다. 하지만 상사와의 대화가 그리 쉽던가. 만약 상사에 대해서 잘 모르는 경우라면 상사를 경험했던 전임자에게 찾아가서라도 상사의 성향을 파악해야 한다. 그냥 무턱대고 상사를 찾아가는 것이 아니라 상사의 답변을 이끌어내기 위한 준비가 필요하다.

팀장의 역할은 조직의 목표와 팀의 목표를 연결하고, 팀원의 업무와 팀의 목표를 연결해주는 것이다. 우선 회사의 올해 목표나 사업계획에 대해서 먼저 공부를 해야 한다. 그다음 본인이 맡은 팀이 그 목표 및 사업계획 달성에 어떻게 기여할 수 있을지 고민해보자. 이제 상사를 찾아가서 "회사의 목표 달성을 위하여 팀이 어떻게 기여할 수 있을지 고민하는 중인데 정리하기가 쉽지 않습니다. 조언을 요청드립니다"라고 말해보자.

❷ 상사에게 자율성(권한위임)을 끌어내는 대화법

상사의 전반적 스타일을 파악했다면 이제 '허쉬 & 블랜차드의 상황 대응 리더십'을 응용해 단계별로 자율성을 끌어낼 수 있는 대화법을 시도해보자. 상황 대응 리더십에는 '지시, 지도, 지원, 위임'의 4단계가 있다. 이때 부하의 의욕과 역량의 수치를, 상사의 의욕과 니즈 파악의 수치로 바꾸어 응용해보자. 지시 ⇨ 지도 ⇨ 지원 ⇨ 위임의 단계를 순서대로 경험하고 이 4단계 기회를 모두 성공적으로 연결시킨다면 당신은 최고 고객(상사)을 만족시키는 것이다.

1단계▶ 지시

"이건 첫 임무이기에 저의 의견은 없습니다. 본부장님께서 지시하는 대로 그대로 따르겠습니다."

상사의 니즈 파악은 이루어지지 않았으나 의욕이 충만한 상사에게

'지시'를 요청하는 것이다. 이때 나의 의견이나 기획은 최대한 배제하고, 상사의 지시에 100퍼센트 맞게 업무를 수행하는 것이다.

2단계▶ 지도

"지난 지시 이후 제 의견은 일부 이렇습니다만, 그래도 부장님께서 지시하는 대로 진행하겠습니다."

상사의 니즈(1단계 이후)가 조금 파악되고 그 의욕이 다소 조절될 때는 '지도'를 요청한다. 여기서 지도란, 지난 1단계에서 다소 아쉬웠던 점, 혹은 개선이 필요한 점들을 보고하고 상사의 의중 파악을 위한 노력을 일부 보여줄 수 있어야 한다.

3단계▶ 지원

"제 의견과 부장님 의견을 적극적으로 조율하여 이번에는 함께 의사결정을 해보고 싶습니다."

상사의 니즈 파악이 어느 정도 안정되고, 의욕에 변화가 찾아올 때는 '지원'을 요청해야 한다. 이때는 일방적 업무지시를 받기보다는 적극적으로 의견을 개진하고 모든 기획과 자원에 대한 의사결정을 적극적인 대화로 시도한다.

4단계 ▶ 위임

"지난 3번의 경험으로 충분히 익숙해졌으니

이번에는 저희 방식대로 한번 진행하고 보고 드리고 싶습니다."

상사 스타일이 완전히 파악된 상태이고, 여전히 수행할 의욕이 높
다면 '위임'을 요청해보자. 이전에 학습된 세 번의 업무수행을 통해

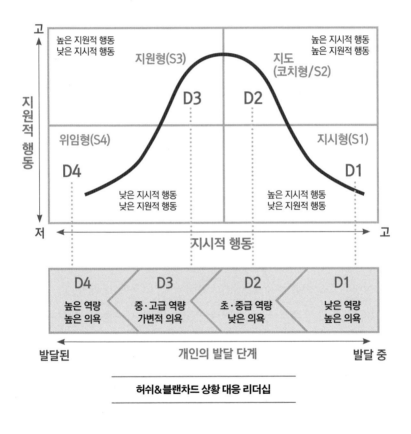

허쉬&블랜차드 상황 대응 리더십

검증된 프로세스를 포함하고, 자발적인 성과를 냄으로써 팀장으로서 필요한 4단계 실전 연습을 마칠 수 있게 될 것이다.

3단계 상사를 활용하는 방법(Managing up)

"일을 어떻게 하면 효과적으로 할 수 있을지 생각해보라. 당신은 당신이 필요로 하는 자원, 필요로 하는 정보, 그리고 조언, 아울러 일을 할 수 있는 허락을 어떻게 얻을 것인가? 답은 언제나 누가 권한, 의사결정권을 가지고 있는지로 모아진다. 그것은 상사다. 상사와 당신의 관계를 상호 의존하는 신뢰와 공감의 관계로 만드는 데 실패한다면, 효과적으로 일하는 사람이 되는 핵심 요인을 상실한 것이다." 이것은 하버드 비즈니스 리뷰에 기고한 〈Managing Your Boss(상사 관리)〉라는 논문에서 조직개발 전문가인 코터와 가바루터Kotter and Gabarrootter가 상사를 관리하고 활용하는 방법의 중요성에 대해 쓴 글이다. 그렇다면 상사와 발맞춰서 일하는 것을 넘어서서, 상사를 관리하고 활용하는 방법은 무엇일까?

❶ 상사가 숲을 볼 수 있도록 나무는 팀장인 당신이 챙겨라

회사 차원의 큰 틀을 챙겨야 하는 상사가 세부사항에 마이크로로 매니징하는 일이 있을 수 있다. 나무는 당신이 챙길 수 있다는 신뢰를 보여주고, 일이나 문제를 해결하는 큰 틀의 관점에서 해소해야 하는 이슈를 상사에게 제시하고 역할을 나눠 가질 수 있도록 해야 한다.

❷ 상사를 내 대변인으로 활용한다

신임 팀장으로서 내가 원하는 것이 무엇인지, 어떻게 일을 하고 싶은지 정확히 표현해야 한다. 상사가 알 것이라는 착각을 하지 마라. 지속적으로 보고하고 소통한다면, 마음과 마음이 통하는 순간이 올 수 있다. 이때, 마음과 마음이 통하는 순간은 자기 할 일을 제대로 하는 팀장에게만 올 수 있다는 사실을 명심하라.

❸ 중간보고를 통해 지원을 끌어낸다

중요도에 따라 하루 1번 또는 일주일에 2~3번 적극적인 중간보고를 해라. 그러면 최종 결과보고를 하고 일을 다시 해야 하는 상황을 피할 수 있다. 또한 중간보고는 상사의 적극적인 지원을 끌어낼 수 있는데, 보고가 없으면 상사는 지원을 해주고 싶어도 알 방법이 없다. 피터 드러커는 "상사를 100퍼센트 파악해 그에 맞춰라. 상사는 부하하기 나름이다. 만약 나와 의기투합하지 않으면 나를 바꿔라. 그리고 상사의 실적을 올려줘라"고 말했다. 이 말은 결국 상사를 활용하는 방법도 나 자신에게 달려 있다고 볼 수 있다. 상사를 활용하는 전략적 4단계로 접근하여 신뢰받는 팀장이 되길 바란다.

아날로그 소통, 결정적 순간 리더십을 결정한다

고희古稀를 넘긴 NBA 현역 최고령 감독 그렉 포포비치Gregg Popovicdh를 아는가? 2023년 4월 18일, 미국 스포츠전문지 〈디 애슬레틱THE ATHLETIC〉이 NBA 현역선수 108명을 대상으로 설문조사를 했다. '가장 함께 뛰고 싶은 감독은 누구인가?' 설문조사 결과, 가장 표를 많이 얻은 인물이 바로 스퍼스의 그렉 포포비치 감독이다. 최고령 할아버지 감독이 20대 선수들에게 높은 인기를 누리게 된 비결이 무엇인지 궁금하지 않은가? 그렉 포포비치는 규율을 중시하는 공군사관학교 출신으로 완고하고 고루한 데다 사과할 줄 모르는 권위주의자라고 알려져 있다. '성질 더러운 불도그'라는 별명이 그런 그의 성격을 잘 보여준다. 하지만 그는 남들보다 기량이 떨어지고 제멋대로인 선수들을 모아 놀라운 시너지를 만들어내는 위력을 가지고 있다. 괴팍한 감독이 스포츠계에서 가장 탁월한 화합을 하는 스퍼스 팀을 만들어낸 것이다.

비결은 선수들과의 지속적인 유대감 형성에 있었다. 그는 컴퓨터나 이메일, 휴대폰 같은 디지털 기기 대신 얼굴을 마주하고 간단한 스킨십을 하는 아날로그 방식을 고집한다. 특히 그는 선수들과의 저녁 식사를 자주 즐기는 편인데, 그때마다 음식과 와인을 한가득 가져다 놓는다. 식사 시간에 그는 사전에 선수들에 대해 찾아본 정보에 대해 내용이 맞는지 물어보는 등 선수의 모든 것을 알고 싶어 한다. 자연스럽고 지속적인 대화를 통해 포포비치는 선수들에게 '너는 우리 팀에 속해 있다. 우리 팀은 특별하고, 너라면 충분히 우리의 기준을 충족시킬 수 있다'는 무언의 메시지를 끊임없이 보낸다. 이 메시지 안에는 인간관계를 구축하는 세 가지 축, '수용, 인정, 중시'의 메시지가 모두 들어 있다. 있는 그대로의 나를 수용해주고, 인정해주고, 중요하게 생각해주는 리더를 어찌 따르지 않을 수 있을까? 이것이 결정적인 순간에 포포비치의 고함이 효력을 발휘하는 이유다.

실무자에서 리더로 전환이 필요한 신임 팀장에게 팀원들은 상사만큼 중요한 이해관계자다. 인텔의 경영 구루 앤디 그로브Andy Grove는 《하이 아웃풋 매니지먼트High Output Management》에서 "리더는 개인의 성과가 아니라 리더가 이끄는 조직 전체의 성과로 평가받는다"고 했다. 즉 팀의 성과는 팀원의 역량에 팀장의 동기유발 능력의 곱으로 이뤄진다고 볼 수 있다. 그런 연유에서 신임 팀장은 보임 초기 팀원들의 기대를 확인하는 대화를 시작해야 한다. 지속적이고, 주기적인 대화를 통해 관계 증진 및 신뢰가 형성되고, 일정 수준 임계치를 넘으면 팀원들의 입에서 솔직한 이야기가 나오기 시작할 것이다. 팀원들의 솔직한 이야기 속에 팀 재정비 방향의 키가 있으며, 이것은 동기유발 능력을 키워주는 기폭제가 될 것이다.

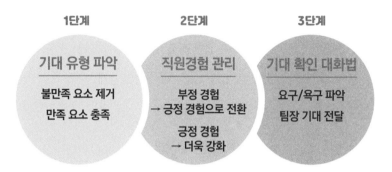

1단계 팀원의 기대 유형을 파악하고, 충족시켜라

회사를 다니는 직장인에게 회사생활에 대해 물어보면 10명 중 7~8
명은 "회사생활 재미없다"는 답변을 한다. 그 이유를 살펴보면 회사
에 대한 불만과 부정적인 평가가 가장 큰 비중을 차지한다. 구체적으
로 왜 불만이 생기는지 따져보니 회사생활 자체의 좋고 나쁨보다는
'잘못된 기대' 때문인 경우도 꽤 많다. 대개 직장생활이 '본인의 기대'
만큼 멋지게 흘러가지 않을 때 실망하게 된다. 신임 팀장이 되어 새로
운 팀에 왔는데, 불만이 가득한 팀원들과 함께해야 한다면 어떨까? 생
각만 해도 끔찍할 것이다.

허즈버그^{Herzberg} 2요인 이론^{Two Factor Theory}을 통해 팀원들의 기대

를 확인하는 대화를 시도해보자. 이론에 따르면 조직 구성원들은 직장생활에 대한 만족과 불만족을 '위생요인'과 '동기요인'으로 구분하여 지각한다고 한다. '위생요인'에는 회사의 정책 및 원칙, 관리자의 감독, 근무환경, 급여, 직장 내 인간관계, 개인의 생활요인(출퇴근 시간 등), 근무 조건의 안정성 등이 있다. 허즈버그에 따르면 위생요인은 충

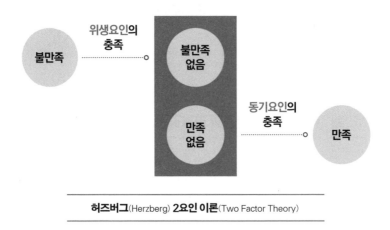

허즈버그(Herzberg) **2요인 이론**(Two Factor Theory)

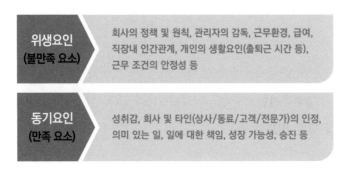

위생요인 (불만족 요소)	회사의 정책 및 원칙, 관리자의 감독, 근무환경, 급여, 직장내 인간관계, 개인의 생활요인(출퇴근 시간 등), 근무 조건의 안정성 등
동기요인 (만족 요소)	성취감, 회사 및 타인(상사/동료/고객/전문가)의 인정, 의미 있는 일, 일에 대한 책임, 성장 가능성, 승진 등

족한다고 해서 적극적인 동기부여 요소가 되는 것은 아니지만, 만약 충족되지 않는다면 구성원들은 불만족을 지각하고 조직에 부정적인 태도와 행동을 보일 것이라고 했다. '동기요인'에는 성취감, 회사 및 타인(상사/동료/고객/전문가)의 인정, 의미 있는 일, 일에 대한 책임, 성장 가능성, 승진 등이 있으며, 허즈버그는 이 요인들을 만족으로 이끌면 구성원들의 동기를 유발할 수 있다고 했다.

결론적으로 팀원들이 업무에 몰입할 수 있는 환경을 만들려면 '위생요인'과 '동기요인' 두 가지를 나누어 챙기는 것이 효과적이다. 왜냐하면 나쁜 직무 태도(행동)를 막는 것과 긍정적인 직무 태도(행동)를 가지게 하는 것은 다르기 때문이다. 그렇다면 지금부터 각 요소별로 불만족 요소를 제거하는 방법과 만족 요소를 충족시키는 방법에 대해 알아보자.

▶ 위생요인: 불만족 요소 제거하기

❶ 인간관계에 대한 기대

주 40시간 이상을 마주치는 선후배/동료와의 관계가 좋지 않거나 일을 하는 데 불편함을 준다면 불만족이 생길 수밖에 없다. 직장 내에서 가장 많은 빈도로 개선되기를 기대하는 사항이기 때문에 반드시 체크해봐야 하는 항목이다.

❷ 리더의 관리방식 및 조직문화에 대한 기대

신임 팀장이 오기 전에 관리/감독 체계에서 불편했던 사항들이 개선되기를 바랄 수 있다. 예를 들면 불필요한 회의나 보고 없애기, 불필요한 페이퍼 워크 줄이기, 회식 줄이기, 눈치 보지 않고 연차 쓰기, 재택근무 가능 여부, 퇴근할 때 인사 없이 알아서 퇴근하기 등이다.

❸ 직장 내 근무환경에 대한 기대

자리배치, 사무집기 및 사물함, 컴퓨터 사양 및 성능, 사무실 온도/습도/조명 등이다. 단순해 보이지만 주어진 대로 살아온 당신과는 다르게 팀원들에게는 아주 민감하고 중요한 문제일 수 있다. 간단한 조치만으로 팀원의 만족도가 올라간다면 물어보지 않을 이유가 없지 않을까?

❹ 급여 등 처우 조건에 대한 기대

신임 팀장이 되면 반드시 확인해야 하는 것 중 하나가 팀원의 현재 처우 조건이다. 회사가 다 결정하는데 팀장인 내가 팀원의 처우 조건에 무슨 일을 할 수 있겠냐고 물을 수 있다. 과연 진짜 할 수 있는 일이 없을까? 평가와 보상이 연결되는 회사라면 평가 진행 시 참고 요소가 될 수도 있고, 해당 팀원이 성과를 낸 이후에 경영진에 어필할 수 있는 방법도 있다. 그것도 쉽지 않다면 해당 팀원의 업무를 조정해주는 소극적인 방법도 단기적으로는 효과가 있을 수 있다.

❶ 회사 및 타인의 인정을 받고 싶은 기대

직장인이 회사를 떠나는 가장 큰 이유는 본인이 노력한 만큼 조직이나 상사 또는 선후배에게 인정받지 못하기 때문이다. 본인이 회사에서 인정받지 못하는 상황에서는 처우나 조직문화가 좋다고 한들 어떠한 비전도 가질 수 없다. 아무리 부족한 팀원이더라도 인정할 수 있는 요소가 전혀 없을 수는 없다. 당신이 팀원의 장점을 찾아 인정한다면 그 팀원도 당신의 리더십을 인정할 가능성이 크다. 인정은 상호성이 적용되기 때문이다. 인정의 기대를 채워준다면 팀원은 당신의 가장 든든한 파트너가 될 것이다.

❷ 의미 있는 일을 하고 싶다는 기대

세대를 떠나 조직에서 부속품처럼 주어지는 역할을 소화하고 싶은 직장인은 없다. 해당 직무 전문가로 성장하여 시장 가치를 지닌 존재가 되기를 원하는 것은 너무나 당연한 마음이다. 내가 맡은 업무가 의미 있는 일이기를 원하는데, 기대가 충족되지 못할 경우 조직 몰입도가 떨어질 수밖에 없다. 나아가 업무 성과를 내는 것도 쉽지 않기 때문에 반드시 관련된 대화를 나누기를 추천한다.

❸ 성장하고 발전하고자 하는 기대

구성원들은 본인이 성장하고 발전하는데 회사 차원 또는 리더의 서포팅이 있기를 기대한다. 본인 스스로 성장하는 것보다 적절한 업무 기회와 교육, 업무 코칭 등이 이루어져 훨씬 빠르게 성장하길 원한다. 팀원의 성장은 팀의 장·단기적인 성과에도 영향을 미칠뿐더러, 생산적인 대화가 될 가능성이 크다. 구성원의 기대를 확인하는 대화를 통해 코칭 방향성을 수립해본다면 당신 또한 리더로서 한층 더 성장해 있을 것이다.

❹ 승진에 대한 기대

어떤 팀원에게는 승진은 목숨보다 중요한 문제이기도 하고, 어떤 팀원에게는 더 많은 역할과 책임에 대한 부담이기도 하다. 그렇기 때문에 개인별 성향에 따라 대화 방향을 달리 접근해야 하는 부분이며, 더욱 전략적으로 접근해야 하는 요소이기도 하다. 팀원의 누적 고과 평가 수준, 올해 승진 대상자 리스트, 회사에서 중요하게 생각하는 우선순위 등 다각적으로 고려하여 해당 팀원의 업무 성과를 극대화할 수 있도록 만들어주는 것도 팀장의 능력이다. 다만 이때 가장 중요한 것은 승진이야말로 팀장이 노력하더라도 100퍼센트 확률로 예측하기는 어려운 부분임을 인지한 후 커뮤니케이션해야 한다. 본부장님의 믿을맨, CEO의 원픽이라 하더라도 승진은 연말이 되어 봐야 안다.

2단계 지속적인 기대 확인 대화, 긍정적 직원경험이 된다

만약 새 팀장이 부임한 지 얼마 되지 않아 기존 팀원들이 줄줄이 퇴사하는 일이 발생한다면 어떨까? 리더십에 대해 의심받기 십상이다. 팀을 재정비하고, 성과를 내기 위해 어떻게 하면 팀원들을 더 업무에 집중·몰입시킬 수 있을까? 불철주야 고민하고 있는 이 시점에 억울한 일이 아닐 수 없다. 이런 불상사를 피하기 위한 안전장치 중 하나가 팀원의 기대를 확인하는 지속적인 대화다. 팀원에게 팀에 없어서는 안 되는 중요한 사람이라는 '수용, 인정, 중시'의 메시지를 끊임없이 보냄과 동시에, 현재 전반적인 직장생활에 대해 어떻게 느끼는지에 대해서도 대화를 나눠야 한다.

'직원경험관리Employee Experience(EX)'를 얼마나 잘하느냐에 따라 직원의 참여율, 유지율, 만족도는 얼마든지 달라질 수 있다. 하버드 비즈니스 리뷰 〈직원들의 일상 경험을 챙겨야 하는 이유〉에서 가트너의 인사담당 부사장인 카롤리나 발렌시아는 "일단 기본적인 욕구가 충족되면 직원들은 물질적인 복지보다는 정서적인 면에서 더 강력하게 동기부여 된다. 오늘날 직원들은 단순히 노동자가 아니라 사람으로 대우받기를 원한다"고 말했다. 직원경험관리에 있어 가장 필요한 것은 물리적인 보상을 늘리는 대신 직원들이 금전적·육체적·정서적으로 보살핌을 받는다고 느끼게 하는 '인간적인 대우', 즉 초점의 변화가 필요함을 알 수 있는 대목이다.

그런 맥락에서 마이크로소프트는 '인정하기Acknowledge It'라는 칭찬 이메일 프로그램을 통해 직원들의 부정적 경험을 긍정적으로 만드는 노력을 하고 있다. 인사담당자와 비즈니스 리더들이 재직 중 힘든 시간을 보낸 직원들에게 개인적으로 메시지를 보내는 것이다. 직원들이 보냈던 피드백에 대한 고마움과 함께 그 의견이 다른 사람들에게 어떤 변화를 가져다줬는지 강조한다. 또 퇴직하는 직원에게는 기여를 인정하는 감사메일을 보낸다. 반면 가트너의 인사팀 실무담당 부사장 리 존슨Leah Johnson은 리더가 직원의 경험에 대한 사례를 팀 회의, 오프라인, 내부 소식지, 포럼 등에서 공유하고 강조하는 등 직원들의 긍정적 경험을 더욱 강화하는 프로그램을 통해 직원경험을 관리하고 있다.

3단계 팀원의 기대를 확인하는 대화법

❶ 기대 안에 숨어 있는 요구 & 욕구 파악하기

팀원의 기대를 확인하는 대화를 하다 보면 실제로 표현된 말에만 신경을 쓰게 되는 경우가 많다. 예를 들면 팀내 중간관리자인 김두영 과장이 "팀장님, 다른 팀으로 옮기고 싶습니다"라고 얘기했을 때, 초보 팀장은 본인에게 불만이 생긴 건 아닌지, 다른 팀과 미리 작업을 한 것은 아닌지 전전긍긍하느라 면담 과정에서 주도권을 뺏기게 될 수 있다. 반면 베테랑 팀장은 김 과장이 얘기했을 때 아주 차분하게 왜 그렇게 생각하게 됐는지 되묻는다. 김 과장의 말을 깊이 잘 들어보면 "(지금처럼 불합리한 업무분장이 계속된다면) 팀장님, 다른 팀으로 옮기고 싶습니다"일 수 있다. 김 과장은 본인에게 일이 몰리는 상황이 소속된 팀을 바꿔야만 해결될 수 있다고 자의적으로 판단한 것이다. 베테랑 팀장은 팀 내 업무분장이나 충원을 통해 충분히 해결할 수 있는 일인데 왜 이렇게 고민했냐고 김 과장을 다독거리며 지나갈 수도 있다.

실제 직장생활을 하다 보면 팀장은 팀원들이 겉으로 표현하는 요구만 듣고, 실제 속마음에 있는 욕구는 놓치기 쉽다. 리더십이 탁월한 팀장들을 보면 팀원들의 표현 방식 차이를 구분하고, 충족되길 바라

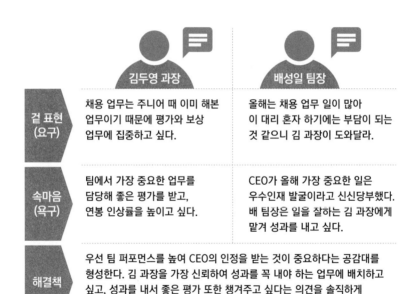

	김두영 과장	배성일 팀장
겉 표현 (요구)	채용 업무는 주니어 때 이미 해본 업무이기 때문에 평가와 보상 업무에 집중하고 싶다.	올해는 채용 업무 일이 많아 이 대리 혼자 하기에는 부담이 되는 것 같으니 김 과장이 도와달라.
속마음 (욕구)	팀에서 가장 중요한 업무를 담당해 좋은 평가를 받고, 연봉 인상률을 높이고 싶다.	CEO가 올해 가장 중요한 일은 우수인재 발굴이라고 신신당부했다. 배 팀장은 일을 잘하는 김 과장에게 맡겨 성과를 내고 싶다.
해결책	우선 팀 퍼포먼스를 높여 CEO의 인정을 받는 것이 중요하다는 공감대를 형성한다. 김 과장을 가장 신뢰하여 성과를 꼭 내야 하는 업무에 배치하고 싶고, 성과를 내서 좋은 평가 또한 챙겨주고 싶다는 의견을 솔직하게 전달한다.	

는 내면의 욕구까지 아주 잘 캐치해낸다. 앞의 그림은 실제 직장생활에서 흔히 발생할 수 있는 상황을 요구와 욕구로 분리해본 케이스다. 대화 시 참고하길 바란다.

결국 진정한 리더는 구성원의 미래를 함께 고민해주는 사람이다. 팀원 입장에서는 나의 미래를 고민해주는 리더라면 따르지 않을 이유가 없다. 자신의 성공만을 위해 팀원들을 구석으로 몰아넣는 리더와 팀원의 내일까지 진정성 있게 고민하는 리더! 누구와 함께 일하고 싶겠는가? 답은 이미 정해져 있다.

❷ 팀장(리더)의 기대 전달하기

팀장은 팀원을 매개로 주어진 과제를 실행하는 관리자이자 리더다. 현실적으로 팀장의 시간은 한정되어 있기에 모든 업무를 체크하는 데 한계가 있다. 또 팀원이 팀장보다 특정 업무에 대해 더 잘 알고 있는 경우도 많다. 따라서 팀장은 자신이 일일이 지시하지 않아도 팀원이 스스로 일하는 모습을 바란다. 그렇게 할 수만 있다면 조직의 성과뿐 아니라 각 개인의 성장에도 긍정적인 효과가 일어난다. 팀원들의 잠재력은 밖으로 끄집어낼수록 더 가속화하고 발전할 것이다.

정리하자면 팀원의 기대를 확인하는 대화는 그 기대가 무엇인지 경청하는 역할이 먼저 수행되어야 한다. 그다음 팀의 목표와 팀원의 기대를 얼라인Align시키기 위해 팀장의 기대를 팀원들에게 전달해야 한다. 이 단계가 리더인 팀장과 팀원들이 같은 방향을 향해 뛰어갈 수 있는 과정을 만드는 일이기에 가장 중요하다고 할 수 있다. 마지막은 팀 목표에 팀원의 기대가 도달하도록 팀장이 서포터가 되는 것이다.

명확하지 않은 R&R이 갈등을 일으킨다

갑작스레 팀장 직책을 맡은 박한별 씨는 아직도 머릿속이 복잡하다. '팀원들은 그동안 자신들과 함께 팀원으로 일하다가 어느 날 갑자기 팀장이 된 나를 어떻게 바라볼까? 나에게 무엇을 기대할까? 그렇다면 나는 처음 팀장이 되어 무엇을 해야 인정받는 팀장이 될 수 있을까?' 그동안 자신이 팀원으로 일해오면서 여러 명의 팀장과 함께 일해본 경험을 비추어 봤을 때, 보임 후 일주일이라는 시간이 팀장에 대한 긍정적 인상을 각인시킬 수 있는 결정적 시간이라는 생각이 들었다. 박 팀장은 먼저 팀원들이 현재 어떤 업무를 하고 있는지 파악한 후 R&R 재조정을 해야겠다고 다짐한다. 팀원들에게 회의실로 모여 달라는 메일을 보냈다. 다 모인 자리에서 왜 R&R(Role & Responsibility, 역할과 책임) 재조정이 필요한지 설명한다.

"우리 팀은 서로 무슨 업무를 하고 있는지 알고 있나요? 동료들이 무슨 업무 이슈로 힘들어하고 있는지 알고 있나요? 나한테만 일이 많이 몰려 있다고 생각하지 않나요? 또는 내가 하고 있는 업무가 다른 팀원에게 넘어갈까 걱정하나요? 그래서 팀 전체 R&R 현황을 공유하고 조정하려고 합니다."

R&R이라는 게 별거인가 싶은 생각이 들 수도 있다. '당장 처내야 할 일이 산더미인데, 언제 정리하고 조율하는 일에 시간을 써야 하나'라는 생각이 든다. 각자 자기 일 열심히 하고 있는 것 같은데, 굳이 업무를 재조정하면서 에너지를 쏟고 싶지 않다는 핑계 아닌 핑계도 생길 수 있다. 하지만 팀장이 나홀로 바쁜 동안 혹은 팀장이 잠깐 세팅을 미루는 동안, 팀의 문제는 서서히 부풀어 어느 순간 펑! 하고 터지는 풍선이 될 수 있다. 초기 R&R이 명확하지 않을 때 나타나는 이슈는 크게 두 가지다.

불평불만이 쌓이고 업무 과부하를 유발한다

R&R이 명확하지 않으면 같은 팀이라도 서로 누가 무슨 일을 하고 있는지 모르는 상황이 생긴다. 일이 많은 사람에게 더 많은 일이 몰리는 한편, 또 누군가는 일이 없어 업무 시간에 딴짓을 한다. 그리고 팀 성과와 전혀 무관한 일을 하고 있는 팀원이 생기기도 한다. 월급 받으며 일하는 건 똑같은데 누구는 놀고, 누구는 일한다는 불평불만이 쌓여간다. 그 과정에서 '무임승차자'와 '불평러'를 양산한다. '무임승차

자'란 이런 저런 핑계를 대면서 궂은 일에서 교묘히 빠져나가는 사람을 말한다. '불평러'는 실제적으로 행동하지 않고 대안도 없으면서 이게 문제다 저게 문제다 문제만 쏟아내는 사람이다. 해야 할 일을 하지 않는 '월급 루팡' 같은 팀원은 팀 성과를 갉아먹고 팀원들의 멘탈을 피폐하게 한다. 결국 원망의 화살은 처음부터 R&R을 명확하고 합리적으로 배분하지 못한 팀장을 향한다. 팀원들의 입에서 그야말로 "뭣이 중헌디?" 소리가 절로 나온다.

일 갈등, 사람 갈등으로 스트레스가 가중된다

팀에서 서로의 역할과 책임이 명확하지 않으면 서로 자기 일이 아니라며 등 떠미는 일이 발생할 수 있다. "이건 제 업무 아닌데요", "그걸 왜 저한테 말하세요?", "제가 이걸 왜 해야 하나요?" 같은 말들은 대표적인 R&R 갈등을 보여주는 말이다. 이런 말을 듣게 되면 '그럼 이 일은 도대체 누가 하나?', '이거 네가 하는 거 맞거든!' 이런 소리가 마음 깊은 곳에서부터 치솟아 오르지만 꾹 누르고, "그럼 이건 누구에게 물어봐야 하죠?"라고 되물어본다. 그러나 담당자가 없으니 해결되는 것은 없다.

이렇게 담당자가 없는 일들은 흐지부지 묻혀 있다가 나중에 발등에 불이 떨어지면 팀에서 가장 아쉬운 사람이 급하게 처리하게 된다. 이렇게 업무 핑퐁을 하는 사이 '저 사람은 참 무책임하다', '저 사람은 이기적이다' 등 상대에 대한 부정적 인식과 편견이 서로의 뇌리에 박힌다. 동료에 대한 편견은 팀 내 일 갈등과 사람 갈등을 부채질하고, 그 수많은 갈등의 중심에 팀장이 서게 된다. 새로 부임한 팀장은 안 그래도 해결해야 할 업무가 산더미인데 팀 내 갈등까지 해결해야 하니 스트레스가 점점 쌓인다.

R&R을 명확하게 하는 구체적 방법

새로운 팀장 입장에서는 R&R에 대해 각 개별 팀원의 의견을 일일이 받는 것은 매우 어렵다. 할 일이 많은 팀장이 시간적으로 여유가 없는 것도 사실이지만, 팀원 개개인의 경험과 역량이 다르기 때문에 팀원이 하고 싶다 손을 든다고 무조건 일을 맡길 수도 없는 노릇이다. 그리고 팀장 입장에서는 업무분장이 어찌됐든 팀 공동의 목표를 달성하는 것이 더 중요하기 때문에 누가 하든 잘되기만 하면 된다는 생각을 가지고 있을지도 모른다. 반면 팀원 입장에서는 어떤 업무를 맡게될지 업무분장에 대한 기대가 더 클 것이다. 팀장이 자신의 업무를 정의해주고 한 발 더 나아가 기존에 팀 업무가 너무 많다는 생각이 들었다면 팀장이 업무량을 조절해주기를 원할 것이다. 이런 팀장과 팀원 사이 R&R에 대한 동상이몽은 어떻게 해결할 수 있을까? 지금부터 RACI, DACI 프레임워크 두 가지 방법을 소개한다.

RACI 프레임워크

책임 할당 매트릭스라고도 불리는 RACI 프레임워크는 팀 내 업무에 대한 역할과 책임을 명확하게 할 수 있도록 해준다. Responsible(실무 담당자), Accountable(의사결정권자), Consulted(업무수행 조언자), Informed(결과 통보 대상자)의 앞 글자를 따서 RACI라고 한다.

- **Responsible**(실무 담당자): 업무를 실제 수행하는 실무 담당하는 사람
- **Accountable**(의사결정권자): 업무에 대해 최종 책임을 지는 의사 결정하는 사람
- **Consulted**(업무수행 조언자): 업무 수행과 관련하여 협의나 협조가 필요한 사람
- **Informed**(결과 통보 대상자): 업무 수행 결과를 사후에 통보받는 사람

다음은 RACI 프레임워크를 만드는 방법이다.

- 팀장 이하 팀원들이 한자리에 모인다.
- 우리 부서 업무를 모두 나열해본다.
- 해당 업무에 'R, A, C, I'가 누구인지 상의하여 적는다.

RACI Matrix

[Project Title]

Roles and Responsibilities

Responsible, Accountable, Consulted, Informed

Deliverable or Task	Status	Sponsor / Leadrship					Project Team					Other Resources				
		Sponsor	Name of Role	Name of Role	Name of Role	Name of Role	Project Manager	Technical Lead	Name of Role	Name of Role	Name of Role	Consultant	Name of Role	Name of Role	Name of Role	Name of Role
Phase 1																
Deliverable/Task 1		A	R				I									
Deliverable/Task 2		A		R			I									
Phase 2																
Deliverable/Task 1		C	I					A	R							
Deliverable/Task 2			I					A		R						
Phase 3																
Deliverable/Task 1			I					A	I	R		C				
Deliverable/Task 2			I					A	I	R		C				
Phase 4																
Deliverable/Task 1						I	A	R							C	
Deliverable/Task 2						I	A	R								

Insert new rows above this one

출처 : Microsoft Free Excel Templates

RACI 차트 템플릿

- 모든 칸을 채우려는 강박을 버린다.
- 한 사람이 두 가지 이상의 역할을 할 수도 있다.

RACI 프레임워크 작성 후 점검해야 할 분석 포인트다.

- **업무와 책임 불균형** _ 한 명에게 너무 많은 R 또는 A 또는 C가 몰려 있지는 않은가?
- **팀장에게 승인/결정권 집중** _ 팀장이 직접 수행하는 R 없이 A만

하고 있는가?

- **보조 업무 중심** _ 특정 개인에게 고유의 R이 없이 다른 팀원과 같이 수행하는가?
- **불명확한 R&R** _ 한 업무에 너무 많은 R과 C가 존재하여 역할과 책임이 모호하지 않은가?
- **의사결정 단계 복잡** _ 특정 업무에 너무 많은 A가 존재하지 않은가?

DACI 프레임워크

DACI는 추진자 Driver, 승인자 Approver, 기여자 Contributor, 정보 제공자 Informed 의 약자로 RACI 프레임워크처럼 팀의 역할과 책임 명확화, 업무 프로세스 효율화, 유기적 협력체계를 구축할 수 있는 유용한 도구다. 특히 팀 내 역할 명확화보다는 프로젝트 진행 시 각각의 역할과 책임을 명확화 할 때 더 도움이 되는 프레임워크다.

- **추진자** Driver : 단위 프로젝트를 리딩하며 계획 수립, 업무 할당, 진척 관리 등을 수행하는 사람
- **승인자** Approver : 추진자가 제공하는 정보를 바탕으로 최종 결정을 승인하고 프로젝트의 품질과 성공을 책임지는 사람

- **기여자**Contributor : 프로젝트에 필요한 정보, 지식, 경험 등을 제공하고 기여하는 사람
- **정보 제공자**Informed : 프로젝트와 관련된 정보와 결정 사항을 전달받는 사람

다음은 DACI 차트를 만드는 방법이다.

- 프로젝트와 관련된 담당자들이 모두 한자리에 모인다.
- 프로젝트를 태스크로 나누고, 태스크별로 추진자Driver를 선정한다
- 각 태스크에 승인자Approver를 정한다.
- 각 태스크에 기여자Contributor를 정한다.
- 정보 제공자Informed를 정한다.

DACI 차트 예시

Marketing Team: DACI 프레임워크

Task	Driver	Approver	Contributor	Informed
시장 조사, 경쟁사 분석	A 책임	C 실장	팀장	C 실장
광고 및 프로모션	B 책임	팀장	D 매니저	
콘텐츠 마케팅	C 책임	팀장	E 매니저	C 실장
디지털 마케팅	B 책임	팀장		
제품/브랜드 관리	A 책임	팀장		
이벤트 행사	C 책임	팀장	팀장	
마케팅 성과 측정	팀장	C 실장		

R&R을 재정비해야 하는데 어떻게 해야 하는지 방법을 모르겠다면 이 두 가지 방법을 활용해보기를 추천한다. 우선 자신의 팀에 RACI, DACI 프레임워크 둘 중에 어떤 것이 더 적합할지 판단하고 결정하라. 팀장이 혼자 결정하고 정리하여 통보하는 방식은 또 다른 이슈를 만든다. 팀원들과 함께 논의하여 R&R을 조율하는 과정을 거치는 게 핵심이다. 그래야 R&R로 인해 발생할 수 있는 팀 내 혼란과 불평불만을 최소화할 수 있다.

한번 R&R을 정한 후 많은 팀에서 주기적으로 업무 분장을 수정하고 관리하지 않는 경우가 비일비재하다. 이로 인해 팀원의 이직이나 새로운 인력의 합류 시, 기존 업무를 복사하여 붙여넣기 식으로 업무를 배분하는 일이 흔하게 발생하곤 한다. 이제부터는 팀원들과 대화를 통해 팀의 방향과 목표에 따라 문제점을 수정하고 보완해야 한다. 또한, 업무분장도 지속적으로 업데이트해야 한다. 팀원들이 각각 맡은 업무의 중요성을 이해하고, 그 업무를 함께하는 동료와 협업이 어떤 의미를 가지는지, 정보를 어떻게 공유해야 하는지, 결정을 어떤 사람이 내리는지 등을 수시로 소통하고 조사해야 한다.

업무분장을 지속적으로 관리하고 업데이트하는 것은 팀의 효율성과 성과에 매우 중요하다. 업무분장이 명확하게 정리되고, 팀원들이 자신의 역할과 책임을 이해하고 수행할 수 있을 때, 팀은 원활하게 협력하며 공동의 목표를 달성할 수 있다.

난감한 업무를 부여해야 할 때 대화법

'직무기술서', '직무명세서', '직무프로파일', '업무분장표' 등 명칭은 다르지만 회사마다 어떤 부서에서 어떤 사람이 어떤 지식Knowledge, 스킬Skill, 태도Attitude를 갖춰 일해야 하는지 기술해둔 문서가 있다. 이렇게 조직적 차원에서 직무에 대해 기술을 해두면 나의 업무뿐 아니라 타 부서의 역할과 범위까지 명확히 알 수 있다는 장점이 있다. 그리고 새롭게 팀에 합류한 사람에게 이 문서의 유무가 온보딩 시간을 결정해주기도 한다. 그야말로 조직의 생산성에 참 많은 영향을 주는 문서다.

매번 발생한 새로운 일들까지 세분화해서 기술해둔다는 것도 어렵지만, 그보다 매번 새롭게 발생한 일을 누구에게 맡길 것인지가 팀장에게는 가장 큰 걱정거리이다. 이럴 때 리더가 업무를 주사위 던지듯 주면 안 된다. 팀장이 성의 없이 일을 던지면 팀원 역시 일을 성의 없이 하게 마련이다. 그 업무가 왜 중요한지, 다른 업무와는 어떻게 연결되는지 생략하고 말 그대로 '던지는' 업무에는 그 일을 할 사람에 대한 존중이 담겨 있지 않다. 소위 던져진 업무를 하는 사람 입장을 생각해보자. 의미와 가치, 매력도 없는 그 일에서 자신의 존재가치를 찾을 수 있겠는가? 아마 지시한 일이니 어쩔 수 없이 하겠지만 마음 안에서는 일에 대한 열정의 불꽃이 점점 꺼져가고 있을 것이다.

5A 대화법

'5A 대화법'이란 'Aim, Ability, Achieve, Autonomy, Appointment'의
앞 글자 A를 따서 만든 구조화된 대화 방법이다. 누구보다 실무역량이
뛰어나 팀장이 되었지만, 막상 팀장이 되면 실무능력보다는 팀원들의
업무 및 관계를 조정하고 관리하는 커뮤니케이션 역량이 가장 중요하

5A 대화법

다는 사실을 깨닫게 된다. 하지만 팀장은 처음인지라 팀원과 어떻게 대화를 나눠야 할지 방법 자체를 몰라 커뮤니케이션 과정에서 좌충우돌하며 의도하지 않은 다양한 오해와 갈등이 양산되기도 한다. 처음 팀장인 된 사람들에게는 팀원들에게 꼰대처럼 보이지 않으면서도, 꼭 필요한 말을 전하고, 동기부여까지 할 수 있는 마법의 대화법이 절실히 필요하다. '5A 대화법'을 통해 오해와 갈등을 방지하고, 나아가 성과를 이끌어내는 멋진 팀장이 되었으면 한다.

초기 작은 성공 만들기

처음 100일, 신뢰와 생존이 달려 있다

프랭클린 D. 루스벨트는 1933년 3월 4일 미국의 32대 대통령으로 취임했다. 그가 대통령에 취임하고 100일이 되던 날은 1933년 6월 12일이었다. '처음 100일First 100 days'라는 말을 처음 사용한 건 1933년 7월 25일 루스벨트 대통령의 라디오 연설이었다. 라디오 방송을 통해 대통령은 처음 100일간의 노력과 성과를 국민들에게 소상히 알리며 국민을 대공황의 불안에서 안정시키고, 하나로 단결하는 계기로 만들었다. 사실 처음 100일의 유래는 루스벨트 대통령이 취임 첫 달 3월 9일에 소집한 특별의회가 6월 17일에 끝났는데 특별의회 기간이 100일이었다는 데서 기원하였다.

이 기간 동안 루스벨트 대통령은 뉴딜 정책의 기초가 되는 76건의 법안을 빠르게 통과시켰다. 이것이 바로 취임 100일 성과에서 루스벨트 대통령이 90여 년이 지난 지금도 '넘사벽'으로 통하는 이유다. 이후 대통령의 처음 100일은 상징적 의미를 가지게 되었고, 대통령의 초기 성공을 가늠하는 잣대가 되었다. '처음 100일'은 '뉴딜 정책'과 함께 루스벨트 대통령의 가장 큰 업적이라고 할 수 있다. 77건의 법안을 100일 안에 빠르게 통과시켰다는 업적보다 더 중요한 것은 국민들에게 대통령의 리더십에 대한 신뢰를 부여했다는 점이다. 대통령에게 처음 100일은 곧 '신뢰'다.

100일은 대통령에게만 의미가 있는 것이 아니다. 우리는 오래전부터 100일을 기념하고 있다. 바로 아이의 백일이다. 백일은 아이가 태어난 지 100일이 된 날을 말한다. 우리는 백일이 된 아이를 축하하기 위해 잔칫상을 차렸다. 100은 완전함을 의미하는 숫자이기도 하지만 옛날에는 생존을 의미하는 중요한 숫자였다. 지금과 달리 옛날에는 아이의 생존율이 매우 낮았다. 통계자료에 따르면 1930년대 갓 태어난 아이의 1년 생존율은 30퍼센트 미만에 불과했다. 그래서 선조들은 아이가 태어나 100일을 넘기는 것을 1년 이상을 살 수 있다는 첫 신호로 보았다. 백일잔치는 아이의 생존을 축하하고 무병장수를 기원하는 특별한 의미가 있었다. 갓 태어난 아이에게 처음 100일은 '생존'인 것이다.

처음 100일은 대통령과 아이만이 아니라 처음 부임한 팀장에게도 중요한 의미가 있다. 팀장의 처음 100일은 대통령과 아이가 가지고 있는 모든 의미를 가지고 있다. 팀장에게 처음 100일은 '신뢰'인 동시에 '생존'이기 때문이다. 팀장이 루스벨트 대통령의 처음 100일에서 배워야 할 것은 빠르게 팀원들의 불안감을 해소하고 하나로 단결시키는 것이다. 팀장이 아이의 100일에서 배워야 할 것은 생존과 축하다. 리더에게 생존은 절박함이다. 무조건 살아남아야 리더로서 미래에 다양한 꿈을 펼칠 수 있다.

회사는 새로운 팀장에게 무엇을 원할까? 한 문장으로 표현하면 '팀에 새로운 변화를 주어 더 나은 성과'를 내는 것이다. 변화는 성과를 위한 전략이다. 변화의 결과가 성과다. 결국 회사는 새로운 팀장에게 성과를 원한다. 새로 부임한 팀장은 부임한 순간부터 새로운 성과 지옥문을 연 것과 같다. 성과가 높으면 팀장을 지속하거나 더 올라갈 수 있다. 반면 성과가 낮으면 지금 자리가 마지막일 수도 있다. 그렇다고 겁먹을 필요는 없다. 회사는 당신을 전적으로 신뢰한다. 당신을 전폭적으로 지원해줄 준비가 되어 있다. 그런 의미에서 새로운 팀장은 회사의 지원을 끌어내기 위한 전략을 잘 짜야 한다. 팀의 변화는 곧 큰 성공을 위한 전략이다. 이를 위한 촉매제가 '작은 성공'이다.

작은 성공은 구성원들의 불안감을 해소하고 모두가 하나의 목표를 향해 나아가게 만든다. 또한 구성원들이 새로 부임한 팀장을 신뢰하게 되는 결정타가 될 수 있다. 그런 의미에서 생존을 위해 커다란 성공이전에 작은 성공이 꼭 필요하다. 리더가 작은 성공을 빠르게 달성한후 100일을 맞이하면 모든 이가 축하할 것이다. 아이의 백일 잔칫상에 '백 세까지 건강하게 무병장수하라'고 기원하듯이, 리더의 백일 잔칫상은 '더 큰 성공을 위해 구성원들이 팀장과 함께하겠다'고 기원하는 축하의 자리가 될 것이다.

Small Win, 가장 강력한 동기부여다

하버드 경영대학원 테레사 에머빌 교수는 성과를 높이기 위한 가장 좋은 방법이 구성원들에게 긍정적인 기분을 만들어주는 것이라고 강조했다. 구성원들은 기뻐할 때 자신의 업무에 대한 강력한 동기부여를 받는다. 그러면 구성원들에게 긍정적인 기분을 만들어주는 것은 무엇일까? 인센티브나 복리후생 같은 물질적 보상일까? 아니다. 물질적 보상으로 매일 구성원을 기쁘게 해줄 수는 없다. 에머빌 교수의 연구에 의하면 사소한 것이라도 일에서 의미 있는 '작은 성공'을 경험하는 것이다.

에머빌 교수는 업종이 다른 7개 기업 구성원 238명의 일기를 분석하였다. 일기를 통해 구성원의 기분이 매일 어떻게 변화하고 영향을 주는지 파악하기 위해서였다. 1만 2,000건의 많은 일기를 분석한 결과 기분이 좋은 날에는 창의적 아이디어가 기분이 나쁜 날에 비해 50 퍼센트 이상 높게 나타났다. 구성원들이 기분이 좋다고 느낀 날의 일기를 분석한 결과 기분을 좋게 만드는 요인은 크게 세 가지였다.

> 첫째, 일에서 '작은 성공'을 통해 작은 진전을 경험한 것이다. 무려 구성원의 76퍼센트가 여기에 해당했다.
> 둘째, 업무에 필요한 지원을 받았을 때가 43퍼센트였다.
> 셋째, 직장 내 대인 관계에서 좋은 경험을 했을 때가 25퍼센트였다.

에머빌 교수는 이러한 현상을 '전진의 법칙The progress principle'으로 명명했다. 리더는 '전진의 법칙'을 위해 구성원들이 매일 내면 상태를 긍정적으로 느낄 수 있도록 관리해야 한다. 에머빌 교수는 이를 위해 매일 사소하지만 '작은 성공'을 경험하게 하고 이를 조직 내 '전진의 고리'로 만들어야 한다고 강조한다. 일의 진전을 통한 작은 성공이 가장 강력한 동기부여다.

'전진의 법칙'은 구성원에만 해당될까? 작은 성공은 리더 자신에게도 가장 효과적인 동기부여다. 특히 새롭게 부임한 팀장에게는 더욱더 중요하다. '전진의 법칙'이 구성원이 매일매일 작은 진전을 경험하는 것이라면, 새롭게 부임한 팀장에게 전진의 법칙은 작은 성공이 초기에 집중되는 것이다. 프랭클린 D. 루스벨트 대통령처럼 처음 100일 안에 작은 성공이 많이 이루어져야 한다. 리더의 내면 상태가 초기에 기쁘고 좋은 상태로 만들어져야만 구성원의 내면 상태도 기쁘고 좋은 상태로 만들 수 있다.

리더의 내면 상태는 구성원에게 직접적으로 영향을 미치며 파급력이 매우 크다. 리더의 기분은 구성원에게 쉽고 빠르게 전염된다. 리더의 긍정적인 내면 상태가 먼저 이루어져야 구성원의 내면 상태도 선순환을 이룰 수 있다. 리더가 먼저 작은 성공을 경험하는 것이 구성원에게 '전진의 고리'로 작용할 수 있다.

Quick Win, 변화 추진 원동력이다

여성 연예인으로만 구성된 〈골 때리는 그녀들〉이라는 축구 예능 프로그램이 많은 인기를 얻었다. 대부분 축구 문외한인 연예인으로 구성되어 매 경기 실수가 작렬했다. 특히 기억에 남는 건 유난히 약체인 팀이다. 다른 팀에 비해 머리를 많이 쓰는 직업을 가진 연예인으로 구성되었는데 몸 쓰는 데는 완전 꽝이었다. 오합지졸 패배 전문팀이라는 오명을 갖게 되었다. 9연패의 최약체 팀에게 감독이 바란 것은 무엇일까? 1승이 아닌 첫 골이었다. 감독은 경기가 끝난 후 선수들이 패배한 것보다 첫 골의 맛을 느끼지 못한 것이 가장 마음 아프다고 했다.

"성공이 성공을 부른다Nothing succeeds like success"는 영어 속담이 있다. 작은 일에 성공하면 자신감이 생겨 좀 더 큰 일에 도전할 수 있기 때문이다. 감독은 첫 골이 있어야 두 번째 골이 나오고, 결국 승리할 수 있다고 생각한 것이다. 축구의 첫 골은 새로 부임한 팀장의 작은 성공과 같다. 팀장으로서 작은 성공은 경영학적으로 오래된 역사를 가지고 있다.

변화 관리 분야의 세계적인 석학인 존 코터 교수는 기업의 혁신을 위한 변화 관리 8단계 이론을 제시했다. 이 이론의 6번째 단계가 단기간의 가시적 성과 창출이다. 단기 목표가 없으면 변화 추진력을 상실하게 된다. 단기적인 성과가 없으면 많은 사람이 변화를 쉽게 포기하거나 저항한다. 이때 등장한 것이 'Small Win'과 'Quick Win'이다. 아마도 프로젝트를 추진하면서 'Quick Win' 과제를 도출하라는 얘기를 많이 들었을 것이다. 프로젝트를 follow up할 때 즉시 고치거나 실행할 수 있는 것을 찾는다. 'Small Win'과 'Quick Win'은 즉행집완卽行集完'에 압축되어 있다. 즉시 행동하고 집중해서 완성할 수 있는 것이다.

존 코터 교수의 변화 관리 이론을 새로 부임한 팀장에게 적용해보면 단기 목표가 없으면 팀장 리더십을 상실하게 된다. 단기적 성과가 없으면 팀원이 변화를 쉽게 포기하거나 저항한다. '단기 성과'라고 이야기하면 많은 사람이 거부감을 느낀다. '단기 성과'와 '단기 성과주의'는 구분할 필요가 있다. 팀장의 작은 성공을 위한 '단기 성과'는 미래의 더 큰 성과를 위한 마중물과 같다. 반면 '단기 성과주의'는 눈 앞의 이익만 생각하는 '내일 일은 난 몰라요'이다. 새로 부임한 팀장에게 필요한 작은 성공은 크기 개념과 동시에 시간 개념이 포함된 팀 변화의 핵심이다. 다시 말해 'Small Win, Quick Win'은 새로 부임한 팀장을 중심으로 팀에 새로운 변화의 바람을 불어넣어 줄 추진 원동력이 된다.

작은 성공 프로젝트 선정 방법

팀장이 새롭게 부임하면 해야 할 일이 크게 세 가지 있다.

첫째, 새로 부임한 팀의 고유 업무를 관리하는 것이다. 이것은 팀장의 기본적인 역할이다. 팀장이 업무 보고를 받게 되면 제일 첫 페이지에 기술된 R&R이 해당된다. 팀원들의 일상 업무를 관리하고 의사결정하는 것이다.

둘째, 현안 업무에 대한 문제 해결이다. 이것은 전임 팀장이 해결하지 못하고 남겨진 과제이거나, 현재 시점에 발생한 긴급한 과제다. 최근 팀장 업무 보고 시에 현안 업무를 첫 페이지에 기재하는 경우도 많다. 그만큼 긴급한 사안이다.

셋째, 팀장이 부임하고 나서 새롭게 하는 프로젝트다.

세 가지 중에서 새로 부임한 팀장의 존재를 알릴 수 있는 것은 무엇일까? 대부분의 경영진은 일상 업무를 관리하고, 현안 문제를 해결하는 것은 당연하게 생각한다. 흔히 하루에 세끼 밥을 먹는 것과 다를 바

없다고 비유한다. 경영진과 구성원들이 팀장을 새롭게 평가하는 것은 셋째, 새롭게 하는 프로젝트이다. 새롭게 하는 프로젝트는 반드시 성공해야 한다. 이는 빠르면 빠를수록 좋다. 그래서 프로젝트의 크기를 잘게 잘라서 작게 해야 성공 가능성이 크다. 우리는 이것을 '작은 성공 프로젝트'라고 한다. 그렇다면 '작은 성공 프로젝트'를 어떻게 선정해야 할까?

❶ 프로젝트 우선순위 정하기

● 아이젠하워 매트릭스 활용

미국의 34대 대통령이자 제2차 세계대전 당시 오성 장군이었던 아이젠하워가 업무 우선순위를 선정하기 위해 고안한 도구가 바로 '아이젠하워 매트릭스'다. 아이젠하워 매트릭스는 업무의 우선순위를 긴급성과 중요도를 가지고 판단한다. 이것을 '작은 성공 프로젝트'에 적용할 수 있다. 프로젝트의 중요도와 크기를 가지고 판단한다.

1. 중요하고 사이즈가 작은 프로젝트: 먼저 한다.
2. 중요하지만 사이즈가 큰 프로젝트: 계획한다.
3. 중요하지 않지만 사이즈가 작은 프로젝트: 위임한다.
4. 중요하지도 않고 사이즈도 큰 프로젝트: 하지 않는다.

이것을 통해 알 수 있는 것은 프로젝트의 사이즈가 작다고 해서 중요하지 않은 것이 아니라는 점이다. 새로 부임한 팀장이 중요하지도 않은데 사이즈가 작거나, 큰 프로젝트를 추진하는 것은 경영진과 구성원에게 가장 빨리 신뢰를 잃는 방법이다. 구성원들은 무한 삽질을 연상하게 된다. 그렇다면 중요하지만 사이즈가 작은 프로젝트는 어떻게 선정할까?

- **팀의 핵심 목표와 연결된 프로젝트 선정**

팀장이 새로 부임하면 제일 먼저 하는 것이 팀의 핵심 목표를 파악하는 것이다. 목표 달성 여부가 팀장의 생사를 가른다. 핵심 목표를 파악하면서 현 수준, 문제점, 원인, 대책 등을 파악하게 된다. 핵심 목표는 경영진과 구성원의 의견 수렴을 통해 바로 파악할 수 있다. 대부분의 경영진은 팀장이 새로 부임하면 경영진의 관심 사항을 직접적으로 표현한다.

구성원과의 면담을 통해서도 알 수 있다. '그동안 팀의 핵심 목표가 무엇이었는지? 구성원이 생각하는 핵심 목표는 무엇인지? 핵심 목표를 달성하기 위해 팀이 해야 할 일은 무엇인지?' 다양한 질문을 통해 파악할 수 있다. 경영진의 관심사항과 구성원의 관심사항의 공통 분모를 세 가지 선정하여 핵심 목표의 구심점을 찾아낸다. 경영진과 구성원이 원하는 핵심 목표와 연결된 구심점을 찾아냈다면 이미 성공한 것이다. 가장 유망한 구심점이 곧 초기 작은 성공 프로젝트이다. 시작이 반이다.

- **타이밍이 생명이다**

핵심 목표와 연결된 프로젝트를 구체화하기 위해서는 타이밍이 생명이다. 지금 바로 시작할 수 있고 마감시한이 짧을수록 좋다. 마감시한은 30일, 60일로 선정하는 것이 가장 좋다. 핵심 목표와 연결된 프로젝트를 구체화하면서 타이밍을 적용하면 프로젝트 사이즈가 작게 나올 수밖에 없다. 권투계에서는 '토마토 캔'이라는 은어가 있다. 중요한 경기에 대비해 쉽게 이길 수 있는 약한 상대를 지칭한다. 한 번에 확 찌그러트릴 수 있는 상대를 말한다. 통조림 깡통을 찌그러트리는 데 많은 준비가 필요해서 지금 시작할 수 없고, 30일이 아닌 1년여의 두드림이 필요하다면 작은 성공 프로젝트에는 부적격이다. 작은 성공 프로젝트는 팀의 생명을 구하는 응급실이다. 지금 바로 수술할 수 있어야 한다.

❷ 프로젝트 사이즈 체크하기

- **현재 리소스로 가능해야 한다**

프로젝트에는 인력, 예산 등 많은 자원이 필요하다. 프로젝트 추진 전에 리소스 가용성 평가를 하게 되며, 대부분의 프로젝트는 많은 자원을 필요로 해서 시작조차 하지 못한다. 작은 성공 프로젝트는 현재 리소스로 시작이 가능해야 한다. 이는 경영진의 부담을 줄여주고, 팀장의 리스크도 줄여준다. 현재 리소스로 가능하게 하려면 가능한 한 프로젝트를 잘게 잘라야 한다. 작은 성공 프로젝트는 팀장의 존재 가치를 알려주고 더 큰 프로젝트에 대한 가능성을 보여준다. 무리하게 판을 벌일 필요가 없다. 처음에는 팀장이 필요 자원을 동원할 수 있고 의사 결정할 수 있는 프로젝트를 선정한다.

- 작게 실험하라

스타트업에서 많이 사용하는 용어로 MVP Minimum Viable Product가 있다. 프로젝트 아이디어를 작동이 가능한 최소한의 핵심 기능만을 탑재한 프로그램이나 제품을 의미한다. 가장 많은 예로 드는 게 자동차와 킥보드다. 이동 수단을 만들 때 어떤 사람은 완벽한 자동차를 만들기 위해서 많은 시간과 예산을 들여 만들고, 어떤 사람은 일단 이동할 수 있는 킥보드를 만들고, 다음에는 자전거, 오토바이, 마지막으로 자동차 순으로 만든다. 이를 통해 빠르게 시장에 제품을 내놓고 고객의 반응과 시장의 요구사항을 빠르게 파악해 계속 제품의 완성도를 최적화시킨다. 예를 들면 리멤버는 처음 플랫폼을 출시할 때 명함 인식 기술의 정확도가 많이 떨어져서 직원이 등록된 명함 사진을 보고 타이핑하는 방식을 적용했다. 이런 과정에서 고객의 요구사항을 빠르게 반영하여 지금의 비즈니스 플랫폼으로 성공할 수 있었다. 작은 성공 프로젝트는 규모를 확대하기 전에 시험 삼아 해보는 실험 프로젝트 형태로 추진하는 것이 좋다. 대형 프로젝트의 1단계 수준이거나, 제품 출시 전에 고객과 시장의 요구를 파악하기 위한 프로젝트이다. 작은 성공 프로젝트는 핵심 목표를 지금 당장 달성하기 위한 프로젝트가 아닌 가능성을 탐색하는 실험 프로젝트다.

❸ 최종 결정 전 질문하기

- 모든 팀원이 참여할수록 좋다

작은 프로젝트라고 해서 팀장 혼자 해결해서는 안 된다. 그것은 단순한 문제 해결에 지나지 않는다. 사이즈는 작지만 팀원들이 모두 참여할 수 있어야 한다. 작은 성공 프로젝트가 성공적으로 마무리되었을 때 팀원들에게 공로를 돌릴 수 있어야 한다. 구성원들이 작은 성공 프로젝트에 기여와 헌신이 명확할수록 팀의 사기는 올라가고 팀장에 대한 신뢰는 더욱 높아진다. 사랑만 나누면 배가 되는 것이 아니라, 일도 나누면 사기가 배가 된다.

- 협력과 학습의 기회

작은 성공 프로젝트는 새롭게 부임한 후 첫 번째 프로젝트에 해당한다. 프로젝트 성과 그 자체보다 미래의 기회와 성과에 더 많은 초점이 있다. 작은 성과 프로젝트를 선정할 때 반드시 반문해야 할 두 가지가 있다.

첫째, 지금 하려고 하는 프로젝트가 여러 위치에 있는 상사, 동료 팀장들과 협력할 수 있는 기회를 제공해줄 것인가? 지금 당장은 아니더라도 미래의 기회를 제공해줄 것인가?

둘째, 지금 하려고 하는 프로젝트가 당신과 구성원들에게 학습의 기회를 제공할 것인가? 지금 프로젝트가 만약 실패로 끝나더라도 당신과 구성원들은 실패로부터 교훈을 얻을 수 있을 것인가?

이 두 가지 질문을 통해 작은 성공 프로젝트를 선정해야 한다. 새롭게 부임한 팀장의 다양한 이해관계자에게 협력과 학습의 기회를 제공할 수 있는 프로젝트가 당신을 성장시킬 수 있다.

❹ 셀프 평가하기

● 리더십 이너샤 극복하기

조직에서 사람에 대한 평가는 2개월 이내에 내릴 수 있어야 하고, 사람을 최종 평가하는 마지막 기회는 6개월 이내로 하라는 말이 있다. 매우 잔인해 보이지만 2-6법칙의 숫자는 더 짧아지면 짧아졌지 늘어날 리 만무하다. VUCA(불안정^{Volatility}하고 불확실^{Uncertainty}하며 복잡하고 $Complexity$ 애매모호^{Ambiguity}한 사회) 시대에 더 빠른 민첩성을 강조하고 있다. 사람에 대한 평가 2개월은 나름 논리가 있다. 새로운 사람에 대한 조직의 긴장도는 첫 3개월이 지나면 사라진다. 이는 원래대로 되돌아 가려는 '관성' 때문이다.

리더십 이너샤Leadership Inertia 라는 표현이 있다. 변화의 요구에도 불구하고 리더들이 기존의 습관, 즉 관성에 따라 일을 하도록 만드는 힘을 말한다. 리더십 이너샤는 구성원에게도 지대한 영향을 미친다. 첫 3개월에 변화를 이끌어내지 못하면 리더든 구성원이든 관성의 지배를 받게 된다. 관성의 지배를 받고 6개월이 지나면 리더의 생명은 끝났다고 봐도 무리가 아니다. 이를 극복하려면 초기 작은 성공을 위한 자체 평가를 실시해야 한다.

다음 셀프 평가표는 지금까지 서술한 내용을 5점 척도로 하여 집약한 것이다. 열 가지 평가 항목을 기반으로 초기 작은 성공 프로젝트를 선정하고, 수시로 셀프 평가를 한다면 '리더십 이너샤'를 극복할 수 있다.

셀프 평가표

No	평가 내용	1	2	3	4	5
1	중요하고 작은 프로젝트인가?					
2	팀의 핵심 목표와 연계된 구심점인가?					
3	성공하면 비즈니스상 최우선 목표를 달성하는 데 기초가 되는가?					
4	지금 바로 시작할 수 있는가?					
5	3개월 이내에 마칠 수 있는가?					
6	현재 자원(인력, 예산 등)으로 충분히 실행 가능한가?					
7	작게 나누어 작은 실험을 할 수 있는 프로젝트인가?					
8	모든 구성원이 참여할 수 있는가?					
9	다양한 이해 관계자에게 미래 협력의 기회를 제공하는가?					
10	팀장과 구성원에게 학습의 기회(성공, 실패로부터 교훈)를 제공하고, 변화를 끌어내는 데 도움이 되는가?					

회고하는 팀의 성장 속도는 다르다

회고는 리뷰와 다르다

네이버 국어 사전에 '회고Retrospective'의 사전적 의미를 찾아보면 '뒤를 돌아봄' 또는 '지나간 일을 돌이켜 생각함'이라고 나온다. 일반적으로 회고라는 말을 들으면 유명인이 자신의 지나간 일을 돌이켜 생각하며 기록한 '회고록'이 가장 먼저 생각난다. 회고와 비슷한 용어로 '리뷰Review'가 있다. 리뷰는 완성된 결과물을 가지고 잘한 부분과 못한 부분을 이야기하는 것이다. 회고는 리뷰보다 한 단계 더 나아간다는 점에 차이가 있다. 결과물에 대한 이야기와 함께 앞으로 더 잘하기 위해서 개선책, 액션플랜까지 생각한다. 단순하게 우리 팀이 무엇을 잘하고 못했는지에 대해 이야기하는 데 그치지 않고, 과거의 경험을 토대로 미래를 만들어 나가는 과정이 건강한 회고다. 회고를 통해 우리 팀의 미래를 더 건실하게 만들 수 있다면 그것보다 큰 가치는 없다.

회고 습관이 최고의 팀을 만든다

바둑에 '복기'라는 것이 있다. '복기'란 한 번 두고 난 판국을 비평하기 위해 두었던 그대로 다시 처음부터 놓아보는 것을 말한다. 프로의 세계에서는 고수일수록 복기의 중요성을 강조한다. 재능을 가진 상대를 넘어서기 위해서는 오직 노력밖에 없기 때문이다. 그런 면에서 복기는 더 많이 집중하고 더 많이 생각하게 만들어주는 훌륭한 교사라고 할 수 있다. 이창호 9단은 승리한 대국을 복기하는 것은 '이기는 습관'을 만들어주고, 패배한 대국을 복기하는 것은 '이기는 준비'를 만들어준다고 했다.

대국이 끝나고 나면 승자는 기쁨과 환희를 느끼지만 패자는 억울함, 분함 등 괴로운 감정에 휩싸인다. 그 모든 감정을 억누르고 차분한 마음으로 복기를 하는 일은 쉽지만은 않다. 복기를 하면서 자신이 실수하는 장면을 정면으로 바라보는 것만큼 뼈 아픈 것은 없다. 자신의 치부를 직면하는 것은 고통스러운 일이기에 아마도 피할 수만 있다면 피하고 싶을 것이다. 하지만 승부사들은 오히려 그것을 뚫어져라 바라보라고 말한다.

승리는 자신의 실수를 인식하고 두 번 다시 되풀이하지 말아야 얻을 수 있다. 아파도 뚫어지게 바라봐야 한다. 아니 아플수록 더 촉각을 곤두세우고 예민하게 들여다봐야 한다. 조훈현 9단은 실수를 한다는 건 내 안에 그런 어설픔과 미숙함이 존재하기 때문이라고 했다. 진정한 프로가 되기 위해 그것을 인정하고 바라보며 날마다 뼈아프게 그날의 바둑을 복기하는 행동이야말로 아마추어를 프로로 만들어줄 것이고 내면적으로도 성숙한 어른으로 성장시켜 줄 것이라고 복기의 중요성을 다시 한번 강조했다.

바둑에서 '복기'는 아마추어를 프로로 성장시킨다. 신임 팀장이 '팀 회고'를 하는 것은 평범한 팀을 비범한 팀으로 만드는 가장 중요한 '수'이자 '복기'와 같다. 이것이 그동안 상사, 부하의 기대에 부응하고, 성과를 만들어내기 위해 쉴 틈도 없이 달려온 신임 팀장이 중간에 멈춰 서서 뒤를 돌아봐야 하는 이유다. 주기적인 '팀 회고'는 팀의 문화이자 습관이 될 것이다. 이기는 습관을 가진 팀이 최고의 팀이 되는 것은 자명하다.

함께 제대로 돌아보는 방법 익히기

❶ 그라운드 룰, 회고 환경을 조성하라

하버드 경영대학원 에이미 에드먼슨 교수는 《두려움 없는 조직》이라는 책에서 '심리적 안전감Psychological Safety'이 최고의 팀을 만드는 가장 결정적인 요인이라고 했다. '심리적 안전감'이란 조직 내 소수의 의견, 즉 말하면 모두가 불편할 수 있는 말일지라도 의견을 제시했을 때 인사상 어떠한 불이익도 받지 않고, 어떠한 관계적 손상도 입지 않을 것이라는 강력한 믿음과 신뢰를 말한다.

사람들은 반짝 하고 떠오른 아이디어가 있어도 괜히 핀잔을 들을까 꿀꺽 삼켜 버리는 경우가 많다. 회의 시간에 납득이 되지 않는 부분이 있는데도 눈을 질끈 감고 끝까지 따져 묻지 않는다. 중요한 프로젝트를 수행하는 데 걱정스러운 결함이 크게 보이는데도 비난하는 사람, 참견하는 사람, 딴지 거는 사람, 불만 많은 사람처럼 보일까 두려워 무난한 사람이라는 이미지를 선택하곤 한다. 침묵하는 팀에 성장과 발전이란 없다.

회고하는 문화는 조직과 개인의 성장을 위해 중요한 활동이다. 앞으로 더 잘해보자고 하는 회고인데 시작부터 리더인 팀장이 개인 판단으로 팀원의 의견을 무시하거나 잘못한 부분에 대해 지적하고, 서로를 비난하는 분위기를 형성한다면 그 회고의 결과는 불 보듯 뻔하다. 팀원들은 수동적으로 참여하게 되고 어떠한 개선도 없이 끝날 것이다. 결국 팀장 혼자 말하다 끝나는 보여주기식 회고에 그치게 될 가능성이 크다.

팀장은 회고를 시작하기 전 '의견을 말하다 괜히 찍힐 수 있다', '핀잔을 들을 수 있다'는 두려움에서 벗어나 자신의 의견을 자유롭게 말할 수 있는 편안하고 안전한 분위기를 조성해야 한다. 회고의 시간 동안 다양한 의견이 살아 숨 쉬게 만들어야 한다. 오늘보다 나은 내일을 함께 만들어 나갈 수 있는 양질의 시간을 만들어야 한다.

어떻게 하면 회고하기 좋은 환경과 분위기를 만들 수 있을까? 가장 먼저 회고를 위해 모두가 모인 자리에서 팀장이 '심리적 안전감'이란 무엇인지, 팀원들이 공통된 이해를 가질 수 있도록 심리적 안전감이라는 말 자체를 소개하자. 그리고 회고를 하는 동안 함께해야 할 행동과 하지 말아야 할 행동을 규정하는 그라운드 룰을 만들자. 그라운드 룰은 수평적인 의사소통을 위한 장치로 기능하는 동시에 대화의 신호등 역할을 한다. 신호등에서 빨간불은 '가지 마라', 녹색불은 '가도 좋다'는 의미인 것처럼 회고를 하면서 해야 할 행동과 하지 말아야 할 행동을 알려준다.

그라운드 룰을 만들 때는 패들렛과 같은 온라인 도구를 사용하면 익명성이 보장되어 팀원들이 자유롭게 의견을 제시하는 데 효과적이다. 회고하면서 해야 할 행동의 예로는 정직하게 실패·성공·실수 말하기, 동의하지 않을 때는 동의하지 않음을 표현하기, 좋은 의견은 칭찬하기, 말 끊지 않기, 긍정적 태도로 임하기 등이 있다. 하지 말아야 행동의 예로는 다른 사람 의견 비난하기, 정보 숨기기, 문제 자체보다 누구 잘못인지 집어내기 등이 있다.

❷ 회고 프레임워크, 말의 표류를 막아라

프레임워크는 개발 프로젝트에서 자주 쓰는 용어다. 어떠한 목적을 달성하기 위해 복잡하게 얽혀져 있는 문제를 해결하기 위한 뼈대나 기반 구조를 만드는 것을 뜻한다. 회고를 할 때도 회고에 적합한 프레임워크를 선택하고 시작하는 것이 더 효율적이다.

제한된 시간 내에 어떤 기준도 없이 대화를 나누다 보면 많은 이야기를 나누었어도 목적과 목표에 맞는 대화가 아닐 가능성 있기 때문이다. 목적과 목표 없이 허공에 말이 표류하는 것을 막아야 한다. 제한된 시간에 효율적으로 제대로 회고하려면 어떤 기준으로 이야기를 나눠야 할지를 정해야 한다.

지금부터 'KPT, PMI, 4LS, CSS, DAKI'의 다섯 가지 회고 프레임워크를 소개하겠다. 회고를 시작하기 전 팀원들과 어떤 프레임워크를 가지고 이야기를 나눌지 결정하고, 내용을 기록하여 액션플랜까지 수립하자. 주기적인 회고는 팀원 한 명 한 명의 성장을 도울 것이고, 팀 성장의 원동력이 될 것이다. 또한 켜켜이 쌓인 회고 기록들은 모두를 끈끈하게 하나로 묶은 증거이자, 성공을 이끈 팀 역사로 남을 것이다.

NO	프레임워크	내 용
1	KPT	• **Keep:** 현재 만족하며 계속 유지할 부분은 무엇인가? • **Problem:** 업무 수행에 불편하거나 개선할 부분은 무엇인가? • **Try:** 다음 스프린트 리뷰 때 바로 시도할 것은 무엇인가?
2	PMI	• **Plus:** 우리 프로젝트에 긍정적 요소는 무엇인가? • **Minus:** 우리 프로젝트에 부정적 요소는 무엇인가? • **Interest:** 우리 프로젝트에 흥미로운 요소는 무엇인가?

3	4LS	• Liked: 프로젝트를 진행하면서 좋았던 부분과 이유는 무엇인가? • Learned: 프로젝트를 진행하면서 배운 점은 무엇인가? • Lacked: 프로젝트 중 부족했던 부분은 무엇인가? • Longed for: 프로젝트에서 희망하거나 얻고 싶었던 부분은 무엇인가?
4	CSS	• Continue: 프로젝트에 긍정적 영향을 미쳤거나 계속 유지하고 싶은 것은 무엇인가? • Stop: 프로젝트에 부정적인 영향을 주었거나 비효율적인 것은 무엇인가? • Start: 개선이 필요한 것은 무엇인가?
5	DAKI	• Drop: 멤버들을 방해하는, 버려야 하는 일은 무엇인가? • Add: 멤버들이 추가하고 싶어 하는 일은 무엇인가? • Keep: 멤버들이 지속했으면 하는 일은 무엇인가? • Improve: 멤버들이 개선했으면 하는 일은 무엇인가?

❸ 좋은 질문으로 풍성하게 회고하라

살다 보면 아주 작은 변화가 전혀 새로운 결과를 가져오기도 한다. 항상 180도 전환이 필요한 건 아니다. 지금 서 있는 위치에서 단 몇 도만 방향을 바꿔 발을 움직여도 전혀 다른 길로 가게 된다. 대화에서 질문의 힘이 그렇다. 어떤 질문을 하느냐에 따라 대화의 방향, 대화의 질이 달라진다. 《네 안의 잠든 거인을 깨워라》의 저자 앤서니 라빈스도 질문은 우리가 상상하는 것 이상으로 강력한 도미노 효과를 유발하며 모든 인간의 진보는 새로운 질문에서 비롯된다고 믿는다고 했다. 회고 과정 중 팀원들이 자유롭고 편안하게 의견을 말하지 않아 정체된 느낌이 들거나, 생각보다 새로운 아이디어가 나오지 않는다는 답답한 느낌이 들거나, 말하는 사람이 정해져 있는 것처럼 보여 분위기를 전환하고 싶을 때 적절한 질문을 하면 새로운 국면을 맞을 수 있다. 다음은 회고 시 활용할 수 있는 질문 예시다. 적절하게 잘 활용하여 더욱 풍성하고 성공적인 회고를 하는 데 도움이 되길 바란다.

팀 회고: 질문지

범위	질문 예시
팀	• 이번 회고를 통해 바라는 점이 있다면 무엇인가요?
	• 혹시 오늘 회고에서 우리가 놓치고 있는 게 있을까요?
	• 우리의 목표가 뭐라고 생각하고 있나요?
	• 우리가 목표를 향해 잘 가고 있다고 생각하나요?
	• 목표달성을 위해 방향을 바꾼다면 어떻게 바꿀 수 있을까요?
	• 우리가 시도했던 방법과 그 결과에 대해 어떻게 생각하나요?
	• 방법에 문제가 있다면 어떻게 바꾸면 좋을까요?
	• 다른 방법으로 다시 한번 해볼 수 있다면 어떻게 할 생각인가요?
	• 현재 업무 프로세스에 대해 어떻게 생각하나요?
	• 현재 업무 프로세스에 좋은 점, 유지하고 싶은 점은 무엇인가요?
	• 업무 프로세스를 개선, 보완하고 싶은 점은 무엇인가요?
	• 우리 팀 문화를 한 마디로 정의한다면 뭐라고 말할 수 있을까요?
	• 우리가 꿈꾸는 팀 문화는 어떤 모습인가요?

	• 긍정적인 팀 문화 조성에 방해되는 요인은 무엇인가요?
	• 우리 팀의 강점은 뭐라고 생각하나요?
	• 강점을 더 강화할 수 있는 방법은 무엇인가요?
	• 우리 팀의 기회는 뭐라고 생각하나요?
	• 기회를 얻기 위해서는 어떻게 해야 할까요?
	• 우리 팀의 약점은 뭐라고 생각하나요?
	• 약점을 보완하기 위해서는 어떻게 해야 할까요?
	• 우리 팀의 위협은 뭐라고 생각하나요?
	• 위협을 제거하기 위해서는 어떻게 해야 할까요?
팀원	• 최근 성취감을 느낀 적이 언제인가요?
	• 최근 한 달 동안 팀원 중 가장 많은 시간을 보낸 사람은 누구인가요?
	• 최근 당신은 주로 어떤 감정을 느끼며 지내고 있나요? 그 감정은 10점 만점 중 몇 점 정도인가요? 이유는 뭔가요?
	• 만약 다시 시간을 되돌아가 다르게 선택할 수 있다면 어떤 걸 다르게 하고 싶은가요?
	• 지금 하고 있는 업무 이외에 하고 싶은 업무가 있다면 무엇인가요?
	• 지금 업무를 수행하면서 걱정되거나 신경 쓰이는 일은 무엇인가요?
	• 업무 수행 중 어려움이 있었다면 어떤 것인가요?
	• 도움을 요청하고 싶다면 누구에게 어떤 도움을 받고 싶나요?
	• 그 어려움을 통해 배운 교훈은 무엇인가요?
	• 팀장에게 요청하고 싶은 것은 무엇인가요?
	• 다른 팀원에게 요청하고 싶은 것은 무엇인가요?

❹ 회고를 회고하라

요즘 TV프로그램을 보면 관찰 예능 프로그램이 많다. 관찰 예능 프로그램은 각각 콘셉트는 다르나 공통적으로 촬영한 영상을 스튜디오에서 보고 이야기를 나누는 형식으로 진행한다는 점이 같다. MC, 게스트들이 각자의 관점으로 영상을 보고 이야기를 나눈다. '맞다/틀리다, 옳다/그르다, 잘했다/못했다'라는 이분법적 잣대를 가지고 평가하기보다 같은 영상도 다양한 관점으로 바라볼 수 있다는 것을 보여준다.

관찰 예능 프로그램을 모티브 삼아 우리 팀의 회고 과정을 영상으로 찍어 보거나, 녹음해 모니터링해보기를 추천한다. 모니터링 하는 것은 '회고를 회고하는 것'이라고 할 수 있다. 회고 당시에는 미처 몰랐던, 캐치하지 못했던 부분들을 확인하고 개선할 수 있다. 회고를 하는 동안 자신의 얼굴표정을 비롯하여 팀원들의 얼굴표정, 자세, 미세한 행동의 변화까지 확인할 수 있다. 어떤 단어를 사용했는지, 말투는 어떠했는지, 서로에게 긍정적이고 열린 자세로 임하였는지, 목표 달성을 위해 기꺼이 함께하고자 하는 마음이 표현되었는지 등을 확인해 볼 수 있다. 회고를 주관하는 리더로서 회고를 매끄럽게 잘 진행했는지 여부도 확인해볼 수 있다. 학창 시절 같은 유형의 문제를 다시 틀리지 않기 위해 틀린 이유, 올바른 정답, 개선할 점을 정리하여 오답노트를 만들 듯 우리 팀의 회고를 회고해보자. 정녕 제대로 돌아볼 줄 아는 자가 가장 빨리 목표에 도달할 것이다.

Part 2

팀장 리더십

FAKE &
FACT

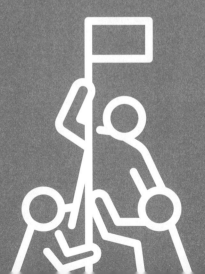

> **"**
> 전문가와 리더는 큰 차이가 있다.
> 전문가는 자신을 움직이고
> 리더는 타인을 움직인다.
> **"**

신수정 박사 기업인

지금부터 리더, 리더십 Fake & Fact 구분하기

안데르센의 동화 〈벌거벗은 임금님〉은 사치스러운 임금님이 사기꾼에게 속아 벌거벗은 채 거리를 행차하는 이야기이다. 사기꾼은 임금님에게 '우리가 짜는 옷감은 바보들의 눈에는 보이지 않는 신비한 옷감'이라고 소개했다. 임금님은 옷감을 체크할 때 혹시나 자기가 바보로 보일까 두려워 신하를 보냈다. 신하 또한 (바보가 되기 싫어) 눈에는 아무 것도 보이지 않았지만 가장 훌륭한 옷감이라고 보고한다. 옷이 만들어진 후 옷을 입어볼 때 신하들은 하나같이 신비한 옷감을 칭찬했고, 임금님은 보이지 않았지만 신하들의 말에 맞장구를 친다. 결국 임금님은 벌거벗은 채로 백성 앞에서 행차를 하게 되는데…. 한 꼬마 아이가 "임금님이 아무것도 안 입었어!"라고 외친다.

어릴 적 동화를 읽으면서 '보이지 않아도 옷감은 느껴질 텐데…. 임금님과 신하들 진짜 바보 아닌가?'라고 생각한 기억이 있다. 그 어릴 적에는 이해가 되지 않았던 동화 내용이 어른이 된 지금 "충분히 그럴 수도 있겠네"라고 이해가 된다. 어른이 된 후 '명예', '체면', '권위', '권력', '아집'이라는 단어의 의미를 알게 되었기 때문이리라. 지금 시대 조직을 살펴보면 벌거벗은 임금님과 신하들 같은 리더가 꽤나 많다. 보이지 않지만 보인다고 말하는 리더, 모르지만 안다고 말하는 리더. 꼬마 아이가 용감하게 소리치듯이 지금 시대 리더들에게 "처음 리더가 되면 리더십을 모르는 게 당연해요. 보이는 척, 아는 척하지 마세요!"라고 팩트를 말해주고 싶었다.

내가 하고 있는 일의 전문성이나 역량을 향상시키기 위해 부단히 공부하고 노력하듯이 리더십도 그에 못지 않게 공부하고 노력해야 하는 영역이다. 신임리더가 되자마자 챙겨야 할 것들, 즉 Part 1의 6휠을 장착한 후에는 본격적으로 팀을 운영하게 된다. 하지만 내가 여태껏 들어왔던 리더십 지식, 겪어본 리더들로부터 배운 간접 경험, 선배들을 통해 학습한 방식으로 해서는 큰일 난다. 시대도 세대도 바뀌었기에 새로운 시대와 세대에 적합한 방식의 리더십을 발휘해야 한다. '돌다리도 두드려 보고 건너라'는 말처럼 막연하게 팩트처럼 여겨지는 것들이 있을 텐데, 진짜 팩트가 무엇인지 체크해보고 방향을 제대로 잡아야 한다. 페이크 속에 갇힌 채로 정신 못 차리는 당신과 팀원들을 발견하고 싶지 않다면 말이다.

Part 2에서는 쉽게 오해할 수 있는 리더십의 Fake에 대해 Fact가 무엇인지 실무 경험을 가진 리더의 통찰력을 공유하고자 한다. 사람(구성원)을 움직여, 일을 되게 만들고, 조직을 단단하게 하는 리더가 되고 싶다면 Fake와 Fact 모두에서 배울 점을 찾아보자. Part 2를 읽는 당신은 이미 스스로를 관리하는 리더이자, 지금부터 진정한 리더의 반열에 한 단계 오른 것이라고 말해주고 싶다.

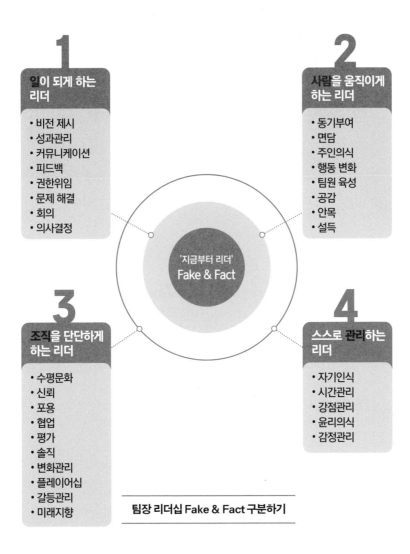

1 일이 되게 하는 리더
- 비전 제시
- 성과관리
- 커뮤니케이션
- 피드백
- 권한위임
- 문제 해결
- 회의
- 의사결정

2 사람을 움직이게 하는 리더
- 동기부여
- 면담
- 주인의식
- 행동 변화
- 팀원 육성
- 공감
- 안목
- 설득

'지금부터 리더'
Fake & Fact

3 조직을 단단하게 하는 리더
- 수평문화
- 신뢰
- 포용
- 협업
- 평가
- 솔직
- 변화관리
- 플레이어십
- 갈등관리
- 미래지향

4 스스로 관리하는 리더
- 자기인식
- 시간관리
- 강점관리
- 윤리의식
- 감정관리

팀장 리더십 Fake & Fact 구분하기

Chapter 1

일이 되게 하는 리더

Fake 리더는 가르치는 사람이다 vs
Fact 리더는 가리키는 사람이다

그저 열심히 가르치는 리더

5,000여 명이 마라톤 경기에 참여했다. 그런데 결승 테이프를 끊은 사람은 단 한 명! 1등을 제외하고 모두가 실격되었다. 무슨 일이 벌어진 걸까? 실제 영국 선덜랜드에서 벌어진 일이다. 경기 중 2위 선수가

코스를 혼동해 이탈했고, 나머지 선수들도 모두 그를 뒤따라 뛰었던 것이다. 그 결과 1위 제이크 해리슨만 완주, 나머지는 41.195km에서 264m가 모자라 전원 기록이 인정되지 않았다. 그들은 죽을 힘을 다해 약 41km를 달렸지만 그 결과는 주최 측의 사과와 다음 경기 참가비 25퍼센트 감면뿐이었다.

듣기만 해도 힘이 빠지지 않는가? 안타깝지만 조직에서도 이와 비슷한 모습을 자주 관찰할 수 있다. 직책자가 되는 순간 그 손엔 나침반이 쥐어진다. 하지만 상당수의 리더가 마음이 급해 나침반을 움켜쥔 채 그저 열심히 뛴다. 제대로 뛰지 못하는 사람이 보이면 시범도 보이면서 열심히 가르치기도 하면서 말이다. 가르치다 보면 제법 흉내 내는 게 보여 기특하고 뿌듯하다. 하지만 내 뒤 꽁무니만 따르는 것 같아 답답한 순간이 온다. 더 잘 가르쳐야 할까? 아니다. 가르치지 말고, 가리켜야 한다!

손가락이 가리키는 달을 보게 하는 리더

탄은 이정의 '문월도'를 보면 바위를 걸터앉은 사내가 왼손으로 그믐달을 가리킨다. 그 그림을 볼 때마다 의식적으로 그믐달부터 보려고 해보지만 희한하게 첫 시선은 그 사내의 손가락으로 간다. 오죽하면 견지망월見指忘月이라는 사자성어가 있겠는가? 그만큼 달을 가리키는 손가락이 아닌, 손가락이 가리키는 달을 보게 하는 게 쉽지 않아서다. 리더가 가르치는 데만 몰두하다 보면 이런 일이 벌어진다. 그렇다고 가르치는 걸 터부시하라는 게 아니다. 가르칠 만큼 능력을 갖춘 리더도 흔치 않다는 거 안다. 하지만 모범 답안만 가르쳐서는 결코 모험심을 자극할 수 없다. 한 땀 한 땀 가르치느라 구성원의 영혼을 터치하는 걸 놓친다면, 그는 관리자이지 리더가 아니다.

영혼을 터치한다는 게 뭘까? 마틴 루터 킹의 "I have a dream"과 같은 한마디일 거다. 그가 관리자였다면 이렇게 말하지 않았을까? "I have a plan." 유튜브 영상으로 육성까지 접했기 때문에 단번에 어색하게 느껴진다. 하지만 마틴 루터 킹이 청중의 영혼을 깊이 터치할 수 있었던 건 뒤이은 이 한마디가 있었기 때문이다. "I believe…!" 이제야 묵직하게 힘이 실린다. 이 말을 비즈니스 용어로 바꾸면 무엇인가? 바로 리더의 비전이다. 배를 조종하는 건 누구라도 할 수 있지만, 항로를 결정하는 건 리더다. 하루를 열심히 쌓아 미래를 만들어갈 수 있지만, 리더라면 미래를 기준으로 현재를 바라볼 줄 알아야 한다. 그래야 한 걸음을 걸어도 의미 있는 발걸음이 될 수 있다.

'나를 따르라'의 시대는 끝났다

'링반데룽Ring Wanderung'이라는 조난 용어를 아는가? 등산가들이 가장 두려워하는 말이다. 59세의 한 탐험가가 알프스에서 조난당했다가 13일 만에 기적적으로 구출된 적이 있다. 그는 폭설을 만나 순식간에 길을 잃고 두려움에 빠졌지만 산에서 빠져나오기 위해 매일 12시간씩 걷고 또 걸었다. 매일 죽기 살기로 전진했지만 그가 발견된 곳은 길을 잃은 곳에서 겨우 6km 떨어진 곳이었다. 6km 반경 안에서 13일 동안 계속 빙빙 돌았던 것이다. 이처럼 방향 감각을 잃은 사람들의 전진은 결국 제자리 걸음일 때가 많다. 이는 과학 실험으로도 입증됐다.

독일 막스플랑크 연구소의 잔 소우만 박사팀은 실험 참가자들을 숲 속과 사막에 떨어뜨려 놓고 목표 지점을 찾아보게 했다. GPS를 부착한 6명은 해가 보일 때는 똑바로 나아갔지만, 밤이 되면 곧바로 방향을 잃었다. 원을 그리며 헤매고 있다는 걸 GPS에 찍힌 좌표 점이 말해주는데도 그들은 하나같이 똑바로 걷고 있다고 착각했다는 데 이 실험의 시사점이 있다. 잰걸음으로 걸어봐야 말짱 도루묵인 셈이다. 헛걸음, 헛수고시키는 리더를 누가 따르겠는가? 훗날 원망을 받지 않으려면 리더가 북극성을 가리켜야 한다. 그런데 이걸 대충 읽고, 리더 자체가 북극성이 되려고 하는 우를 범해선 안 된다. "나를 따르라!"의 시대는 끝났다. 그러다가 영국 마라톤의 2위 선수와 같은 섬뜩한 결과를 맛보게 될 것이다. 구성원들이 쫓아야 할 것은 리더가 아니라 비전이다. 그러려면 "I believe…" 내가 무엇을 보았고, 무엇을 함께 이루고 싶은지 말할 줄 알아야 한다.

리더의 비전은 응축된 에너지를 품고 있다

그런데 말이 좋지, 비전 이런 걸 고민하고 있는 게 사치처럼 느껴지지 않는가? 좋은 건 알겠지만 한가한 소리 하고 있다는 생각도 한편에 들 테다. 하루 온종일 위아래로 치이면서 감당해야 할 책임의 무게가 클 테니 이해는 된다. 하지만 비전은 응축된 에너지를 품고 있다. 이를 잘 활용하면 리더에게 강력한 힘을 실어준다. 잭 웰치가 5년 연속 '성공적인 경영인 상'을 수상하는 자리에서 그 비결을 묻는 기자의 질문에 이렇게 답했다. "내가 가고자 하는 방향과 우리 직원들이 가는 방향이 같기 때문입니다." 이게 비전이 갖는 힘이다! 혼자 끌고 가지 않고, 함께 밀어붙이는 힘이 필요하다.

그러려면 리더에게 먼저 꿈이 생겨야 하지 않겠는가? 혼자 고뇌하지 않아도 된다. 구성원들과 함께 비전을 나누고, 어느 쪽을 가리킬지 정리하면 되겠다. 간단해 보이지만 정기적으로 미래를 생각할 시간을 떼어두지 않으면 불가능한 일이다. 왜냐하면 우리의 뇌가 '거리 편향 distance bias'과 싸워야 가능한 일이기 때문이다. 먼 미래의 일보다 가까운 시점의 결정에 우선순위를 두게 되는 뇌를 역행하지 않으면 빡빡한 일상에 비전이 자리 잡을 틈은 없다.

팀이 표류하게 만들지 않으려면 리더십 훈련의 일환으로 '퓨처백 사고법'을 익혀보라. 매달 시간을 정해두고 3개월, 6개월, 1년 후 팀이 어떤 상태이길 바라는지 기대를 명확히 해보자. 그 비전에 따라 단계적으로 무엇을 해야 할지 결정하면 된다. 의식적으로 미래에 집중하지 않으면 우리는 남이 제시한 비전만 쫓아야 한다. 팀이 발끝만 보고 걷다 좌초되지 않게 하려면 지금 당장 그 블록을 캘린더에 걸어두자.

팀은 리더가 본 곳까지만 데려갈 수 있다

그런데 여기서 잠깐! 그 블록 내에서 해야 할 건 비전을 세팅하는 것뿐만 아니라 어떻게 공유할지에 대한 고민이 포함돼야 한다. 이해시키는 것만으로는 부족하다. 결국 비전에 매료되어 움직이게 만드는 건 가슴에서부터 시작되기 때문이다. 남을 가르칠 능력이 되지 못했던 포레스트 검프도 사람들을 뛰게 만들었다. 영감을 받으면 가르치지 않아도 함께 뛰어 준다. 구성원들이 왜 손가락 끝만 보고 있을까? 그믐달이 그들에겐 아직 특별하지 않기 때문이다. 비전의 공감대 형성에 공을 들여야 하는 이유가 여기에 있다.

공감형 리더, 원온원이 강조되는 시대라고 해서 구성원과 마주보고만 있어서는 안 된다. 함께 같은 방향을 바라보는 게 더 우선이다. 어쩌다 보니 잘된 건 '실적'이지만, 같은 결과라도 목표를 세우고 이뤘다면 '성과'다. 리더가 실적주의에 빠지지 않고 성취를 이어가려면 먼저 보고자 하는 열망이 있어야겠다. 다시 한번 강조하지만, 팀은 리더가 본 곳까지만 데려갈 수 있다!

Fake 3요를 따져 묻다니 **싸가지가 없다** vs
Fact 3요를 따져 물으면 **일머리가 있다**

다음 대화를 보고 어느 타입이 맞는지 답해보자.

물음표 3요편

팀원: 이걸요?

리더: 그렇게 됐어. 어쩌겠냐….

팀원: 그런데 왜 제가?

리더: 할 사람이 당신 밖에 없잖아.

팀원: 왜요?

리더: 야! 좀! 그냥 해주라!

마침표 3요편

리더: 왜 이걸 하고 있어?

팀원: 그냥요…. 해달라잖아요.

리더: 왜 해달라는데?

팀원: 몰라요.

리더: 지금 그거 할 때가 아니야. 이것부터 좀 해줘.

팀원: 싫어요.

3요 주의보

선뜻 답하기 어려운가? '3요 주의보'라는데, 이 중 그래도 뭐가 더 나을지 함께 생각해보자. 업무 지시만 하면 따박따박 묻는 팀원이 있다. 생각만 해도 짜증이 솟구치는가? '3요(이걸요? 제가요? 왜요?)'가 "하기 싫어요"와 동의어로 들려서일 거다. 아니면 물을 순 있다고 보지만 공손함이 빠져서 불편한가? 그럼 이렇게 바꿔보겠다. "팀장님, 죄송하지만 제가 왜 일을 맡아야 하는지 모르겠습니다." 이젠 좀 짜증이 가라앉는가? 짜증까진 아니더라도 여전히 약간의 불편함이 가시질 않는다. 왜일까? 나는 그런 질문을 해본 적이 없어서다. 어쩌면 해선 안 된다고 생각했을지도 모른다. 사회적 분위기가 그랬다. 새마을 운동, 금 모으기 운동, 코로나 시국까지 우린 늘 하자고 하면 토 달지 않고 협조하는데 더 익숙한 편이었다. 요즘은 어떤가? 다행히 국가도 기업도 성숙해간다. 질문할 권리를 인정하고, 적극 권하기까지 한다. 국민 신문고에 문의를 하면 답변을 받을 수 있고, 기업의 CEO도 타운홀 자리에서 직원들의 거침없는 질문에 즉답을 하고 있다. 그런데 이를 어쩌나? 세상 많이 좋아졌다고 퉁 치기엔 면전에서 왜냐고 묻고 있는 팀원들이 정말 부담스럽다.

3요는 공포의 대상이 아니다. 기존에 당연히 해야 할 것들을 제대로 수행하지 않았다는 반증일 뿐이다. 3요는 일을 잘하기 위한 고민이고 응당 제공했어야 할 정보였다. 결코 이를 Z세대, 알파 세대만의 독특함으로 치부해서는 안 된다. 그들을 당돌하다 탓할 게 아니라 내가 잘 설명해 주지 못함을 부끄러워해야 한다. 묻는 게 문제가 아니라 묻게 한 게 문제다. 묻기 전에 해소해줬어야 했다.

No Gain, No Context, No Sense

왜 우리는 3요만 들어오면 당황하게 될까?

첫째, 깊이 고민하지 않아서다. 3요는 받을 질문이 아니라 내가 먼저 했어야 할 질문이다. 그 질문에 대한 답을 갖고 지시하는 습관을 들여야 팀원들이 똥볼을 차지 않는다. 연습 경기하듯이 대충 뛰어다닌게 싫다면 뛸 만한 이유를 설명해줘라. 필요성이 공감되면 누구보다 열심히 뛸 것이다. 납득이 되면 희생정신도 불사할 거라고 믿어 의심치 않는다.

둘째, 일일이 설명하는 게 비효율적이라고 느껴서 넘어간 것일 수도 있다. 효율이란 들인 노력 대비 얻을 결과물의 비율을 말한다. 맥락을 알려주지 않으면 일을 진행하는 각 단계마다 리더의 개입이 필요하다. 번거롭더라도 3요에 대한 답을 갖고 시작해야 일의 가성비가 높다.

셋째, 알아서 해주는 게 센스라고 생각하고 있지 않는가? 안타깝게도 리더가 명확히 알려주지 않으면 일이 끝날 때까지도 모를 수 있다. "딱 보면 알죠?", "알아서 해주세요." 제발 이런 말 쓰지 말자. 저맥락 세상이다. 아직도 고맥락 화법을 쓰는 리더가 센스가 없는 거다. 이런 누를 범하지 않고, 3요를 적극 환영하기 위해서는 각각이 갖는 의미를 알아야겠다. 그래야 그들의 질문이 나에 대한 도전으로 느껴지지 않을 테다. 리더의 필터를 갈아 끼우면 그들의 질문이 꽤 합리적으로 들릴 수 있다.

3요 해석 필터

"이걸요?"	아직 내용을 정확히 모르겠습니다. 제(우리의) 목표나 목적에 부합된 일인가요?
"제가요?"	제가 최적인가요? 성장에 어떤 도움이 될까요? 뭘 지원해주실 수 있을까요?
"왜요?"	방향성이 충분히 이해되질 않습니다. 이걸 해내면 얻게 되는 게 뭘까요?

정말 궁금해서 묻는 거다. 우리가 묻는 법을 잃었다고 그들이 묻는 걸 막아서는 안 된다. 어떻게 해서든 업무를 거부하고 싶어서 묻는 게 아니라, 제대로 알고 더 잘해보고 싶어서 묻는 것이다. 단지 말이 짧다

고 무례함에 초점을 맞춰서는 안 된다. 답변이 바로 나오지 않으면 아직 지시할 때가 아니다. 더 고민해도 답이 명확하지 않다면 지시할 대상이나 내용이 잘못된 것은 아닌지 돌아볼 필요도 있다.

그들과 다르다고 얘기하는 것 같지만 우리의 본성은 같다. 해야 할 이유를 알아야 몰입할 수 있다. 리더가 바라는 게 복종은 아니지 않는가? 3요를 따져 묻거든 미워할 게 아니라 칭찬하자. 싸가지가 없는 게 아니라 제대로 된 일머리를 갖췄기 때문이다.

Fake 권한위임은 맡기는 거다 vs Fact 권한위임은 맡겨서 되게 하는 거다

제갈량은 뛰어나지만 남을 믿지 못하는 큰 단점을 가지고 있다

오늘도 팔을 걷어붙이고 열일 하고 있는가? 팀장이 된 지 딱 10년 차가 되던 어느 날 갑자기 깊은 후회가 밀려왔다. 한 해를 정리하며 인센티브를 셈하는 데도 하나도 신이 나지 않았다. 그 해도 어김없이 에너지를 끌어 모아 초인적으로 동분서주했지만 결국 남은 건 무기력이었다. 리더가 일할 맛이 떨어졌는데, 팀원들이야 상태가 뻔하지 않나? 함께 지쳐서 언제든 떠날 태세를 하고 있었다. 누구보다 열심히 살고 있다고 자부했는데, 그게 그렇게 후회가 되다니…. 묘한 감정에 휩싸여 며칠을 고민하던 중 소설 속 익숙한 인물을 다른 각도로 보게 되면서 그 원인을 명확하게 깨달았다.

그는 제갈량이다. 지략가로만 알고 있었던 그는 정치, 경제, 사업, 국방 어느 것 하나 맡기지 못하고 모든 국정을 도맡아 처리하고 있었다. 제갈량은 유비의 유언에 따라 유비의 아들 유선을 대신해 촉한의 실질적 군주 역할을 하고 있었다. 국가의 중대사를 판단하기도 바쁜 그가 곤장 스무 대 이상의 형벌을 직접 처리하느라 끼니를 거르는데, 순간 눈물이 핑 돌았다. 피곤한 인생을 사는 건 매한가지구나 싶어 감정이입이 됐나 보다. 그도 인간인지라 결국 각혈을 하다 병사했다. 혼자 해치우느라 제대로 된 2인자 하나 못 키우고 눈을 감고 말았다.

초인적인 제갈량에게 기대 운영되었던 촉한은 얼마 후 위나라에 멸망하고 만다. 사람을 못 남겼으면 그 똑똑한 머리라도 남겼으면 좋았으련만 그의 병법서 《장원將苑》은 40여 년이 지나서야 소실된 것을 겨우 복원해 완성할 수 있었다. 왜 그랬을까? 제갈량의 유일한 라이벌 사마의의 평가에서 그 이유를 짐작할 수 있다. "제갈량은 뛰어나지만 남을 믿지 못하는 큰 단점을 가지고 있다. 남을 믿지 못해서 모든 일을 관장하려 든다면 어찌 윗사람이라 할 수 있겠는가?"

10년이나 지나서 알게 된 나의 리더십의 큰 허점은 '누구보다' 열심히 살려고 했다는 것이다. 열심히 하는 것이 리더가 보여야 할 솔선수범인 줄 크게 착각했다. 악순환의 고리를 끊으려면 제대로 된 위임을 학습할 필요가 있다. 명확한 이해를 위해서 리더를 딜레마에 빠뜨리는 몇 가지 개념과 함께 살펴보자.

임파워먼트 vs 델리게이션

우크라이나가 제2의 군사 강국 러시아를 상대로 꽤 오랜 기간 버텨내고 있다. 모두의 예상을 깬 결과다. 초기부터 미국의 전폭적인 지원이 있었던 것도 아닌데 비결이 뭘까? 〈가디언즈〉에 실린 기사 중 일부를 보자. '푸틴 대통령이 대령 수준에서 조치해도 되는 전술적 의사결정을 직접 내리고 있다.' 다음은 이에 대비되는 우크라이나 국방장관의 인터뷰 내용이다. "통념을 깨고 개인의 판단을 존중하는 우리의 지휘 체계가 권위주의적인 러시아군과 대비되는 승리 요인입니다."

실제 우크라이나 국방부는 2015년부터 군 개혁 프로젝트를 추진했다. 상명하복 문화로 대표되는 조직이었지만 그들은 최하위 지휘관에게까지 과감히 권한을 위임했다. 권한만 위임된 게 아니라 상황에 맞는 전술을 펼칠 수 있도록 허락했다. 임파워먼트에 이어 델리게이션까지 이뤄진 것이다. '역할만 위임'받지 않고, '책임까지 위임'받으니 그들은 실행 전략을 주도적으로 수립했고, 혁신적인 성과를 낼 수 있었다. 그들이 델리게이션까지 밀어붙일 수 있었던 건 다년간의 철저한 대비가 있었기 때문이다. 국방부는 NATO 동맹국에 젊은 장교를 적극 파견해 진보한 전략과 전술을 익히게 했고, 최신식 무기를 다루는 기술을 습득하게 했다. 그렇게 쌓인 경험과 전문성이 우크라이나에 든든한 비밀병기가 되어주고 있다.

임파워먼트 vs 마이크로 매니징

봉준호 감독은 '봉테일'이라고 불린다. 머릿속에 그려둔 장면을 스토리 보드에 워낙 꼼꼼하게 표현해서 붙은 별명이다. 그래서 그와의 촬영은 비교적 제때 끝나는 편이라고 한다. 가진 별명이 무색하지 않게 영화를 보다 보면 곳곳에 디테일이 아주 잘 살아 있다. 이쯤 되면 봉 감독의 리더십 스타일이 짐작되지 않은가? 디테일을 쥐고 있다면 마이크로 매니징 아닐까?

그런데 예상 외로 영화 관계자들은 그를 그렇게 평가하지 않는다. 자율성을 줌으로써 엄청난 결과물을 뽑아낸다는 것이다. "배우랑 감독이 역전되는 시점이 와요. 처음에 시나리오를 쓰고 영화를 준비할 때는 감독이 더 많이 알고 있지만, 촬영 후반이 되면 그 캐릭터에 대해 배우들이 더 잘 알아요. 몇 달을 그 인물로 살았기 때문에 '이 사람이면 이때 이렇게 행동한다', '이 사람이면 이런 말을 내뱉을 거다'라는 게 몸에 스며들어서 감각적으로 알아요." 봉 감독은 실제 〈살인의 추억〉을 촬영할 당시 결정적 대사를 일부러 비워두었다. 위임받은 배우가 멋지게 채운 명대사가 바로 "밥은 먹고 다니냐?"이다. 봉감독의 디테일은 관리나 간섭이 아닌 '명확한' 소통을 위한 것이다. 채울 곳과

비울 곳을 구분할 줄 알고 있으니 배우도 감독도 함께 빛이 난다.

위임 vs 방임

또 한 명의 영화 감독을 소환한다. 김지운 감독이다. 그는 영화 감독이 되기 전까지 캠코더 한번 들어본 적이 없다면서 작품을 잘도 찍어낸다. 실제 카메라를 어떻게 켜고 끄는지 모르는 기계치에 가깝다고 한다. 그렇다 보니 실제 현장에서 "나는 잘 모르겠는데, 이렇게 하고 싶다"라는 식의 표현을 자주 한다고 한다. 체감 온도가 가장 낮은 11월에도 비슷한 말을 던졌다. 와이셔츠 한 장 걸치고 흙더미에서 촬영 대기 중인 이병헌에게 "육체의 고통스러움이 극한으로 치닫는 것과 비례해 복수심도 높아지는 것을 표현하자"라고 했단다. 얄미울 법도 한데, 이를 잘 해석한 배우는 한국형 느와르의 표본이 될 영화 〈달콤한 인생〉을 완성시켰다. 김 감독은 늘 그렇게 장면에 대한 정확한 인식과 비전만 던지고 빠진다. 감독은 뒤로 빠져서 뭐하나 싶지만, 배우와 스태프들은 감독이 던진 비전을 곱씹으며 지금의 고통과 수고가 막연한 희생으로 끝나지 않게 만들어갔다.

믿고 맡길 때는 '생생한 비전과 목표'를 심어줘야 한다. 그게 확립된 걸 확인하기 전에는 절대 자리를 떠서는 안 된다. 또는 역으로 몇 가지 핵심 룰만 정해두고 맘껏 해보라고 할 수도 있다. 위든 아래든 자리를 뜨려거든 명확한 가이드를 제시하라!

I-Leadership vs We-Leadership

우리가 위임에 집중하는 것은 구성원들이 '따르는 자'가 아니라 '이끄는 자'가 되었으면 하는 바람에서다. 8명으로 이뤄진 팀이 있다고 하면 그 팀은 일반적으로 1명의 리더가 이끈다. 그런데 위임이 잘 이루어져 모두가 리더처럼 일한다고 해보자. 그 팀은 8명의 리더가 이끄는 파워를 갖게 될 것이다. 개인이 아닌 조직 전체에 권한을 위임한다면 어떤 일이 벌어질까? 이를 실험한 리더가 있었으니 그는 미 해군 사관학교를 수석 졸업한 L. 데이비드 마르케이다. 그는 미 해군 잠수함 산타페로 부임했다. 만년 꼴찌인 배의 함장으로 보내지면서 그에게 주어진 미션은 6개월 이내에 함대를 실전에 배치할 수 있는 상태로 준비시키라는 것이었다. 시간이 턱없이 부족했다.

그때 그가 선택한 전략은 '리더-팔로워'의 구조를 깨고, '리더-리더'의 구조로 조직 체계를 전환하는 것이었다. 끊임없이 생각하게 했고, 스스로 결정하게 했다. 계획을 묻지 말고, 스스로 갖고 오게 했다. 그들의 언어를 "이렇게 해봐도 될까요?"가 아니라 "저는 이렇게 하겠습니다"로 바꿔갔다. 그렇게 조직 전체가 리더가 되었다. 그 결과, 단숨에 만년 꼴찌를 탈환하고 1등의 쾌거를 이룬다. 단 1년 만의 일이다. 집약된 그 경험 덕에 함대는 해군 PRT 사령관 3명을 배출했고, 부함장 2명이 함장으로 승진했다. 진짜 리더를 만든 셈이다. 개인을 넘어 팀에 위임하는 시도는 당신에게도 아주 흥미로운 결과를 선사하리라!

임파워먼트 레벨 1 vs 임파워먼트 레벨 2

후배 중에 직장생활 5년 만에 팀장이 된 친구가 있다. 판교에서 IT 인재를 앞다투어 모셔갈 때 엉겁결에 한자리 차지했다. 부담은 잠깐 느꼈고, 리더가 체질인 것 같다며 신나게 헤쳐 나갔다. 그러던 어느 회의 시간에 그녀를 멘붕에 빠뜨린 한마디를 듣게 된다.

"팀장님! 저희 정답 맞추기 하고 있는 것 같아요. 이미 정하신 것 같은데 그냥 말씀해주시죠?"

당황해서 제대로 수습도 못하고 나왔다고 했다. 정해줘도 싫다, 참여시켜도 싫다고 하면 어쩌란 말인가? 중이 제 머리는 못 깎아도 훈수는 잘 두는 법! 울먹이며 전화한 후배에게 기준 하나만 가지라고 했다. '사전 보고형'이냐, '사후 보고형'이냐? 팀원의 업무 성숙도에 따라 위임하라는 것이 골자였다.

사전 보고가 필수적으로 필요한 유형은 아직 업무 성숙도가 낮아 사전에 리더와 몇 번의 시뮬레이션을 해보고 업무를 진행하는 게 효과적이다. 이때는 리더가 생각하는 답을 제시하고 한 땀 한 땀 가르쳐 줘야 한다. 진척도를 체크하는 간격도 짧아야겠다. 불편해할 것 같지만 아직 불안함이 더 큰 단계라 괜찮다.

반면에 사후 보고를 받아도 괜찮은 유형은 업무 성숙도가 높은 만큼 정교한 위임 스킬이 필요하다. 할 만하다고 해서 리더가 지켜야 할 영역까지 내어주어서는 안 된다. 다양한 시도를 적극 권장할 수 있지만 리더가 멈추는 게 좋겠다고 요구할 때는 즉시 멈추는 게 룰임을 사전에 안내할 필요가 있다. 어느 레벨의 위임이라도 리더는 '인내 비용'이라는 값을 치러야 한다. 권한위임은 장기 투자다. 하도급을 줘서 업무를 해치우는 게 아니라 힘을 합치고, 확대하는 것임을 잊지 말자.

마지막 질문, 권한을 나눠주면 다 좋아할 것 같은가? 아니다. 그래서 요즘은 연차나 직급보다 그 사람의 의지나 역량, 성향까지 고려해 위임의 범위를 결정하는 추세다. 다음은 구성원들이 정말 싫어하는 위임 랭킹 다섯 가지이니, 이것만큼은 피해갈 수 있었으면 한다.

- 줬다 뺐으면 더 기분 나쁘다.
- 하기 싫은 일만 위임하는 거 다 안다.
- 제발 맨땅에 헤딩시키지 마라. 아프다!
- 권한은 안 주고 책임만 떠넘길 거면 거부하겠소!
- 그렇게 중요하고 급한 일이면 본인이 직접 해야 하는 거 아닌가?

위임은 맡겨도 되는 일을, 맡길 만한 사람에게, 결과를 만들어낼 수 있게 지원하는 것이다. 다시 한번 기억하자. 맡겼다고 위임이 아니라, 되게 하는 것까지가 위임이다!

Fake 회의는 **양을 줄이는** 게 생산성이다 vs
Fact 회의는 **질을 높이는** 게 생산성이다

스티브 잡스는 소수의 인원으로 효율적인 회의를 운영해온 것으로 유명하다. 회의실 안에 20명으로 제한을 뒀다. 프로젝트별 회의도 실무진급, 임원급을 거치지 않고 자신이 참석하는 회의 하나로 끝냈다. 최대한 업무 프로세스의 군더더기를 없애, 애플(Apple)이 추구하는 '세상에 없는 가장 혁신적인 제품'을 만드는 데 모든 역량을 집중하기 위해서였다.

회의가 느껴지는 회의

직장인은 평균적으로 일주일에 몇 번 정도 회의에 참석할까? 한 취업포털 설문에 따르면 직장인은 평균적으로 주 2.2회의 회의에 참석한다고 한다. 주 5일의 근무환경을 가정할 때 만만치 않은 시간을 할애하는 '회의', 동일한 설문에서 73.4퍼센트의 응답자는 이 회의가 시간낭비라고 느껴본 적 있다고 대답했다. 우리는 언제부터인가 회의가 너무 많고, 또 시간이 길어진다는 걸 느꼈다. 회의의 필요성은 인식하면서도 지금 이 회의가 과연 필요한 것인가에는 의문을 제기하게 된 것이다.

우리가 기억하는 회의는 어떤 회의인가? 여기 아주 일반적인 회의가 있다.

- 팀장님이 닦달하기에 이것저것 자료도 만들고 필요한 현황들도 정리한다.
- 기타 부수적인 참고자료들을 한 아름 싸 들고 회의실로 이동한다.
- 열심히 현황보고를 하고 적절한 평계와 계획들을 섞어서 발표한다.
- 주관자의 눈치를 살피며 질문에 대한 답변을 한다.
- 팀장님 또는 부장님께서 '이렇게 해라', '저렇게 해라'는 내용들을 기계적으로 타이핑한다.

사실 이 정도면 회의가 아니라 업무 보고 또는 질책의 자리에 지나지 않는다. 그렇기에 우리는 감히 대꾸할 수 없고, 침묵하면서 지시만을 기다렸다. 그래서 MZ세대는 지금 업무지시를 하는 건지 회의를 하는 건지 구분이 안 간다고 말한다. 회의에서 결정을 내려도 상사의 한마디에 방향이 바뀌기도 하고, 회의를 한다고 해도 달라지는 것이나 결론이 없어서 '회의를 위한 회의'를 진행하게 된다는 것이다. 회의실 한편에 앉아서 그 누구의 눈에도 띄지 않기를 바라며 그저 이 시간이 지나가기만을 바라는 회의 가득한 회의가 되어 버린 것은 그 누구의 탓일까?

'슬림한 회의(회의어트)'의 문제점

'회의어트'는 회의와 다이어트를 합쳐서 부르는 말이다. 우리는 일련의 과정을 통해 비효율적으로 시간을 낭비하지 않기 위해 과감하게 회의의 양을 줄이기로 결심했다. 아니, 그렇게 해야만 합리적인 요즘 팀장이 된다고 믿고 있다. 그러나 '회의어트'를 단순히 회의의 횟수나 시간을 줄이는 것으로만 접근하다 보니 오히려 업무 소통이 안 된다는 단점들이 생겨나기 시작했다. 정작 필요한 회의 안건이 시간의 압박으로 다루어지지 않거나, 회의 자체를 기피함으로써 조직관리와 업무 진행에 있어서 꼭 필요한 회의조차 다이어트를 하게 된 것이다. 불필요한 보고에 소요되는 시간을 제거하겠다는 목표가 업무의 본질을 떨어뜨리고 업무 효율성이라는 명분하에 오히려 결과물의 질을 갉아먹는 상황이 발생한 것이다. 과연 회의의 양을 줄여서 효율적인 회의를 하면 생산성을 높일 수 있을 것인가는 생각해볼 문제다.

회의도 일종의 프로젝트다

회사에서 하는 일에는 투입에 따른 산출이 있어야 한다. 시간과 자원을 투입했으면 그에 따른 성과가 나와야 한다는 말이고 회의 또한 예외는 아니다. 프로젝트를 발의하고 기획하여 진행하듯이, 회의 또한 성과를 내기 위해 누군가가 책임지고 발의하고, 기획하고 진행해야 한다. 정확한 목표달성을 위한 회의를 진행하기 위해서 다음의 가이드라인을 참고해보자.

		'슬림한 회의' 운영 가이드
1	목적	회의에 대한 주제 및 필요성에 대한 기획
2	책임	성과를 만들어야 하는 책임자와 참여자를 완벽하게 구분한다.
3	대상	case별로 꼭 필요한 사람만 참여시킨다.
4	시간	필요한 만큼 15/30/50분 단위로 설정한다.
5	방식	책임자를 통한 불필요한 발언 자제 및 중복 방지
6	준비	사전자료 배포 및 성과 필요성 공유
7	몰입	동시에 한 화면을 보면서 집중력을 높임(전자기기 Parking)
8	신뢰	감정 배제 약속과 사실만 전달, 심리적 안전감
9	결과	목표한 성과 달성 및 보완 계획
10	기록	회의를 참여하지 않는 사람도 이해할 수 있는 수준의 자료 정리

환희가 느껴지는 회의를 위하여

회사생활에서 즐거움을 느끼는 일은 대체로 없을지 모르지만, 의외로 그 방법은 단순하다. 명쾌한 결론이 나고, 실천 가능한 대안들이 제시되는 좋은 회의도 그 즐거움 중 하나가 될 수 있다. 좋은 회의란 결론을 내고, 또 그 결론에 도달하는 과정을 잘 들여다볼 수 있어야 한다. 이를 위해 첫째, 진행 중인 업무나 프로젝트 등을 공유하는 회의는 지양해야 한다. 이는 가장 형식적으로 운영되는 경우가 많다. 그렇기에 자기 업무와 깊은 관련이 없으면 집중하지 못하는 참석자들이 발생할 수 있다.

둘째, 사전에 충분한 정보가 제공되지 않는 상황에서는 의사결정을 위한 회의는 진행해선 안 된다. 의사결정권자조차도 쉽게 판단할수 없는 중대한 사안인 경우가 많은데 정작 필요한 정보 또는 예측되는 결과를 제공하지 못하면 심리적 부담 때문에 가장 안정적인 선택을 할 수밖에 없다.

셋째, 명확한 범위 없이 이루어지는 회의가 가장 비효율적이다. 예를 들어 보안 강화를 위한 개선 회의를 진행한다고 했을 때, 최소한 시스템의 문제로 볼 것인지 인력의 보충의 문제로 볼 것인지의 구분 정도는 되어 있어야 목적 있는 회의 솔루션에 가까워질 수 있는 양질의회의가 될 수 있는 것이다.

결국 회의의 질을 높이는 것이 생산성이다

조사에 따르면 직장인들은 회의를 가장 싫어한다고 한다. 비효율적인 회의란 무엇일까. 비슷한 내용을 반복하면서 결정을 내지 못하는 회의. 참석자들이 집중하지 않아도 문제가 없는 회의. 본질과 상관없는 논의로 시간을 보내는 회의. 우리 회사의 회의는 어떤지 한번 점검해보는 것이 어떨까.

　〈하버드 비즈니스 리뷰〉에 따르면 먼저 효과적인 회의를 위해 중요한 것은 회의 주제와 목적을 사전에 면밀하게 정하는 것, 그리고 그에 맞는 참석자 선정이다. 참석자들은 사전에 회의 주제를 정확하게 파악하고 자신이 참석하는 이유를 이해해야 한다. 따라서 회의에 필요한 정보는 사전에 제공되어야 한다. 그래야 참석자들은 주제에 맞게 회의에서 발표할 내용을 준비할 수 있다. 또한 참석자는 한 명도 빠짐없이 회의에서 발언하고 질의 응답하는 원칙을 가져야 한다. 그리고 회의에서 나온 모든 의견은 반영하거나 아니면 타당한 이유와 함께 기각한다. 만약 의견에 대한 반영과 기각이 결정되는데 추가 검토가 필요하다면 언제까지 검토해서 결정한다는 것이 논의되어야 한다. 만약 회의 구성원 중 누구도 아무 발언 없이 끝나는 경우가 있다면 참석자 선정이 잘못되었거나 회의 진행이 제대로 이루어지지 않은 것이다.

　생산적인 회의를 운영하려면 결국 목적부터 기록까지 철저한 실행이 뒷받침되어야 한다. 결국 질을 높인다는 것은 명확한 책임자를 두고 최대한 구성원들의 시간과 에너지를 낭비하지 않게끔 끌어주고 지원하는 것을 의미한다. 필요한 회의라면 회의의 횟수는 문제가 아니다. 어쩌면 개인적인 근무환경인 지금이야말로 회의가 필요한 타이밍이다. 생산성을 높이기 위해서 필요한 것은 compact(콤팩트)하게 줄어든 회의시간이 아니라 impact(임팩트) 있는 결과일 것이다.

Fake 성과관리는 **완벽한 제도**에 달렸다 vs
Fact 성과관리는 **리더가 누구냐**에 달렸다

성과관리 컨설팅을 10년 이상 진행하면서 1년이면 100개 이상의 기업의 제도를 들여다보게 된다. 고객들이 묻는다. '이번에 성과관리 제도 개편을 제대로 해보고 싶은데, 어떻게 하면 되겠냐?'고. 임직원들이 반박할 수 없을 만한 완벽한 아이디어를 요구하는 것이지만 대답은 간단하다. 없다! 기업에 성과관리 제도는 다양할 것이다. 여전히 MBO 방식을 고수하는 곳도 있을 것이고, OKR로 전면 전환된 곳도 있겠다. 개인을 평가하는 방식과 팀을 평가하는 방식을 달리해 이를 믹스해 활용하는 곳도 있다. 더 혁신을 시도하는 기업은 과감하게 부서별 성과관리 제도를 부서장에게 만들어오도록 요구하는 곳도 있다. 인사팀에서 아무리 대단한 컨설팅을 받아서 제시해도 불만이 속출하니 그럼 직접 만들어서 갖고 와보라고 한 것이다.

부서의 특징을 고려해 가지고 온 제도는 완벽했을까? 보상 체계에 불만을 품은 직원들이 대거 이탈하는 바람에 수습하느라 애 좀 먹었다. 요즘 성과관리 제도에 변화의 바람이 있어 과도기라 그런 걸까? 아니라고 자신할 수 있다. 10여 년 전 컨설팅을 할 때만 해도 상대평가가 일반적이었는데, 그때는 줄 세우기, 밀어주기가 고질병이었다. 절대평가가 해결의 열쇠라고 생각해서 바꿨더니 어떤가? 이젠 평가를 관대하게 하는 것이 문제다. 그러다 보니 상대평가로 회귀하는 기업도 종종 있다.

100개의 기업에는 100가지의 성과관리 제도가 있다. 완벽한 것이 있다면 하나를 선택해 모두가 적용하면 될 텐데, 그 어디에도 없다 보니 조직의 특성을 고려해 제각각 구축하는 것이다. 이런데도 제도 뒤에 숨을 것인가? 회사 탓하고, 2차 평가자 평계 대는 것을 멈춰야 한다. 제도가 엉망이라는 기업을 수도 없이 만나왔지만, 그 개떡 같은 제도를 찰떡같이 활용해서 공정성과 납득성을 확보한 리더는 반드시 있었다. 무슨 말인가? 제도가 문제가 아니라 제도를 운영하는 리더의 역량이 핵심이라는 것이다! 제도가 아무리 바뀌어도 성과관리의 기본기는 같다. 기본기에 충실한 그들의 공통점을 몇 가지 살펴보자.

첫째, 피드백보다 피드포워드를 적극 활용한다

피드백 하면 어떤 느낌인가? 부정적인 느낌이 연상될 것이다. 피드백에는 '지지적 피드백도 있어요'라고 해도 우리가 경험한 피드백이 주로 교정적 피드백이다 보니 기분이 썩 좋지 않다. 피드백이라는 말을 언제 처음 썼을까? 제2차 세계대전 당시 미국 공군이 적군의 위치를 정확하게 파악하기 위해 조정시간에 정보를 주고받으며 위치를 조정하면서 쓴 용어였다. 정확하게 원하는 지점을 확인하고 조준하는 일련의 과정인 것이다. 하지만 비즈니스 현장에선 그 위치를 리더에게 일방적으로 요구받다 보니 기분이 상한다. 피드백의 주도권이 리더에게 있는 것이다. 그 위치가 아닌 것 같다고 항변해보지만 이 위치가 절대적으로 맞다고 단칼에 잘린다. 리더가 주는 피드백은 반드시 옳다는 대전제가 깔린 것이다.

상황이 이렇다 보니 요즘은 피드백을 수용하는 법에 대해서도 교육하고 있다. 하지만 지혜로운 리더들은 원래 약은 쓴 법이라고 이를 대수롭지 않게 넘기지 않는다. 그들은 약을 처방하기 전에 백신을 주입하는 데 더 열심이다. 사후에 다 지난 과거를 되짚기보다는 사전에 미래를 예측하고 실수를 미연에 방지하고자 한다. 피드백feedback을 잘하면 반복되는 실수를 막을 수 있지만 피드포워드Feed Forward하면 실수 자체를 예방할 수 있기 때문이다. 마샬 골드스미스Marchall Goldsmith가 만든 개념으로, 쉽게 말하면 맡겨진 업무에 대해 함께 '시뮬레이션'해보는 것이다. 어떻게 해오는지 두고 보자가 아니라 함께 시뮬레이션하면서 어떤 결과물을 원하는지 정조준하는 시간을 갖는 것이다. 과거를 질책하기보다는 미래를 지원하는 대화를 적극적으로 나누다 보니 원하는 성과를 낼 확률이 높아지고, 오답노트를 만드는 데 드는 시간 소요가 적다.

둘째, 아웃풋이 아니라 아웃컴을 내는 데 집중한다

열심히 일하고 허망한 적이 있는가? 두 명의 팀원을 겪으며 관심을 갖게 된 단어가 '아웃풋Output과 아웃컴Outcome'이다. 마케팅팀을 담당할 때다. A 선임은 늘 계획한 대로 일이 완수되어 있었다. 그날도 세미나 홍보 메일을 정해진 시간에 보냈고, 홈페이지에 업로드도 잘되어 있었다. 분명 일은 끝나 있었다. 하지만 그녀는 메일링 이후 신청자가 어느 정도인지, 신규 고객 비율은 어느 정도인지 확인해볼 생각이 없었다. To do list는 다 끝냈기 때문이다.

두 번째 케이스다. TF장을 맡았을 때 함께했던 멤버 중 가장 뛰어난 실력자가 있었다. B 수석은 전자기기 활용에 대한 영상 제작을 담당했다. 완성된 영상물을 본 모든 사람의 입이 떡 벌어졌다. 하나에서 열까지 굉장히 상세했고, 화려한 영상미를 자랑했지만 플레이가 종료된 후 침묵이 흘렀다. 전자기기 하나 사용하겠다고 10분 이상 그걸 쳐다보고 있는 사람이 몇이나 되겠는가? 여태 작업한 시간을 생각하면 정말 아까웠지만, 3분 이내로 다시 제작하기로 최종 결론을 내렸다. 이번엔 과유불급이었던 것이다.

무엇이 문제인가? 아웃풋만 관리했지 아웃컴에 대해 중요하게 얘기하지 않았기 때문에 벌어진 일이다. 초보 팀장일 때라 제대로 된 피드백도 못 하고 지나갔지만 컨설팅을 거듭하면서 알았다. 고수들은 아웃컴을 절대 놓치지 않는다.

아웃풋이 무엇인가? 결과물이다. 그에 반해 아웃컴은 무엇인가? 그 결과로 얻어지는 영향이나 변화다. 소프트웨어를 만들어내자고 하는 건 아웃풋이고, 해당 소프트웨어를 통해 사용자에게 어떤 가치를 제공하자고 하는 것은 아웃컴인 것이다. 장터에 '신제품을 내놓자'가 아니라 '어느 정도 팔리는 신제품을 내놓자'고 목표를 잡고 그에 부합된 결과물을 만드는 것에 차이가 있다. 이렇게 성과를 관리하니 그 조직은 늘 캘리브레이션Calibration 세션에서 우위를 점한다. 그래서 리더가 주의해야 할 것은 To do list 체크박스이다. 모두 클리어했다고 만족해서는 안 된다. 이를 어필하는 구성원도 경계해야 한다.

리더가 집중해야 할 것은 '열심히 했다'가 아니라 '잘했다'이다. '많이 했다'가 아니라 '제대로 했다'이다. '다 했다'가 아니라 '효과가 있었다'인 것이다. 아웃풋에 집중하면 인풋을 늘릴 생각밖에 안 든다. 하지만 아웃컴에 집중하면 인풋을 늘리지 않고도 결과를 만들 방도가 생각날 것이다. 팀원들 흙빛 만들지 말고, 성과에 빛이 나게 해주라!

셋째, 프로세스 관리로 예측 가능하게 한다

팀원 시절, 5년 이상 같은 부서에 있다 보니 속내를 터놓고 지내던 팀장님이 있었다. 어느 날 임원 미팅을 들어갔다가 나오더니 표정이 말이 아니었다. 들어보니 자존심이 상했단다. 상무님 왈 "이 팀장은 대기업 출신이라 그런지 성과관리를 참 체계적으로 잘하는데, 박 팀장은 이런 거 안 해봤죠?" 비교당해, 무시당해, 자존심이 뭉개질 만했다. 그때는 위로를 건네고 말았지만 상무님이 왜 그렇게 말씀하는지 그 맥락을 알 것 같았다. 우리 팀장님은 소위 말하는 형님 리더십을 발휘하는 분이셨다. 그래서 툭하면 "내가 너 아끼는 거 알지?", "나 봐서 한 번만 더 해줘라", "웬만하면 너 밀어주고 싶었는데, 쟤가 더 했잖아. 서운했다면 미안하다" 이런 식이었다. 그래서 평가 때면 조마조마했다. 측근이라고 공정성 이슈에 휘말릴까 봐 괜히 조심했나 싶기도 하고, 내가 한 일을 제대로 알기나 하나 싶어서 걱정이 앞섰다. 승진을 앞둔 시점엔 불안한 마음이 더 컸다.

하지만 상무님이 언급한 이 팀장팀은 달랐다. Plan – Do – See 단계를 정확히 운용했다. 목표 설정 단계에서는 톱다운으로 내려온 목표라도 팀원과 충분히 논의하는 시간을 가졌다. 목표를 조정하기도 했고, 설정한 내용에 대해 동의가 될 때까지 치열하게 토론했다. 실행 단계에서는 수시로 모니터링 하면서 중간 목표 달성에 대해 피드백했다. 그래서 그런지 그 팀의 팀원들은 평가를 앞두고 술렁임이 없었다. 대략 어느 정도 평가를 받을지 알고 있다고 했다. 우리 팀장과 달리 평가 시즌에 오히려 더 여유로운 모습이었다. Plan 단계 때만 해도 워낙 자주 면담을 하길래 무슨 중대 계약서 작성하느냐고 핀잔을 줬지만, 그 결과는 확연히 달랐다. 어떤 제도라도 성과관리는 3단계를 어떻게 운용하느냐에 달렸다. 특히 요즘처럼 과정의 공정성을 요구하는 시대에는 말이다.

넷째, 지표 관리가 아니라 성과 코칭을 한다

한때 전략 컨설팅이 핫 했던 시절이 있다. 그들이 짜준 전략에 따라 목표를 설정하고 그대로 시행해도 성과가 났다. 10년, 5년, 3년 단위로 중·단기 목표를 세웠었다. 비전은 30년, 50년 단위였다. 하지만 근래 그런 전략은 찾아보기 힘들다. 요즘 속도에 전혀 맞지 않기 때문이다. 그래서 그런지 요즘은 과정 관리에 기업들이 집중되어 있다. 다음 김 팀장을 보자. 김 팀장은 리더인가?

인사팀:　김 팀장님, 성과관리 시스템에 '중간 결과 면담' 내용을 오늘까지 팀원 10명 모두 입력 부탁드립니다. 현재까지 '성과관리 시스템 입력률'이 20퍼센트에 불과합니다. 심지어 팀원 10명 중 3명은 '중간 결과'도 입력하지 않은 상황입니다. 팀장 평가항목 중 '성과관리 시스템 입력률'이 10퍼센트를 차지하니 꼭 작성 부탁드립니다.

김 팀장:　잘 알겠습니다. 오늘까지 모두 입력하겠습니다.

통화가 끝나고 나서 김 팀장은 부랴부랴 사내 인트라넷의 '성과관리 시스템'을 오픈한다. 이 과장은 중간 결과를 입력하지 않아서 김 팀장이 면담 결과를 입력할 수도 없다. 이 과장에게 짜증스럽게 전화를 한다.

김 팀장:　이 과장, 성과관리 시스템에 왜 아직까지 중간결과를 입력 안 했나

요? 내가 중간 결과 면담을 입력할 수가 없잖아요. 팀장 평가에 성과관리 시스템 입력율이 중요한 거 몰라요? 지금 빨리 입력하세요.

김 팀장은 상사이고 관리자일 뿐이다. 자신도 지표관리하느라 바쁜데, 팀원들 관리도 지표로 하고 있을 가능성이 크다. 성과관리 고수들은 어떨까? 그들은 지표 관리가 아니라 성과 코칭을 한다. 성과관리의 주체를 구성원으로 보고 기대하는 바를 표현하고, 그들이 해내고 싶은 목표와 방법에 귀를 기울인다. 목표 자체를 관리하는 게 아니라 목표를 달성해갈 사람에 집중하는 것이다. 그래서 요즘은 피드백이나 면담 대신 '원온원'이라고 한다. 평가 대신 '리뷰'라고 한다. 마이크로소프트사는 피드백이라는 단어 사용을 금지하기까지 했다. 그들이 대신 택한 단어는 관점Perspectives이다. 일방적인 판단과 평가가 아닌 리더로서의 의견을 제시하고 서로 공유하라는 차원에서이다.

성과관리 사이클 주기는 점점 빨라지고 있다. OKR은 3개월 단위로 성과를 점검한다. 그렇다 보니 자연스럽게 따라오는 게 뭔가? 상시/수시 모니터링, Check in system이다. 수시로 리더의 의견과 기대사항을 전해야 하는 것이다. 또한 실행의 주체이자 책임자인 구성원의 보이스를 청취해야 한다. 번거롭게 느껴져선 안 된다. 앞으로 더더욱 성과관리를 잘한다는 것은 코칭을 잘한다는 것과 동의어가 될 것이다. 어렵게 느껴진다면 일단 소통의 빈도를 높이자. 성과 코칭은 정기적으로 원온원을 하는 것만으로도 많은 것이 해결될 테니까.

Fake 싫은 소리 하면 **어색**해질 거다 vs
Fact 꿍하지 말고 **쿨**해라

매사에 꿍한 김 팀장, 쿨한 리더가 궁금하다

오후 3시, 꿍하게 앉아 있는 김 팀장! 보고를 해도 눈 한번 마주치지 않는다. 아침 회의 시간에 1 대 다수로 본인 의견에 반격이 가해진 후 여태 그러고 있다. 옆 팀을 보니 분위기가 사뭇 다르다. 팀장만 쿨내 진동하고, 팀원들의 얼굴은 죽 상이다. 뭐가 더 나아 보이는가? 둘다 괴롭긴 마찬가지다. 리더가 이런 모습으로 며칠 앉아 있다가는 블라인드 게시판에 도배될 게 빤하다.

요즘은 어떤 리더가 환영받을까? 쿨한 리더다. 쿨하다? 쿨하다는게 뭘까? 쿨함이라는 단어를 이해할 때 가장 먼저 연상되는 인물이 이효리다. 그녀는 오랜 제주생활을 접고 다시 연예계에 복귀했다. 소속사로 안테나를 선택했다. 그녀가 들어가면서 섭외 문의가 폭주했는데, 단 1년 동안 1명에게 쏟아진 문의 양이 안테나 설립 후 소속사 전원이 받은 문의 총량과 같다고 했다. WOW! 비결이 뭘까? 이효리의 쿨한 성격 덕분이지 않을까? 리더가 이 모습을 조금만 카피할 수 있다면 굉장히 매력적인 상사로 평가받을 수 있을 것이다. 그럼 쿨한 리더에 대해 막연히 떠오르는 이미지를 하나씩 정리해보자.

필터가 있다

필터가 없는 리더는 불편한 감정, 찜찜한 생각이 들면 절대 그대로 품고 넘어가는 법이 없다. 본인 감정이 중요하기 때문에 여과 없이 막 쏟아낸다. 오로지 자신의 기분에만 충실하다. 막말을 하지 않더라도 그 분위기와 뉘앙스를 반드시 내비친다. 상대방을 기필코 불편하게 하고서야 속이 풀린다. 그러고는 뒤끝은 없다고 자랑스럽게 말한다. 이렇게 상대방에 대한 배려가 없고 자존심을 내세울 거면 차라리 뒤끝 있는 게 낫겠다. 본인은 숨김없이 다 드러냈기 때문에 아쉬움이나 후회가 없겠지만 팀원들에겐 그 시간이 고문이나 다를 바 없다.

나는 적어도 사무실에서 버럭버럭 하진 않는다고? 요즘 그런 얼빠진 리더는 극히 드물다. 우리가 살펴봐야 할 것은 내가 뿜어내는 아우라다. 어딘가 꼬이면 오만상을 쓰고 있고, 불편한 기색이 역력해서 말 한마디 붙이기 어렵게 만들고 있지 않는가? 그럴 의도가 아니었다고 해도 문제지만 일부러 그랬다면 더 심각한 문제다. 쿨한 리더가 되려면 자신의 표정과 에너지를 살피자! 구성원들이 끊임없이 살피고 영향을 받기 때문이다.

질척이지 않는다

쿨한 리더는 자신을 잘 아는 만큼 구성원의 마음도 깊이 헤아린다.

서로 직장 내에서 원하는 바가 다를 수 있다는 것을 인정한다. 그래서 기본적으로 너는 너고 나는 나다. 선이 확실하다 보니 이기적으로 느껴지기도 하지만 타인도 존중하는 개인주의일 뿐이다. 내가 소중한 만큼 타인도 존중받아 마땅하다고 느끼기 때문에 상대는 오히려 배려받고 있다고 여기는 경우가 더 많다. 이타적인 모습을 보이더라도 주는 것에 충실하지 받을 것을 셈하지 않는다. 질척이는 모습을 보이기 싫기 때문에 구성원이 어떤 것을 좋아하고 싫어하는지 살핀다. 어떤 상황에서 화가 가는지, 어떤 말에 민감하게 반응하는지 미리 알고 대비한다. 일을 하다 케미가 맞지 않으면 관계는 내려놓고 일하는 데 집중한다. 감정이 불편하다고 일하는 데까지 그 감정을 끌고 들어오는 일도 없다. 일은 일이고 관계는 관계라고 생각하기 때문이다. 구성원들과 공존하기 위해서 '리더 사용 설명법'도 명확하게 알리는 편이다. "이런 거 조심해주세요. 이걸 가장 중요하게 생각합니다. 이런 걸 꼭 해보려고 해요." 넘지 말아야 할 선과 밟히면 크게 반응할 선이 어디인지, 크게 열린 곳은 어디인지 미리 알려주니 훨씬 편안하게 느낀다. 서로가 기대하는 안정적인 거리가 분명 있다. 이를 감지해내야 하는데, 의욕만 앞서 질척이면 팀원들이 슬슬 피할 것이다. 눈치 없이 금요일 회식 선동하고, 퇴근하는 사람 붙들고 맥주 한잔 하고 가자고 하지마라. 팀원들끼리 깔깔거리고 있는데 불쑥 끼지도 마라. 편한 팀원 있다고 그 사람하고만 점심을 먹어서도 안 된다. 그럼 그저 빠져 있으란 건가? 아니다. 질척과 친근은 한 끗 차이다. 묻고, 원하는 대로 해주면 된다. 야근하고 퇴근할 때 물어보면 된다. "맥주 한잔 하고 갈까? 빨리 가서 쉬는 게 낫겠나?" 혹시 모를 서운함을 만들어낼 필요도 없고, 쿨한 리더의 품위도 유지할 수 있을 것이다.

연연해하지 않는다

"뭐 그럴 수도 있지!", "한번 해보지 뭐!"

과거 결과에 대해서도 쿨하고, 실패한 사람에게도 너그럽다. 막연한 미래에 대해서도 의연하다. 그들은 현재에 집중하기 때문이다. 더 고민할수록 나은 결과를 만들 수 있는 것이면 몰입한다. 하지만 걱정한다고 바뀔 게 없는 것이면 미련 없이 흘려보낸다. 미래에 대해서도 마찬가지다. 더 고민해서 정교하게 예측할 수 있는 것이면 며칠이라도 시간을 쓰겠지만 그게 아니라고 하면 첫 번째 가설을 검증하는 데 바로 돌입한다. 해보고 아니면 말자고 편하게 얘기해주니 구성원들의 마음도 한결 가볍다.

과거에 연연하지 않고, 지금 할 수 있는 것에 집중한다. 그래서 그런지 쿨한 리더는 치열한 와중에도 우아함을 유지한다. 구질구질해 보이지 않는다. 왜냐? 과거에 연연할수록 남 탓, 환경 탓 하다 결국 자신의 탓으로 귀결되는데, 그것에 시간과 에너지를 쓰지 않는다. 그래서 그런 리더가 이끌면 집중력이 흐트러지지 않는다. 별 볼일 아니라고 명확히 규정해주니 중요한 일에 집중할 수 있다.

찌질하지 않다

리더가 못나 보이는 순간이 언제일까?

첫째, 그냥 하는 얘기인데, 꼬아 들을 때다. 분명 숨은 의미가 있을 거라고 단정지어서 반격을 가한다. 무슨 말을 못 하겠다. 정말 못났다.

둘째, 절대 자기 실수를 인정하지 않는 것이다. 늘어지는 항변을 듣고 있자니 한심하기 짝이 없다. 리더가 되면 뭘 하더라도 뛰어나 보여야 한다고 생각해서인지 쉽게 인정하기 어려운 건 사실이다. 하지면 이를 역행해야 폼이 난다.

셋째, 잘되면 뭐든 자기 덕분이란다. 스스로 공로를 독차지하는 순간 박수 쳐주고 싶은 마음이 싹 사라진다. 제발 마지막 순간 자신을 향해 박수 치지 마라. 환호는 부메랑으로 받는 것이다. 지분이 상당하더라도 입을 꾹 다물라. 구성원을 치켜세워주다 보면 당신을 헹가래 쳐주는 순간이 온다. 그때 영광을 누려야 그림이 좋다. 제발 찌질이 취급당하지 말자. 아이들도 그 놀림을 가장 싫어한다. 우러러보는 리더가 되지 못할지언정 찌질이라고 평가받아서야 되겠는가? 이 세 가지를 반드시 기억해서 이것으로 험담 들을 일은 막자! 치명적이다.

담백하다

쿨하다고 해서 오해하지 마라. 다 넘겨주는 것은 아니다. 할 말은 한다. 다만 평가를 내리지 않을 뿐이다. 판단하지 않고 정보를 준다. 원하는 것을 명확하게 제안한다. 하지만 그 제안을 받아들이고 적용하는 것은 상대의 몫이라는 것을 인정한다. 억지로 바꾸라고 강요하지 않는다. 편견 없이 인정하는 걸 우선한다. 오히려 그 에너지를 자신을 바꾸는 데 쓴다. 자신에게도 어려운 걸 남에게 쉽게 요구하지 않는다. 뭘 이루고자 하는 사람과 평안하게 살고 싶은 사람의 가치관을 있는 그대로 존중한다. 그래서 그렇게까지 하긴 싫다고 하면 요구를 거둘 줄도 안다. 원하는 대로! 자신의 인생을, 자신의 커리어를 꾸려갈 권리가 있음을 인정해주니 편안하다. 쿨한 리더라고 해서 차가운 사람이 아니다. 쿨한 리더라고 해서 아싸가 아니다. 쿨한 리더에게는 요즘 유행하는 올드머니룩과 같은 분위기가 있다. 그런 편안함으로 함께 동행하라. 담담히! 담백하게!

Fake 리더는 문제를 다 해결해줘야 한다 vs Fact 착한 척하지 마라, 잘난 척하지 마라

신임 팀장의 2가지 유형

신임 팀장으로 부임 받으면 흔히 두 종류의 유형으로 나뉜다. '좋은 사람'이 되고 싶어 하는 리더, 일로 승부 보는 '내가 다 해결해줄게!'형 리더, 둘 중 하나다. '굿가이 콤플렉스'란 심리학에선 '착한 사람이 되어야 한다'는 강박관념 때문에 남들에게 싫은 소리 하지 못하는 것을 말한다. 흔히 "좋은 게 좋은거지" 하고 갈등 상황을 회피하거나 자기 합리화한다. 갈등이 없다고 생각하며, 또는 자신이 좀 손해를 보더라도 상대에게 양보하고 맞춰주는 경향이 있다. '굿가이 콤플렉스'와 반대되는 개념이 '갓 콤플렉스'이다. '갓 콤플렉스'는 자신을 신격화하거나 남들보다 우월한 존재이며, 자신의 판단이나 의견이 다른 사람보다 항상 옳다고 믿는 성격 특성 또는 심리적 상태를 말한다.

'굿가이 콤플렉스'와 '갓 콤플렉스' 모두 좋은 리더가 되고 싶은 의도이다. 좋지만 왜 콤플렉스라고 부를까? 일반적으로 콤플렉스는 이성적, 감성적인 왜곡을 초래하며 콤플렉스가 강할수록 냉정한 판단을 못 하게 되거나 편향된 행동을 할 확률이 높아진다. 유의어로 강박관념, 열등감, 욕구불만이 있다. 신임 리더들이 빠지기 쉬운 함정이다. 콤플렉스는 결과적으로 좋지 않다. 문제 해결이 되지 않는다. 리더는 결코 모든 문제를 다 해결해줄 수도, 해결할 필요도 없다. 리더는 팀원이 업무를 수행하는 과정에서 '올바른 도와줌'이라는 개념으로 접근해야 한다. 100퍼센트 완벽한 리더가 어디 있겠는가?

결론부터 말하자면, 중요한 건 구성원을 대하는 리더로서의 마음가짐, 때로 실수하더라도 그때마다 자신을 돌아보는 자세이다. 내가 상사로서 대접받는 걸 당연하게 여기지 않았는지, 나와 다르다는 걸

일터는 숲을 닮은 것 같습니다.
당신은 어떤 나무인가요?
당신의 조직은 어떤 숲인지요?
사람과 일, 일터에 대한 고민에 함께 머리를 맞대고,
건강한 나무, 건강한 숲을 만들기 위해 최선을 다하겠습니다.
당신의 고민을 들려주세요.

plan b
DESIGN

우리는 성숙한 개인이 성숙한 조직을 만든다고 믿습니다. 그래서 개인이 성장할 수 있는 조직을 디자인합니다. 우리와 함께하는 모든 이들이 성장할 수 있도록 돕습니다.

조직의 문제는 언제나 급하고 복잡해 보입니다. 우리는 단순히 현상을 수습하기에 앞서 유기적인 시스템 안에서의 근원적인 문제가 무엇인지 치열하게 고민합니다. 당장의 급한 일들로 인해 놓쳐버린 진짜 문제를 찾고 지속 가능한 변화를 디자인합니다.

과정 개발 컨설팅

플랜비디자인의 교육 과정 개발은 '질문'에서 시작합니다.
교육에 참여하는 분들을 성장시킬 수 있는 질문을 시작으로 교육 경험을 디자인합니다.

대상 리더(대표, 경영진, 팀장 등 직책자), 중간관리자, 승진자, 신입사원, 사내강사, HR담당자 등

주제 리더십, 온보딩, 피드백, 소통, 핵심가치, 회의, 문제 해결, 일하는 방식, 마인드셋 등

형태 특강·강의·워크숍·코칭

조직 개발 컨설팅

전략과 문화 간의 균형을 잃을 때, 조직의 문제는 시작됩니다.
전형적이지 않은 문제일수록 정형화되지 않은 접근이 필요합니다.
플랜비디자인은 디자인씽킹을 기반으로 문제를 정의하고 창의적으로 해결합니다.

인터널 브랜딩
• 미션/비전/가치 등의 핵심 메세지 개발 및 내재화 커뮤니케이션
• 조직의 주요 메세지를 기록한 컬처덱
• 일하는 방식을 정리한 Credo
• 직원경험 캠페인

대화 개발
• 조직 내 대화와 자기 성장을 돕는 리플렉션북
• 조직의 언어 교정 및 대화법 개발
• 팀십, 프로젝트, 갈등 상황 등 대화 퍼실리테이션

조직 진단 컨설팅

조직과 리더, 구성원에 대해 확인하고 싶은 것과 직면해야만 하는 것을 모두 고려하여
가설을 세우고, 증명하고, 변화의 방향을 설정하고, 개선할 수 있는 방법까지 제안합니다.

팀십　리더십　조직 문화　몰입　회의

HR 전문 도서 출판

도서 연계 특강 및 워크샵 • 조직의 학습력을 끌어올리는 독서모임 퍼실리테이션 • 사내 도서관 큐레이션 •
'나인팀'을 통한 HRD(er)의 도서 출판 프로젝트

https://www.planbhr.co.kr/

못마땅해하지는 않았는지 자신의 모습을 계속 점검하고 고쳐 나가야 한다. 그리고 나서 정말 리더로서 구성원들이 자신의 의견을 갖고 눈치보지 않고 얘기할 수 있게 기다려주는 것이다.

먼저, 나는 혹시 '굿가이 콤플렉스', 착한 리더 유형은 아닌지 자가 진단해보자.

나도 혹시 '굿가이 콤플렉스' Check List

☐ 부하 직원의 업무 실수를 보아도 '다음엔 잘하겠지', '본인도 알겠지'라는 생각으로 넘기곤 한다.

☐ 질타를 하여 기를 죽이기보다는 큰 문제가 아니면 넘어가는 것이 사기 진작에 도움이 된다.

☐ 나이 차이가 얼마 나지 않는 직원에게는 되도록이면 쓴소리를 참는 편이다.

☐ 문제는 언제나 발생할 수 있다. 굴하지 않고 최선을 다하는 자세가 무엇보다 중요하다.

☐ 우리 회사(조직)는 거의 모든 직원이 특별한 불만을 갖고 있지 않다.

이런 유형의 상사 밑에서는 팀원은 성장하기 힘들다. 자신의 커리어 개발과 성장을 중요하게 생각하는 요즘 구성원들에게 결코 환영받을 수 없는 리더 유형이다. 굿가이 콤플렉스에 빠져 있는 리더일수록 솔직한 피드백을 주는 데 어려움을 느낀다. 그저 착하고 사람 좋은 리

더와 함께 일하는 부하는 피드백을 받을 기회가 없다. 몇 년을 함께 일해도 배울 수 없기에 헤매거나 자신의 실수를 깨닫지 못한다. 이는 팀원뿐만 아니라 리더 본인에게도 독이 되어 악수로 돌아온다. 차마 말하지 못한 부정적인 피드백은 추후 팀원의 업무에 문제를 야기할 수 있고, 결국 리더의 발목을 잡는 걸림돌이 될 수 있다.

레이 달리오가 《원칙》에서 강조하는 성공의 필수 요건 중 하나가 바로 '극단적 진실과 투명성'이다. 레이 달리오는 성공의 필수 요건은 진실이며, 실수와 약점을 포함해 모든 것에 극단적으로 투명해지는 것은 발전으로 이끄는 상호 이해에 도움이 된다고 말한다. 극단적 진실과 극단적 투명성은 아이디어 성과주의를 실현하는 데 기초가 된다. 더 많은 사람이 좋은 것이든 나쁜 것이든 현재 진행 상황을 이해할수록 그만큼 더 효율적으로 일을 처리하는 방법을 결정할 수 있다. 그래서 극단적인 투명성은 높은 기준을 유지하는 데 도움이 된다. 이를 통해 리더로서 당신도 자신의 배움과 조직의 의사결정 규칙을 개선하는 데 필요한 피드백을 얻을 것이라고 말한다.

팀원의 '장기적 성장'이야말로 조직이 나아가려는 방향이다. 비록 팀원 간에 갈등이 생길지라도 무조건적인 솔직함으로 피드백해야 한다는 것이다. 진정으로 팀원을 생각하는 착한 리더는 목표 달성을 위해 제대로 된 리더십을 발휘해야 한다. 표면적인 '착함'이라는 착각에 빠지면 안 된다. 리더십은 우리 조직과 팀원을 위해 행동하는 것이어야 한다. 흔히 팀원 간 업무 문제가 생겼을 때, 리더가 개입해 막아줘야 한다고 생각한다. 잘 막아주는 리더도 분명 존재한다. 하지만 이것은 우리 팀만을 위한 행동이며, 회사 전체를 보지 못한 결과이다. 우리 팀원을 위해 막아준다고 능사는 아니다. 전체의 이익을 생각해야 한다.

인기 영합주의를 주의하라. 인기는 얻을 수 있지만 인기가 리더로서의 성공을 보장하지는 않는다. 팀원이 맞고 오면 리더도 함께 싸울 수 있다. 하지만 팀원 싸움에는 나서지 않는 것이 좋다. 대외적으로 소문이 나기 때문이다. 인간관계적, 부서 간 협업 측면에서 지금 당장은 팀원 편을 들어 이긴 것 같아도, 나중에 적이 되어 팀 전체가 위험에 빠질 수 있다. 개개인의 업무에 대한 방어는 다 해줄 수 없다. 리더는 결코 전지전능한 신이 아니다. 이를 인정하고 받아들여야 한다. 팀장 위에 임원, 임원 위에는 사장 등 더 상위 리더가 있다. 장기적 관점에서 우리 팀의 성과를 바탕으로 전략적으로 행동해야 한다.

리더의 업무적 실력은 기본이다. 여기에 인간에 대한 높은 이해를 바탕으로 좋은 품성을 갖췄을 때 팀원은 자발적으로 따라오게 되어 있다. 평범한 리더가 비범한 성과를 내기 위해서 스스로 인문학적 이해를 바탕으로 성찰하는 노력이 필요하다.

착함을 '재정의'하라!

한근태는《재정의》에서 문제를 해결하는 방법 중 하나가 바로 '단어에 대한 재정의를 내리는 일'이라고 말한다. 무슨 일을 할 때 가장 먼저 해야 할 일은 그 일에 대한 정확한 나름의 재정의를 내리는 일이다. 남이 생각하는 정의가 아닌 내가 생각하는 나만의 정의를 내리라고 말한다. 내가 정의하는 '착함'은 무엇인가?' 저자는 착하다는 것은 내세울 거라곤 모나지 않은 성격뿐인 사람을 좋게 표현하는 말이라고 정의한다. 사람 좋은 착한 리더가 되고 싶은가? 그럼 먼저 착한 리더는 어떤 사람인지 내가 생각하는 나름의 재정의를 내려보는 것이다. 정의를 내려보면 내가 생각한 개념은 두루뭉술한 경우가 많다.

이상적인 리더와 좋은 경영은 아무 관련이 없다

프레드문트 말릭은 《경영의 본질》에서 '이상적 리더'라는 걸림돌에 빠지지 말라고 경고한다. "이상적인 리더는 어떤 모습일까?" 이 질문 자체가 잘못되었다는 것이다. 이상적인 리더와 좋은 경영과는 아무런 관련이 없기 때문이다. 이상적인 리더의 항목에는 능력, 지식, 성격적 특성, 특색, 성향, 경험, 자질, 전문성 등 수많은 자질이 떠오를 것이다. 그 요건을 모두 충족할 수 있을까? 혹시 이상적인 리더가 존재한다고 해도 수많은 리더의 자리를 채우기에 통계학적으로 역부족일 것이다.

따라서 우리는 '이상적인 리더란 무엇일까?'라는 질문 대신 '효과적인 리더란 무엇일까?'라는 질문을 던져야 한다고 말한다. 왜냐하면 질문의 출발점이 완벽한 자질을 갖춘 리더가 아닌 평범한 인간이기 때문이라는 것이다. 효과적인 리더는 어떤 사람인지 관찰하다 보면, 하나의 결론에 이르게 된다. 바로 사람마다 다르다는 것이다. 다시 말해, 우리가 찾고 있는 공통점이란 존재하지 않는다. 반면 각 개인들의 독특한 특성, 즉 다른 사람들로부터 구분되는 유일무이한 성향은 존재한다고 저자는 말한다.

당신은 어떤 리더를 이상적인 리더로 생각하는가? 맥아더 장군처럼 자신감 넘치는 리더? 아니면 이순신 장군처럼 백의종군하는 헌신적인 리더? 또는 오바마 대통령처럼 소통하는 리더? 리더의 모습은 여러 가지여서 어느 것 하나가 정답이라고 할 수 없다. 또한 각 시대마다 사람들이 선호하는 리더십에는 차이가 있다. 요즘 세대는 정보를 숨기지 않고 공유하는 솔직함, 간단하고 수평적인 의사소통, 재미를 추구하는 태도와 거침없는 자기 표현을 선호한다. 요즘 세대가 선호하는 리더들의 공통점은 실력은 탁월하고 가식이 없다. 수직적 위계질서를 싫어하고 수평적인 의사소통의 달인이다. 이제 스스로 자문해보자. 당신은 어떤 리더인가?

Fake 리더는 완벽하게 의사결정 해야 한다 vs
Fact 완벽한 의사결정은 존재하지 않는다

직관적 의사결정 vs 분석적 의사결정

208초, 155명의 생사가 달린 의사결정을 다룬 영화 〈설리: 허드슨 강의 기적〉은 실화를 바탕으로 만들어진 것이다. 2009년 US항공 1549편은 새떼와 충돌하면서 양쪽 엔진에 손상을 입게 된다. 절체절명의 순간 항공기의 기장 설리는 회항이 아닌 허드슨 강으로 수상착륙하는 결정을 한다. 다행히 모든 승객을 탈출시키는 데 성공한다. 그는 승무원까지 탈출한 것을 확인하고 마지막에 구조된다. 탑승객 전원이 생존했지만 기장의 선택이 올바른 것이었는지 공청회가 열렸다. 시뮬레이션을 해보니 첫 번째 회항지 라과디아나 두 번째 회항지 테터보로 공항에 무사히 착륙할 수 있었다는 것이다. 지켜보던 설리는 인적 요소가 결여되었다며 다시 시뮬레이션해줄 것을 요청한다. 그 후 자신이 옳은 결정을 한 건지 혼란스러워하며 악몽을 꾼다. "40년을 비행했는데, 단 208초 만의 일로 평가받는군." 기장 설리의 대사가 묵직하게 들렸다.

어떤 심정이었을까? 다행히 다시 시행한 시뮬레이션에서 제방이나 도심 한복판에 추락할 수 있었다는 결과가 나왔다. 설리의 직관적 판단이 맞았던 것이다. 어떻게 그 짧은 순간에 이런 현명한 판단을 할수 있었을까? 축적된 데이터의 산물이었을 것이다. 직관을 '감' 정도로만 생각하는 경우가 많다. 하지만 직관은 누적된 경험을 바탕으로 종합적인 사고의 과정을 거친 판단력에 가깝다. 과거의 데이터를 미래의 결정에 연결시키는 체계적인 방법이자 문제 해결력이다.

데이터 전문가 페리치와 슈트도 데이터를 활용하여 가치를 창출하려면 데이터에 매몰되지 말고 직관에도 귀를 기울여야 한다고 역설했다. 하지만 직관이라는 게 "판단의 근거가 뭡니까?"라고 물을 때 참 난감하다. 그래서 그런지 얼마 전 오라클에서 발표한 '한국 비즈니스 리더 72퍼센트, AI에 의사결정 맡기고 싶다'는 글이 있다. 직관의 불안함을 해소해주기 때문일까? 아니면 그만큼 데이터 기반의 의사결정의 신빙성을 경험해서일까? 분석적 의사결정을 신봉하는 사람들은 직관적 결정을 매우 위험하고 무모하게 본다. 그래서 그들은 데이터를 모으고 분석하여 객관적이고 논리적인 의사결정을 하고자 한다.

하지만 잘 살펴보자. 직관과 분석은 분리된 것이 아니다. 직관이 잘 발휘되려면 전문성이 수반되어야 한다. 축적된 경험과 지식을 바탕으로 순간적으로 패턴을 연결하고 창조해낸 것이다. 수많은 데이터와 자료를 분석한다고 해도 결국 최종 의사결정은 직관적이다. 보스턴 컨설팅 그룹의 창업자 브루스 핸더슨Bruce Henderson이 강조한 부분이기도 하다.

결국 리더가 데이터의 행간을 어떻게 읽어냈느냐가 핵심이다! 직관적으로 어떤 판단이 든다면 이를 데이터로 확인하면서 옳은 판단인지 끊임없이 검증하는 연습을 반복해야 한다. 이렇게 직관과 분석을 오가면서 검증하다 보면 리더는 더 정교한 의사결정이 가능해진다.

속전속결로 결정 vs 심사숙고해서 결정

월드컵 경기 중계 방송에서 자주 듣게 되는 멘트가 "골 결정력이 부족하네요"이다. 망설이다 결정적 타이밍을 놓치기도 하고, 급하게 헛발질을 하는 게 안타까워 탄식하는 소리다. 강도 높은 훈련을 해도 정작 골 앞에서 똥볼을 차게 되는 건 왜일까? 오늘도 구성원들은 빨리 결정해달라고 재촉한다. 볼을 앞에 두고 망설이면 무능력해 보일까봐 단번에 결정해주면 경솔하고 감정적이라고 한다. 그 소리가 듣기 싫어서 며칠 고민하면 이젠 우유부단한 상사라 힘들다고 한다.

어쩌란 말인가? 불필요한 오해를 사지 않으려면 첫 번째 할 일은 사안의 경중을 따져서 구분하는 것이다. '이 결정이 대세에 지장을 주는가?', '실패했을 때 최악의 상황은 무엇인가?'에 답해보는 것이다. 결과가 미치는 영향이 지대하게 큰 것이라면 거듭 심사숙고해야 한다. 막연하게 기다리지 않도록 "내가 일주일만 고민해보고 말해줄게요"라고 하면 된다. 그러나 우리가 결정하는 대부분은 되돌릴 수 있다. 아쉽다면 다시 추슬러 시도해볼 수 있을 것이고, 걱정한 것만큼 대단한 파장이 있지도 않다.

아마존이 갖고 있는 Type 1과 Type 2의 결정 기준도 이와 같다. 거대한 회사지만 위기를 불러일으킬 수 있는 Type 1의 결정을 미리 구분해두고 나머지는 뛰어난 개인이나 팀이 빠르게 결정하게 한다. 이것이 잘 구분되어 있으면 행사 상품 하나 고르겠다고 야근하며 보고를 반복하는 일은 없을 것이다. Type 2의 결정은 과감하게 위임함으로써 선택에 대한 부담도 줄이면서 구성원도 즐겁게 참여할 수 있으니 일석이조다. Type 1로 구분되는 일이 소수이긴 하나(소수여야 한다!) 심사숙고하다 보면 자칫 미궁에 빠진다. 왜 그럴까? 그건 '해답'이 아니라 '정답'을 찾으려 해서다!

결정적 의사결정을 통해 성공한 10인의 인터뷰 모음을 본 적 있다. 그들이 얘기한 공통점은 세상 그 어디에도 완벽한 의사결정은 없다는 것이다. 그러나 우리는 최고의 선택을 하고 싶어 한다. 머리로는 알지만 마음이 따라주지 않아 재고 또 잰다. 세상은 발전하고 정말 많은 옵션을 우리에게 제시한다. 아는 게 힘이었는데, 아는 게 병이 된 세상이다. 최선의 선택지를 찾다가 결국 아무것도 선택하지 못하는 사람들을 가리켜 '포보FOBO, Fear Of a Better Option'라고 한다. 아우디도 알았다. 그래서 2009년에 전기차 콘셉트를 발표했지만 결단을 연기하면서 결국 테슬라에게 자리를 내주었다. 포보의 전형적인 사례다. 우리라고 다른가? 결정 장애에 빠져 결국 짬짜면을 고르게 되니 말이다.

그저 오랫동안 고민한다고 심사숙고라고 하지 않는다. 그럼 언제까지, 어디까지 검토해서 결정하면 될까? 고맙게도 수학자들이 그 값을 알려줬다. 미국의 수학자 존 빌링햄이 쓴 논문 〈개구리와의 키스: 짝짓기를 위한 수학자의 지침〉에서 도출된 최적의 확률 값은 0.37에 수렴한다. 수학계에 널리 알려져 있는 '비서 문제'에서도 37퍼센트의 법칙을 말한다. 100명을 면접해서 가장 훌륭한 비서를 뽑으려면 37번째까지 보면서 가장 좋은 사람을 기준으로 그보다 더 나은 사람이 나타나면 선발하면 된다는 것이다. 평생 50명과 소개팅을 할 수 있다면 18명쯤 만나보고 이상형을 정한 다음 이에 부합하는 사람이 나타나면 결정하는 편이 낫다는 것이다. 왜냐? 그 이후로 확률 값은 떨어지는데 시간과 에너지만 낭비할 가능성이 크기 때문이란다.

물론 확률에 대한 얘기다. 하지만 '장고 끝에 악수를 둔다'는 속담을 수학적 근거로 증명하고 있으니 적용해볼 만하다. 내가 검토할 수 있는 시간의 37퍼센트 지점, 내가 가진 데이터의 37퍼센트 이상을 검토했다면 이제부터는 결단을 해도 된다. 더 나은 선택을 하고 다른 하나를 버리는 방식을 반복하면서 최종 선택으로 넘어가면 된다. 그래도 확신이 안 선다면 의사결정 도구를 활용해볼 수 있다. AHPAnalytic Hierarchy Process를 활용하면 최선은 아니더라도 차선의 선택은 했다는 안정감이 든다. 리더 스스로 자기 검증을 했으니 이젠 확신을 가지고 추진해가면 되겠다.

리더의 결단 vs 구성원의 참여

근래 수평적 조직문화의 도입으로 집단 의사결정의 기회가 많아졌다. 이 과정에서 서로 너무 배려하다가 어떤 결정도 못하거나 그저 그런 결정을 내리는 경우도 발생한다. 예를 들면 이렇게 시시콜콜한 것까지 다 함께 결정하는 것이 맞는 건지? 내가 리더인데 어디까지 결정하는 게 좋은 건지 딜레마가 생긴다. 전자의 딜레마가 완벽한 답을 찾는 것이었다면 후자의 딜레마는 모두를 만족시키려는 마음과의 갈등이다. 이 딜레마를 해결하기 위해서는 의사결정 과정이 다음 중 어떤 상황에 가까운지 판단해봐야 한다.

상황 A 리더의 주도적 결정	상황 B 구성원의 참여로 결정
• 리더에게 결정된 답이 있다. • 의사결정을 위해 상당한 전문성이 요구된다. • 다같이 토의하기에는 촉박한 시간이다.	• 정해진 답이 없다. • 다수의 판단과 참여가 중요하다. • 구성원들의 실제 참여와 실행이 중요하다 • 충분한 시간이 있다.

'답정너'라는 별명을 가진 리더들이 종종 있다. 제발 답을 정해두고 묻는 척하지 마라. 정답 맞추느라 피곤하다. 일부만 결정한 상태라

면 고민한 만큼 들려주고 그 부분부터 함께 고민하자고 하면 된다. 전문가들은 결정에 있어 타이밍이 더 중요하다는 말을 많이 한다. 글로벌 리서치 회사인 CEB 보고서에 따르면 IT 프로젝트를 완수하는 데 과거보다 30일 이상 길어졌다고 한다. 의사결정 프로세스도 복잡해지고, 고려해야 할 사항, 청취해야 할 의견도 많으니 그럴 것이다. 하지만 의사결정에 효율보다는 효과를 따져야 할 때가 꼭 있다. 과정을 통해서 공감을 끌어내고 이를 기반으로 집단 동력을 얻어야 할 때다. 리더의 결단이 추진력을 갖기도 하지만 방향을 크게 틀어야 할 때는 의도적으로 참여시키는 과정이 반드시 필요하다. 다만 참여형 의사결정 과정 시 특별히 주의해야 할 몇 가지가 있다.

- '다수결의 원칙'이다. 좋아서 좋다고 하는 게 아닐 가능성이 크다. 만장일치 수준이라면 리더 한 명이 내려도 되는 의사결정이었다는 것이다. 오히려 결정을 미루고 다시 토론해볼 필요가 있다.

- '확증편향 효과'에 유의해야 한다. 정보를 모를 때 우리는 백지 상태가 아니다. 내 신념과 경험이 바탕이 된 상태로 정보를 받아들인다. 일치하지 않으면 축소하거나 무시하게 된다. 이를 의식할 필요가 있다.

- 직책자라면 '허위 합의 효과'에 빠질 위험도 크다. 내가 생각하고 행동하는 방식대로 사람들도 당연히 이를 선호할 거라고 생각하는 것이다. 작은 권력이라도 생기면 사람들은 적당히 맞춰주려고 하다 보니 분위기 파악이 안 될 것이고, 지지하는 의견만 선택적으로 수용하다 보면 협의의 형태만 띠었지 독단적 의사결정과 다를 바가 없게 된다.

프로스트의 〈가지 않은 길〉이라는 시가 있다. 해석에 따라 달라지지만 선택은 언제나 반대의 기회비용을 가지고 그것이 완벽한 것인지는 알 수 없다는 것이다. 가지 않은 길은 여전히 미지의 영역으로 남아 있기 때문이다. 완벽한 의사결정은 존재하지 않는다. 비 올 확률 50퍼센트라는 예보를 듣고 우산을 챙겨야 할까? 정답은 알 수 없다. 리더는 후회 없는 결정을 위한 최선의 노력을 할 뿐이다. 그래서 요즘 시대에 더 필요한 것은 어쩜 번복할 용기일지도 모른다. 자신도 잘못된 판단을 내릴 수 있다는 취약성을 인정하고, 왜 번복했는지 솔직하게 설명해주면 된다. 번복은 하더라도 오히려 절대 하면 안 되는 것이 있다. 결정하지 않는 것이다! 최악의 상사였던 분이 자주 했던 표현이다. "나도 잘 모르겠는데?" 며칠 후 "그게 아니지!" 삽질하던 그때가 내 직장생활 중 가장 암울한 시간이었다.

Chapter 2

사람을 움직이게 하는 리더

Fake 동기부여는 리더의 책임이다 vs
Fact 동기부여는 스스로 하는 것이다

동기부여는 틀린 말이다

"팀장님이 동기부여를 못 시켜주셔서 그만두려고요." 이런 말을 듣게 되면 나도 모르게 순간 움찔하게 된다. 한 방 맞은 듯 머리가 핑 도는 느낌이 들기도 한다. 그런데 몇 초 후 '이게 맞는 말인가?' 싶은 생각이 든다. 왜 이런 생각이 드는 걸까? 사실 이 말은 반은 맞고 반은 틀린 말이다. Motivation을 우리는 '동기부여'로 번역한다. Motivation은 Motive의 Mot과 Active를 합성한 단어로, 사람을 능동적으로 움직이게 만드는 내·외부 자극을 뜻한다. Motivation을 동기부여로 번역하여 팀장이 가져야 할 핵심 역량 중 하나로 사용하는데, 이 표현에 늘 아쉬움이 있다. 왜냐하면 '부여'라는 말은 '남의 힘에 의해 움직이게 되는 것'을 뜻하기 때문이다. 외부 자극이 있어야만 움직이게 된다는 반쪽짜리 단어인 셈이다.

동기부여라는 말을 이렇게 바꿔보면 어떨까? 동기유발! 각자 다양한 삶의 스펙트럼에서 경험했듯이 외부 자극은 그리 오래가지 못한다. 학창 시절만 생각해봐도 우리는 부모님이 뒤통수에 대고 공부 좀 하라는 잔소리에 펜을 들지 않았다. 스스로 목표 의식이 생겼든, 위기의식이 생길 때 날을 새고 공부하지 않았던가? 그런 맥락에서 동기는 누군가 부여해야 생기는 것이 아니다. 그 사람의 내면에 잠재되어 있는 욕구가 무언가에 의해 자극이 되어야 비로소 움직임이 시작된다.

결국 리더의 역할은 동기를 부여하는 주체가 아닌 구성원의 내면의 동기를 자극하고 깨울 수 있는 조력자, 즉 주인공의 동기를 자극하는 조연이다. 리더가 주연이 되려고 하면 구성원에게 '공부해라', '몰입해라' 잔소리만 늘어놓게 된다. 조연이 되려고 할 때에야 구성원 내면에 어떤 버튼을 눌러야 그 사람이 움직일 힘을 얻게 될지 고심하게 될 것이다. 쓸데없이 '동기부여' 해주겠다고 덤비지 말자. 부담을 조금 내려놓자. 동기는 스스로 부여하는 것이다. 리더는 동기가 유발될 수 있는 환경을 만들어주는 데만 신경 써주면 된다. 직무 유기가 아니라 '동기유발'이 제대로 된 직무 정의다.

동기부여는 에너지 관리다

"나에게 말하라, 그러면 나는 잊을 것이요. 나에게 가르치라, 그러면 나는 배울 것이요. 나를 열중시키라, 그러면 나는 기억할 것이다." 벤저민 프랭클린의 말이다. 열정으로 가득한 팀원이 한 명이라도 떠오르는가? 그렇다면 한 번쯤 이런 생각을 해봤을 것이다. '이런 팀원 둘만 있으면 뭐든 할 수 있을 것 같은데….' 이런 팀원과 일하다 보면 팀장인 나의 동기도 올라온다. 뭘 해도 즐겁다. 다소 부족한 면이 있더라도 결국 일당백 역할을 해줄 것 같아 키우는 맛도 있다.

반대로 열의가 없는 팀원이 있는가? 이런 멤버들은 자신만 의욕 없이 앉아 있지 않는다. 주변 사람까지 끌어내린다. 이러다 보니 기업에서는 해마다 몰입도를 진단하고 구멍이 보이면 특정 조직을 집중 케어 하기도 한다. 기업도 성숙해 가니 이전에는 관리하지 않았던 직원들의 멘탈 케어에도 꽤 신경을 쓴다. 몰입도가 높았던 직원일수록 번아웃이 오기 쉬운데, 이렇게 되면 기업 입장에선 손해가 막심하기 때문이다.

이것이 의미하는 것은 무엇일까? 동기나 몰입은 '정서 관리'가 아닌, '에너지 관리'라는 것을 명확하게 보여준다. 에너지가 모두 소진되어 버리면 아무런 의욕도 느끼지 못할 것이다. 다행히 그 반대도 가능하다. 아무리 시간이 제한적이라도 에너지가 충만하다면 엄청난 일들을 해낸다. 리더들에게 과거 가장 동기가 충만했을 때를 떠올려 보라고 하면, 모두 9 to 6를 말하지 않는다. 대부분 야근도 불사하며 미친 듯이 일했던 때를 꼽는다. 그러면서 입가에 미소가 번진다. 이상하지 않은가? 그 당시 정말 힘들었을 텐데, 그때가 좋았다며 추억하는 것이다. 사람의 마음을 어떻게 해보려 하면 너무 어렵다. 하지만 에너지 상태가 어떤지 살펴 고갈되지 않게 관리하고, 에너지의 방향이 흩어져 있으면 가지치기를 해주고, 에너지가 어느 정도 응축되었으면 불쏘시개를 넣어 불이 붙게 해주면 된다.

동기부여는 자기 결정권에 의해 결정된다

어떻게 하면 불꽃이 튀게 할 수 있을까? 대부분 칭찬 스티커 나무를 한 번쯤 완성해봤을 것이다. 지금 생각해보면 그게 뭐라고 스티커 한 장 받겠다고 열심이었을까 싶다. 인간의 본성을 자극한 장치였기에 우리는 몰입했고, 그 과정을 통해 다양한 성취를 이뤄냈다. 하지만 사람이 성장하면서 그 메커니즘은 복잡해진다. 이젠 스티커 한 장으로는 안 된다. 하지만 겁낼 것 없다. 세부 방법론이 다양하다는 얘기지, 사람을 움직이게 하는 핵심 요소는 간단하다. 많은 채널을 통해 전문가들의 얘기들을 집약해보면 '자유, 공헌, 성장의 욕구' 이 세 가지가 핵심이다.

동기유발의 첫 번째, 자유!

"지금 막 공부하려고 했는데 엄마가 잔소리하니까 딱 하기 싫어졌잖아!" 엄마는 기가 차 하지만 핑계가 아니다. 내가 해야 할 것 같아서 하려던 공부가 엄마가 하라고 해서 해야 하는 것으로 모드가 바뀌면 없던 반항심도 올라온다. 어차피 하려던 공부면 그냥 하면 될 것을 왜 연필을 놓아 버린 걸까? 성인인 우리도 누가 시켜서 한 일보다 내가 스스로 기획한 일이 훨씬 재미있다. 그래서 훨씬 더 높은 효율로 해낸다. 동기유발은 결국 '자기 결정권'에서 온다.

'자기 결정권'이 잘 발휘되려면 '수평적인 조직문화'가 필요하다는 사실을 반드시 기억해야 한다. 나에게도 발언권이 있고, 그것이 반영될 수 있다는 기대가 있을 때 적극 참여하게 되기 때문이다. 앞으로 나이, 연차보다는 역량과 태도를 고려해 일을 맡겨보자. 나아가 구성원이 해보겠다고 하면 과감하게 한번 해보게 하자. 큼직하게 떼어주고, 디테일은 알아서 결정해보게 하자. 자기 결정 영역이 넓을수록 정말 자기 일로 가져가서 할 것이다. 믿고 맡기기 힘들겠지만 믿음은 시간차를 두고 반드시 보답한다. 한 가지 더 보태자면, 어차피 해줘야 할 결정이라면 빨리 피드백해주자. 같은 의견이라도 빠르게 회신해주면 왠지 더 적극적으로 내 의견과 결과물이 받아들여진 것 같은 효과가 있다.

동기유발의 두 번째, 공헌!

'조언을 해주는 것' vs '조언을 얻는 것' 중에 동기에 더 영향을 미치는 것은 무엇일까? 바로 '조언을 해주는 것'이다. 훈수 둘 때 더 목소리가 커지지 않나? 자신감과 자존감이 올라가서 그렇다. 학습 동기에서도 가르칠 때 가장 학습 효과가 높다고 하는 것도 같은 원리이다. 아무리 힘들어도 '당신 덕분에 우리 팀이 이만큼 해냈다'고 하면 기분이 어떤가? 퇴사를 고민하다가도 다시 또 1년을 뛸 힘을 얻게 된다. 그런데 공헌을 하고 싶어도 뭘 해낸 게 있어야 가능하지 않겠나? 그래서 리더가 최우선으로 신경 써줘야 하는 것이 '성공 경험' 만들어주기다. 주니어 그룹이라면 여러 개의 프로젝트를 성공적으로 수행할 수 있도록 밀착해서 서포트해준다. 시니어 그룹이라면 더 도전적인 프로젝트를 수행하게 하고, 그 노하우를 나누게 해보자. 얼마나 빛이 나겠는가?

그런 무대를 열심히 만들어주는 게 리더의 역할이다. 팀원이 잘 해내면 그다음은 뭘 해야 하나? 만방에 소문을 내야 한다. 아이가 초등학교에 입학해서 엄마 모임에 가면 묘한 배틀이 붙는다. 자기 아이 자랑을 은근히 끼워넣기 하는 사람, 대놓고 하는 사람, 모든 대화를 자기 애 자랑으로 돌려놓는 사람 등 다양하다. 기특하면 자꾸 말하고 싶어진다. 팀장의 모습에서도 팔불출 같은 모습이 있으면 좋다. 그리고 원온원 할 때 진심으로 감사를 표하라. 칭찬이 아니라 감사다. 인정보다는 감사다. 칭찬과 인정엔 어느 정도 위계가 담겨 있다. 그래서 "애써줘서 고맙다", "덕분에 고마웠다"가 훨씬 진정성 있게 느껴진다.

동기유발의 세 번째, 성장!

성장은 단기적인 측면과 장기적인 측면이 함께 가야 한다. 먼저 단기적인 측면부터 살펴보자. 단기적인 성장은 지금 일을 잘하는 것이다. "그 팀장님하고 일할 때 일 제대로 배웠죠!" 이런 표현 한 번쯤 들어봤을 것이다. 직장인이라면 일 좀 하는 사람으로 평가받고 싶어 한다. 일을 잘한다는 게 뭘까? 핵심인재들을 지켜보면 꼭 해야 하는 일을 합의하고 우선순위를 두고 행한다. 핵심이 뭔가? 이들에게 그냥 열심은 없다. 에너지를 쏟아야 하는 곳에 쏟을 줄 아는 것이다. 그러니 시간이 쌓일수록 실력이 갖춰진다.

내공은 닥치고 열심히 한다고 쌓이는 게 아니다. 어떤 역량을 갖추고, 어떤 성취를 이뤄내고 싶은지 얘기를 나누고 그것이 이뤄지도록 열심히 지원하자. 그리고 중간중간 리뷰를 해주면 금상첨화다. 본인은 무엇이 나아졌는지 모르지만 주변에서는 안다. 주변에서 인정해줘야 진짜로 받아들이기도 하니까 소소한 부분이라도 수시로 빈번하게 짚어주자.

다음 장기적인 측면은 팀장이 구성원의 커리어 디벨롭에 관심 갖는 것이다. 자신의 미래를 함께 고민해주는 사람이 있다면 결코 부속품처럼 느껴지지 않을 것이다. 팀장의 성공을 위해서 팀원들을 활용하는 것과 자신의 미래를 위해 지지를 보내는 팀장의 차이는 단번에 알아차릴 수 있다. 누구와 함께 일하고 싶겠는가? 답은 이미 정해져 있다. 팀원들이 '써 먹힌다, 소모된다'는 생각과 마음이 들지 않게 잘 관찰하고 지원하자. 원온원을 할 때 성과 목표만 나누지 말고, 구성원의 성장 목표에 대해서도 대화하자. 그래야 더 헌신한다. 지금 이 순간이 나의 성장을 위한 투자가 되기 때문이다.

최소한 있던 동기는 꺾진 말자

직장을 생계를 위한 호구지책으로 여길지, 자아실현의 장으로 여길지에 대한 1차 책임은 개인에게 있는 게 맞다. 하지만 그 많은 시간이 단순 밥벌이만을 위한 것이라면 너무 슬프지 않은가? 자신이 하는 일이 누군가에게 어떤 유익을 주는지, 내가 어떤 가치를 창출하고 있는지 의미를 따져보며 시간을 보내게 하는 건 리더의 몫이다. 그런데 현실은 어떤가? "너 때문에 못 해 먹겠다"고 한다. 동기유발의 환경을 만든다는 것, 솔직히 어렵다. 생각보다 쉽지 않다. 그렇다면 Motivation이 아니라, Demotivation(디모티베이션, 의욕 상실)을 기억하자. 하고 싶은 마음이 들게 하는 건 못 해도 적어도 있던 마음, 동기는 꺾지 말자. 그 원흉이 결코 내가 되어서는 안 된다. 그러니 자주 살피고 묻자. "혹시 나에게 요청하고 싶은 게 있을까?" 쭈뼛쭈뼛 얘기해줄 것이다.

(Fake) 주인의식을 가지고 일하라 vs (Fact) 일의 주인공이 되게 하라

애당초 불가능한 말이다

'가성비, 양극화, 초저가, 짠테크' 등은 위기나 불황, 불경기가 지속되는 시대에 떠오르는 소비 관련 키워드다. 마찬가지로 조직관리 측면에서도 위기나 불경기 상황이 되면 어김없이 수면 위로 떠오르는 단어가 있다. 바로 '주인의식'이다. 연초에 한 기업의 CEO가 "위기 극복을 위해 조직 구성원 모두가 수처작주隨處作主(어느 곳이든 가는 곳마다 주인이 된다는 뜻)의 마음가짐을 가져야 한다"라는 메시지를 전달하는 것을 보았다. 이렇듯 수시로 주인의식을 고취시키고자 하는 이유는 모든 CEO가 내가 직접 관리 감독하지 않더라도 성실하게 최선을 다하고 성과를 내는 구성원을 꿈꾸기 때문일 것이다.

하지만 주인은 말 그대로 무엇인가를 소유하거나 통제하는 사람을 의미한다. 일반 직장인이 조직에서 무엇을 소유할 수 있으며, 무엇을 통제할 수 있을까? 혹은 소유하거나 통제하더라도 제한된 범위 내의 것이 분명하다. 이렇듯 자세히 살펴보면 주인이 아닌 직원에게 주인의식을 가지라는 말은 애초에 불가능한 것을 가능하게 하라는 말과 같다. 〈백종원의 장사 이야기〉라는 TV 프로그램에서 한 자영업 사장님이 "내 직장이니 스스로 해야지 하는 분이 없다"라고 하소연하며, "직원들에게 주인의식을 줄 수 있는 방법이 있나요?"라고 물었다. 이에 백종원 대표는 단호하게 "없어요"라고 답변한다.

고구마를 해결해주는 사이다 리더

세계 최고의 투자자인 워런 버핏도 본인의 성공 비결을 주인의식Ownership을 가지고 행동하는 것으로 제시했다. 주인이 아닌데 주인의식을 가지라는 건 애당초 불가능한 말인데 이상하지 않은가? 그가 말하는 '주인의식'은 '일에 대한 주인'을 의미한다. 그는 일에 대해 자기가 주인이라는 것을 인식할 때 열정이 생긴다고 했다. 주인의식이 없는 사람은 위에서 하라는 일만 처리하기 때문에 일에 대한 몰입도 어렵고 일을 통해 큰 성장을 만들기 어렵다고 말한다. 다시 말해 조직적 차원뿐 아니라 개인적 차원에서도 성공으로 가는 지름길이니 '주인의식'을 가지고 행동하라는 것이다.

이렇듯 '주인의식'은 조직과 개인의 성장을 위해 뭔가 필요한 단어인 것은 분명하다. 그런데 구성원 입장에서는 듣는 순간, 마치 물도 없이 먹는 고구마 같은 느낌이 들고 도통 납득도 되지 않는다. 어떻게 해결하면 좋을까? 뭔가 시원하게 해결해줄 수 있는 사이다가 없을까?

주인의식이라는 단어가 가진 본질적인 의미를 따져보면 크게 두가지로 요약할 수 있다. (회사 일도) 내 일처럼, (회사 것도) 내 것처럼이다. 그런데 생각해보면 주인이 아니더라도 내 일처럼, 내 것처럼 여기는 사람이 또 하나 있다. 바로 주인공이다. 영화 제작자처럼 작품을 소유하지도, 영화 감독처럼 촬영을 통제하지 않더라도 주인공은 영화를 내 일이라고 여기고, 내 것이라고 여긴다. 이처럼 본질을 넘어 개념들을 연결해서 보면 리더들은 사이다를 발견할 수 있다. 자기 일, 자기 아이디어, 시키는 일에만 몰두하는 구성원들을 바라보면서 한숨짓는 것은 그만하자. 이제 구성원들이 진정한 일의 주인, 일의 주인공이 될 수 있게 하자.

주인공을 만드는 일, 디자인하기

보통 문제를 회피하거나 다른 사람에게 떠넘기는 것이 아니라 어떻게 하면 이 문제를 해결할 것인지 고민하고 성과로 끌어내는 직원을 '핵심인재'라고 정의한다. 구성원이 일의 주인공이 되면 우선 본인의 일에 몰입하게 되는 효과가 있다. 나아가 성공 경험까지 하게 되면 조직에서 문제를 마주했을 때 불평불만을 하는 데 그치는 것이 아니라, 보다 근본적인 해결책을 찾기 위해 노력하게 된다. 결국 핵심인재를 만드는 출발점은 해당 직원이 일의 주인공이 될 수 있도록 일을 디자인하는 것에서부터 출발해야 한다. 리더가 일을 디자인하거나, 구성원 본인이 일을 직접 디자인하게 하려면 필수적인 사항들이 있다.

일을 진행해야 하는 **이유와 배경**

일을 진행하는 의미를 이해하고 있어야 자기 주도적으로 업무를 끌고 갈 수 있기 때문에 이 부분이 반드시 선행되어야 한다.

일을 진행하는 데 필요한 **정보와 자료**

해당 내용이 서포팅된다면 일을 진행하는 속도는 빨라지고, 커뮤니케이션 비용은 줄어들 가능성이 크다.

일을 마쳤을 때 기대하는 **결과**와 개인이 얻게 되는 **이익**

아무리 회사에서 주인공이고 싶은 직원도 노개런티로 출연하는 건 반갑지 않다. 또한 100만 관객 동원을 기대하는지 1,000만 관객 동원을 기대하는지에 따라서 일에 접근하는 방식이 달라질 것이다.

주인공이 대본을 외우고 집중할 수 있는 **적당한 시간**, 촬영 중간중간에 쉴 수 있는 **대기실** 제공

회사로 친다면 업무를 하기 위한 적당한 시간과 집중할 수 있는 공간을 마련해줘야 한다는 뜻이다.

동료 구성원 상호 간에 **서로를 주인공으로** 여길 수 있게 만드는 시스템을 설계

중견기업인 N사는 동료 상호 간 칭찬, 인정, 격려할 수 있는 코인을 만들어 상시 운영한다. 상시 자율적으로 운영하는 N코인은 다음과 같은 문구로 업무 동료 상호 간 전달하는 것이다. "매니저님, 항상 믿어주시고 지원해주셔서 감사합니다", "어떠한 힘든 일도 안부를 물으면 말씀하셨죠. 이슈 없어요. 어떠한 이슈도 가라앉히는 회사의 오라메디! 늘 감사드립니다", "과도한 업무에 지쳐 있을 때도 저를 보면 웃으면서 인사해주시는 모습에 더 슬프기도 하지만 팀장님 덕분에 회사가 점점 더 좋아지는 게 느껴집니다. 저에게는 영원한 팀장님이세요." 처음에는 쑥스럽고 어색하지만 진심이 오가는 와중에 그 누구도 조연이나 엑스트라는 없다. 회사에서 일을 진정성 있게 해 나가는 주인공만 있을 뿐이다.

이렇게 모든 디자인을 진행했는데 직원이 일의 주인공이 되려 하지 않는다면 리더는 어떻게 해야 할까? 영화가 주인공만으로 구성되지 않듯이 회사에서도 주인공만 필요한 것은 아니다. 때로는 조연으로 때로는 엑스트라로 활용하는 것도 영화 감독인 리더의 역할이다. 또한 주인공이 아닌데 주인공과 같은 대우를 바라는 것은 합당하지 않다는 점을 명확히 알려주는 것도 중요하다. 그래야 회사에서 진짜 주인공들이 불만을 품지 않는다.

[Fake] 팀원의 **능력을 키워줘야 한다** vs
[Fact] 팀원의 **생각을 키워줘야 한다**

잘하는 것 vs 잘하게 만드는 건 다르다

신임 리더가 가장 먼저 갖게 되는 의무감에는 '능력 있는 팀원 육성'이 있다. 보통 일 잘한다고 인정받았던 팀원이 리더로 승진하는 경우가 일반적이기에, 능력 있는 리더일수록 빠르게 나만큼 일 잘하는 팀원을 만들고 싶어 한다. 팀원이 성장함에 따라 조직 성과도 높아지고, 리더 본인도 편해지는 부분이 있기 때문에 이런 욕구는 당연하다. 하지만 문제는 내가 일을 잘했던 경험만 있을 뿐 누군가를 코칭하고 가르치는 일은 처음이라는 것이다. 서울대 출신 과외 선생님이 모두 다 잘 가르치는 것은 아니다. 선수 때는 스타 플레이어였지만, 감독으로는 실패한 유명 스포츠 스타 이야기. 반면에 선수 때는 2군을 전전했지만 감독이 되어서는 팀 우승을 이끈 경우도 있다. 서울대 출신 과외 선생님과 스포츠 스타 플레이어 출신 감독의 실패가 의미하는 것은 무엇일까? 내가 잘하는 것과 남을 잘하게 만드는 것은 전혀 다르다는 것이다.

일잘러 출신 리더가 팀원을 코칭할 때 가장 흔히 하는 실수가 '나처럼' 하라고 전달하는 것이다. 내가 가진 업무적 지식과 스킬이 팀원보다 우위에 있다는 판단을 하고, "나는 혼자 맨땅에 헤딩해가면서 힘들게 배우고 깨달았지만, 너는 내가 가진 지식, 스킬, 노하우까지 알려주니 그만큼 시간과 노력을 절약할 수 있어"라며 뿌듯해한다. 구성원은 리더가 알려주는 대로 일을 한다. 그 성과에 대해서는 리더가 긍정적으로 평가를 해줄 것을 알기 때문이다. 그러다 구성원에게 새로운 일이 주어지거나, 혹은 리더가 다른 일로 바쁘게 되면 이야기는 달라진다. 극단적으로 새로운 일에 대한 해답도 리더가 상세하게 가이드해주거나, 리더의 바쁜 업무가 끝날 때까지 무한 기다림을 해야 할 수도 있다. 냉정하게 말해 이건 팀원의 능력을 키워주는 것이 아니다.

팀원을 성장시키는 정원사가 돼라

《룬샷》이라는 책에서 사피 바칼은 리더십을 다음과 같이 정의했다. "리더십이란 정원 가꾸기와 같다. 리더는 정원사처럼 물도 주고, 잡초도 뽑아주며, 나무들을 외부로부터 보호할 필요가 있다. 그러나 정원사는 환경을 만들어줄 뿐, 자라는 건 나무 스스로 한다." 스타 플레이어 출신 감독보다 나무를 스스로 자라게 하는 정원사가 팀원을 성장시키는 리더로 더 적합해 보인다. 팀원을 키우는 정원사로서 단순하지만 가장 중요한 것은 '이 일을 왜 하는가'에 대해 팀원이 생각할 수 있게 만들어주는 것이다. 일의 목적에 대해 분명히 하고, 그에 맞는 결과를 만들어내도록 코칭하는 것이 팀원 스스로 성장할 수 있는 환경을 만들어주는 것이다. 만약 팀원 스스로 생각하는 힘을 키우는 것에 동의하지만 어떻게 해야 할지 방법을 몰라 막막하다면, 아사히 신문에 게재된 〈생각하는 힘을 기르는 6가지 습관〉이라는 기사를 참고해볼 만하다.

1. 의문을 가진다.

"우선 팀원들이 의문을 가지는 것이 중요하다. 무엇인가에 대해서 생각하기 위해서 필요한 것은 의문이다." **리더는 팀원이 어떤 일이든 의문을 가질 수 있도록 환경을 만들면 된다.**

2. 이유를 생각한다.

"자신이 일을 진행할 때 선택하는 프로세스와 방식들은 무의식적이라고 할지라도 반드시 무엇인가를 생각해서 선택하는 것이다." **리더는 팀원이 왜 그렇게 했는지 스스로 이유를 생각하면서 일할 수 있도록 질문하고 점검하는 것이 필요하다.**

3. 아웃풋 한다.

"다른 팀원이나 리더에게 자신의 생각이나 의견을 드러내도록 한다." 이는 단순히 전달하는 것에 그치는 것이 아니라 주위와의 온도 차를 아는 것에 의미가 있다. **리더는 적극적으로 의사표현 하지 못하는 팀**

원도 의견을 낼 수 있도록 기회와 분위기를 조성하는 것이 좋다.

4. 예측한다.

"평소에 예측을 하면서 일을 하거나 대화를 하면 생각하는 습관이 생겨서 사고력을 키울 수 있게 된다." **리더는 팀원이 본인의 일을 계획하고 예측하며 일을 할 수 있도록 업무를 목표 중심으로 일정 기간 진행할 수 있도록 시간을 주면 된다.**

5. 비교한다.

"다른 선택들과 비교해보는 습관이 생각하는 힘을 키우게 된다." **리더는 동일한 문제 해결 이슈에 대해 다른 사람의 선택 또는 해당 이슈에 대한 본인의 복수 대안을 비교해볼 수 있도록 피드백해야 한다.**

6. 상대방의 입장에서 생각한다.

"상대방의 입장이 되어서 생각해보는 것은 자신의 생각을 훈련시키는 방법이 된다." **리더는 상대방의 입장에서 생각해 문제 해결의 본질을 볼 수 있도록 해야 한다.**

신경가소성이라는 말을 아는가? 다른 말로 뇌가소성이라고 한다. 이는 우리가 새로운 뭔가를 배울 때마다 뇌에 새로운 시냅스 연결이 생기는 것을 말한다. 이런 신경가소성은 뉴런이 성장하고 연결될 수도 있고, 기존 연결이 강화되거나 약화되기도 한다. 짐 퀵은《마지막 몰입, 나를 넘어서는 힘》*에서 뇌를 최적화하고 재구성할 수만 있다면 우리는 무엇이든 될 수 있고, 무엇이든 할 수 있다고 강조한다.

리더가 먼저 앞의 생각의 힘을 키워줄 수 있는 여섯 가지 행동들을 반복하고 습관이 되어야 팀원의 생각의 힘을 길러줄 수 있다. 그래야 일상에서 자연스럽게 팀원의 생각을 자극하는 질문을 던질 수 있고, 스스로 성장할 수 있는 환경을 조성해줄 수 있다. 육체의 근육처럼 생각도 근육이 있어 처음은 고되고 힘들지만 부단히 단련하면 할수록 어느 순간 단단해짐을 느낄 수 있을 것이다.

(Fake) 내 맘 같은 **팀원이 없다** vs **Fact** 네가 보는 **눈이 없다**

항상 똑같이 후회하는 것

"사람들이 항상 내 맘 같지 않네요. 저는 나름대로 잘 대우해주고 또 잘 대해준다고 생각하는데, 항상 이렇게 뒤통수를 맞는 일이 많으

---

* 짐 퀵,《마지막 몰입: 나를 넘어서는 힘》, 비즈니스북스, 2021.

니 말이에요. 인간관계에 불신까지 생깁니다." 스타트업 리더, A씨의 말이다. 극단적인 표현이지만 누구나 한 번쯤 이렇게 생각한 경험이 있을 것이다. 내가 해준 것보다 돌아오는 것이 없을 때 느껴지는 감정의 허무함을 때로는 "내가 너한테 얼마나 잘해줬는데…"로 시작되는 뒷말로 표현하기도 한다. "주인의식이요? 바라지도 않죠! 그렇지만 적어도 제 마음은 알 거라고 생각했어요." 팀장으로서 팀원들에게 가지는 인간미를 해가 거듭되면서 거두게 되는 팀장의 마음이란 이런 것이 아닐까?

말하지 않아도 알 수 있는 것은 없다

필리핀에서 사업을 하는 중년의 한국인이 운영하는 유튜브 채널이 있다. 한국 사무실에서 물건을 수출해서 필리핀 온라인상에서 판매하는 유통업을 운영하는 분으로, 이번에 필리핀에 가족을 두고 기약 없는 귀국을 하게 되었다. 아무래도 한국과의 소통이 어렵다 보니 친구분을 직원으로 고용해서 업무를 진행했던 모양인데, 이 친구가 중간에 횡령 사고를 일으킨 것이다. 여러 가지 사연이 있겠지만 공개된 통화에는 이런 내용이 나온다. "내가 니 빚도 갚아주고 생활할 수 있게다 해주고. 야, 가족도 이렇게는 안 해준다. 내가 너를 어떻게 생각했는지 니가 더 잘 알 거 아냐? 어? 니가 나한테 어떻게 이러냐?" 이런 절규와 같은 말에 상대편은 생활이 어렵고, 이런저런 핑계를 댄다. 이에 아저씨가 다시 한번 절규하듯 말한다. "그럼 나한테 말을 했어야지! 어? 말을 했어야지…. 니가 어떻게 이러냐…. 니가 어떻게…." 50대에 가까운 성인 남성이 믿었던 친구이자 직원으로부터 배신당하고 뱉는 절규가 매우 씁쓸하다. 친구의 입장에서는 본인의 경제적 어려움으로 면피하려 한 모양인데, 말하지 않아도 힘든 것을 알아달라는 말이 뻔뻔한 모습으로 보이는 것을 보니 사람에 대한 회의가 한 번 더 든 것도 사실이다. 결국 그 유튜버는 고소를 진행하지 않기로 하고 일을 끝냈지만, 사람에 대한 상처는 쉽게 가시지 않는다는 당연한 결말만 남았다.

기버 vs 테이커

애덤 그랜트 와튼스쿨 조직심리학 교수는 저서 《기브 앤 테이크》[*]에서 사람들을 세 부류로 나눌 수 있다고 했다. 받는 것보다 주는 것을 더 좋아하는 '기버giver', 반대로 주는 것보다 더 많이 받으려고 하는 '테이커taker', 그리고 받은 만큼 상대에게 돌려주려고 하는 '매처matcher'다. '기버'들은 배려하고 양보하고 베풀며, 때로는 자신을 희생한다. 그러나 모순되게도 이들은 이기적인 사람들에게 이용당하고 손해보는 경우가 많다. 인간의 본성을 이기적이라고 여기는 사람들의

---

[*]   애덤 그랜트, 《기브 앤 테이크》, 생각연구소, 2013.

관점에서 보면 새삼스러운 얘기는 아니다. 이들은 현실 세계에서 이기적으로 행동하는 것이 성공에 이르는 길이라 생각한다. 이런 믿음을 가지고 행동하는 이들이 '테이커'다. 테이커는 타인으로부터 최대한 많은 것을 가져가려는 사람들이며, 꼭 필요한 경우가 아니면 아무것도 돌려주려 하지 않는다. 무임승차나 땡땡이 같은 기술을 쓰는 것에 매우 능숙하며, 눈에 띄는 중요한 프로젝트는 자원하고, 궂은 일은 다른 사람들에게 넘긴다.

애덤 그랜트 교수에 따르면, 기버 중에는 저低성과자 비율이 높다고 한다. 기버들이 남을 돕는 데 에너지를 쓰느라, 정작 자기 일에는 소홀해지기 때문이다. 요청한 업무를 먼저 처리해주고, 정작 내가 할 일은 야근이나 추가 근무를 통해 해결하고, 이 같은 상황이 반복되면 번아웃이 오기도 한다. 그럼에도 이들은 요청을 거절하지 못한다는 사실을 잘 아는 테이커들에게 '호구'가 된다.

대부분 리더는 자의에 의해서건, 조직의 요청에 의해서건 '기버'의 역할을 하게 된다. 리더가 된 순간부터 내가 일을 잘하는 것에 대한 평가가 아닌, 조직의 성과에 대해 평가받기 때문이다. 팀원이 잘하면 그 팀원의 능력이 뛰어난 것이지만, 팀원이 못 하면 리더가 팀원 관리를 제대로 못 한 것이 되어 버린다. 따라서 리더는 많은 시간과 노력을 팀원에게 쏟는다. 내가 이만큼 노력하면 내 노력을 팀원들이 자연스럽게 알아줄 것이고, 조직의 성과로 연결될 것이라고 기대한다.

이러한 리더의 바람처럼 된다면 매우 행복하겠지만, 현실은 "내 맘 같지 않아"라는 말을 더 자주하게 된다. '리더라면 당연히 그렇게 해야 되는 거 아닌가', '리더니깐 이 정도 희생은 해야지'라며 더 많은 희생을 강요하거나, 나쁜 결과는 다 리더 탓으로 넘기는 팀원으로 인해 서운한 감정이 생기는 경우도 있다. 내가 한 만큼 돌아오길 바란 것은 아니지만, 최소한 팀원들에게 '호구'가 되려고 혼자 노력한 것은 아니었기 때문이다.

결국에는 네가 보는 눈이 없다

다행인 것은 조직 내 가장 뛰어난 성과를 올리는 유형도 '기버'라는 것이다. 기버가 가장 높은 성과를 내는 것은 상대와 신뢰를 쌓은 덕분이라고 한다. 대부분의 사람은 기버가 도움을 청하면 흔쾌히 자신의 인맥, 정보, 시간, 노력을 기울여 돕는다고 한다. 리더가 팀원을 위해 시간과 노력을 쓰는 '기버' 역할을 하는 것이 쓸모없는 일이 아니라는 것이다. 문제는 이러한 성과는 조직 내 '테이커'가 없을 때 더 잘 발휘된다는 점이다. 테이커가 주는 부정적인 영향은 기버가 주는 긍정적인 영향보다 2~3배는 높다고 한다. 썩은 사과 하나가 상자 속 모든 사과를 썩게 하듯, 조직 내 고약한 사람 하나가 조직 전체를 망치는 것이다. 그러니 '언젠가 내 맘을 알아주겠지'라고 묵묵히 애쓰기보다는 빠르게 썩은 사과를 치워 버리는 것이 더 생산적이다. '내가 사람보는 눈이 없었구나'라고 인정하는 것이 편하다.

내가 선별하지 못한 썩은 사과 하나가 우리 팀에 있음을 인정하고, 그것을 어떻게 해결할 것인지 고민해야 한다. 내 마음 같지 않다고 감정적 호소를 하기보다는 현실을 파악하고 해결방안을 모색하는 것이 조직생활에서는 더욱 어울릴 것이다. 그리고 앞으로는 사람보는 안목을 더 키워서 나의 소중한 팀원이 나의 정신건강에 해를 끼치지 않도록 하는 것이 중요할 것이다. 하지만 사람과의 관계 속에서 로봇처럼 정답을 내리기는 어려운 일이고, 사람이 다른 사람에게 기대하는 것 역시 당연한 자연의 섭리이므로 부디 너무 상처받지 않길 바란다. 내 마음 같지 않은 팀원을 바라보다가 내 마음을 잘 알고 어쩌면 내 마음과 같은 팀원의 마음을 놓치게 될지 모르니까 말이다.

> 괜찮은 척하지만 사는 게 맘 같지는 않네요.
>
> 저마다의 웃음 뒤엔 아픔이 있어.
>
> 하지만 아프다고 소리 내고 싶지는 않아요.
>
> 그래요, 나 기댈 곳이 필요해요.
>
> 그대여, 나의 기댈 곳이 돼 줘요.

싸이 〈기댈 곳〉 中

Fake 바빠서 면담할 시간이 없다 vs
Fact 줄퇴사로 더 바빠질 것이다

호미로 막을 것을 가래로 막지 마라

팀장은 너무 바쁘다. 놓치는 업무가 없도록 To Do List를 정리했고, 일을 효율적으로 해내기 위해 다양한 업무 관리 툴도 사용했다. 그러나 연속되는 회의에 하루에 6~7시간을 쓰면서 그날 처리해야 하는 긴급한 업무만 겨우 했는데, 하루가 다 가 버리는 일이 반복되면서 계획한 To Do List가 쓸모가 없어졌다. 시간이 부족한데 팀원은 팀장에게 개인 면담을 별도로 요청하였다. 바쁜 팀장에게 팀원과 원온원은 미루고 싶은 숙제와 같다. 안 그래도 할 일이 너무 많고 이미 하고 있는 미팅도 많은데, 팀원 개개인과 원온원 하는 건 시간 낭비라고 핑계삼고 싶다. 그때그때 시간을 잡아서 차를 마시거나 밥을 먹으며 얘기해도 충분할 것 같다.

미뤄둔 숙제의 결과가 나쁜 성적이듯이, 식사나 티타임으로 대체한 원온원은 팀원과 제대로 된 커뮤니케이션이 아니다. 가벼운 일상적인 대화는 가능하지만, 정작 공유해야 할 팀의 목표나 업무에 대한 피드백은 놓치는 것이다. 팀원들이 원하는 성장에 대한 이야기도 할 수 없다. 〈하버드 비즈니스 리뷰〉 '직원이 직장에서 행복한지 물어보는 법 How to ask whether an employee is happy at world'에 따르면, 자발적으로 퇴사하는 직원의 52퍼센트는 관리자나 조직이 퇴사를 방지하려는 조처를 하면 자리를 유지할 가능성이 있다고 한다. 즉 모든 사람을 머물게 할 수는 없지만 주기적인 미팅을 통해 유지율을 높일 수 있다는 것을 뜻한다. 면담할 시간이 없다는 핑계로 원온원을 미루고 하지 않는다면, 줄퇴사로 더 바빠질 것이다. 리더십의 직격탄을 맞을 것이고, 빈 자리를 메꾸느라 동분서주하게 될 것이다. 호미로 막을 것을 가래로 막아야 하는 상황을 만들지 말아야 하는 이유다.

원온원, 생각보다 중요하다

인텔 전 CEO 앤디 그로브는 《하이 아웃풋 매니지먼트》*를 통해 원온원 목적과 중요성을 다음과 같이 정의한다. 원온원 면담의 주요 목적은 '상호 학습 및 정보 교환'이다. 특정 문제와 상황에 대해 이야기하면서 팀장은 팀원에게 자신의 기술과 노하우를 전수하고, 문제 해결의 접근 방법을 제안한다. 팀원은 팀장에게 현재 수행하는 일과 염려하는 바에 대한 세부 정보를 제공한다.

격주로 한 번씩 부하 직원과 원온원을 한다고 가정하면, 이 90분이라는 면담 시간은 2주 동안 팀원이 수행하는 업무의 질을 향상시킴은

---

* 앤디 그로브, 《하이 아웃풋 매니지먼트》, 청림출판, 2018.

물론, 팀장이 팀원의 업무를 더욱 잘 파악할 수 있게 도와준다. 원온원은 팀원과 어떤 주제든, 어렵고 심각한 이야기를 할 수 있는 통로 역할을 해준다. 힘든 이야기를 할 수 있는 숨 쉴 수 있는 통로가 되어, 팀원이 튕겨져 나가는 것을 막아줄 수 있다. 따라서 면담에서 중요한 것은 팀장이 팀원에게 전달하는 얘기가 아닌, 팀원이 팀장에게 말하는 것이다. 팀장은 굳이 원온원 시간이 아니라도 평소 팀원에게 말할 시간이 많다. 하지만 팀원은 자신의 어려움과 고민, 회사에 대한 아이디어나 제안을 원온원을 통해 이야기할 수 있다. 팀원이 원온원 시간에 더욱 적극적으로 말할 수 있게 만드는 것이 핵심이다. 극단적으로 면담 시간의 90퍼센트는 팀원이 말하게 하는 것이 성공적인 원온원으로 가는 길이다.

원온원, 준비가 필요하다

원온원이 잘 진행되기 위해서는 무엇이 필요할까?

첫째, 팀원들의 준비가 필요하다. 원온원 성공의 핵심은 팀원들이 대화하고 싶은 아젠다 준비에 있다. 면담은 '팀원을 위한 시간'이기 때문이다. 초기에는 팀장이 아젠다 준비를 위한 다음과 같은 가이드를 주고, 나중에는 팀원들 스스로 준비해 오게 하자.

- 성과를 나타내는 수치나 지표, 특히 문제를 드러내는 지표
- 최근 면담 이후 발생한 주요 사항
- 잠재적 문제(아직 표면화되진 않았지만, 무언가 잘못됐다는 느낌이 드는 문제)'에 대한 공유

둘째, 팀장의 용기가 필요하다. 면담을 통해 민감하고 복잡한 문제들을 정면으로 마주하고 들을 용기가 필요하다. 매우 힘들고 어려운 일이다. 하지만 문제가 곪아 터지기 전에 미리 파악하면 파악할수록, 이를 개선하는 데 쓰는 에너지가 줄어들어 그만큼 팀장의 시간을 아낄 수 있다. 그리고 팀원의 할 말이 끝났다 하더라도 팀장은 문제를 끝까지 다뤘다는 느낌이 들 때까지 질문을 계속 던지는 것이 필요하다.

팀원 관리 최소 기준 만들기

충분히 공감하고 이해하지만 정말 바빠서 시간이 나지 않는 것도 현실이다. 더구나 미뤄둔 면담이 많을수록 숙제를 하지 못했다는 마음의 부담은 가중된다. 팀을 관리하고 팀원을 성장시키는 데는 생각보다 많은 시간이 필요하지 않다. 오히려 너무 잘하려다 보니 부담을 느끼고 시작할 엄두를 못 내기도 한다. 최소한 이것만은 꼭 하자라는 기준을 만들어두고 체크하면 부담을 훨씬 줄일 수 있다. 예를 들어 매일 PT를 한 시간씩 빠지지 않고 받겠다고 결심하면 작심삼일이 되지

만, 일단은 피트니스 센터를 빠지지 않고 가는 것을 목표한다면 성공
가능성이 매우 커진다. 일단 피트니스 센터에 가면 자연스럽게 운동
을 하게 된다.

> **[예시] 팀원 최소 관리 기준**
>
> ---
>
> • 매주 30분은 원온원을 진행한다.
> • 매주 금요일 퇴근 전에는 금주 업무에 대해 각자 5분 브리핑을 진
>   행한다.
> • 월에 1번은 우리 팀 성과 목표 달성 현황을 공유하고, 다음 달 추
>   진 방향에 대해 논의한다.

팀원 입장에서도 적응할 시간이 필요하다. 여태까지 자기 일에 바
빠 나에게 관심을 가지지 않던 팀장이 갑자기 팀원 관리를 한다면 이
것만큼 부담스러운 일도 없다. 이때 팀장이 가장 기본적인 것부터 지
키겠다고 약속하면 팀장에 대한 신뢰가 높아진다. 팀장 역시 새로 시
작하는 관리 체계에 대한 부담이 줄어드는 것은 물론이다. 죄책감은
내려놓고 지금 최소한의 기준을 만들자. 그것만 실행해도 충분하다.

Fake Yes 하고 은근히 속 뒤집는 팀원 vs Fact No 하고 대안을 제시하는 팀원

부하 직원 때문에 스트레스 받고 있나요?

리더가 되고 가장 힘든 일은 내가 하고자 하는 방향에 사사건건 No 하는 직원을 설득하는 일이다. 설득에는 리더의 에너지, 시간, 감정이 소모되기 때문에 대부분의 리더는 아주 손쉬운 방법을 택하게 된다. 바로 팀장이라는 직책과 회사라는 조직이 가지는 권위에 의존하는 것이다. "내가 시키는 대로 하지 않으면 평가에 반영할 수밖에 없어!", "CEO가 시키는 대로 하자!" 이런 리더의 일방적인 지시가 계속되면 어느 순간부터 팀원들은 손쉬운 방법을 택하게 된다. 바로 "Yes"를 하는 것이다. 그런데 이 Yes는 깔끔한 수긍이나 인정이 아니다. 그래서인지 뒷맛이 개운하지 않다. 지시한 내용에 대한 수동적인 대응에 불과하거나, Yes라고 답하고 실제로는 하던 대로 계속하게 되는 경우가 많다. 결국 리더는 시키는 대로 하기만 하는 직원에게 불평불만을 늘어놓거나, Yes라는 답변을 받고도 믿지 못해 수시로 감시하고 체크하는 마이크로 매니저가 될 가능성이 크다.

세상에 부하 직원 때문에 스트레스 받고 싶은 리더는 없다. 업무지시에 "네"라는 답변은 곧잘 하지만 제때 업무를 한 적이 없는 팀원,

업무 결과물이 형편없는 팀원, 업무를 처리하기는 하지만 뒤에서 리더에 대해 뒷담화하거나 은근히 속 뒤집는 팀원이 있다면 어떻게 대처하면 좋을까? 좋은 리더가 되기 위해 도를 닦는 마음으로 수양을 해야 되는 것일까? 답답한 마음이 든다.

Yes! but 행동하지 않는 팀원 대처법

업무 지시를 따르지 못하는 진짜 이유를 찾자

Yes를 하고 어떤 일을 처리하지 않는 직원의 경우 반드시 이유가 있을 것이다. 그 사람이 현재 처리하고 있는 일이 너무 많아 미처 하지 못했을 수도 있고, 본인에게 중요한 업무를 먼저 처리하고 있을 수도 있다. 또한 팀원은 자신도 모르게 무의식적으로 리더에게 '수동 공격적' 행동을 하고 있는 것일지도 모른다. '수동 공격적' 행동이란, 리더 또는 리더의 지시에 대한 반감이 있으나 적극적으로 반대의견을 내지는 못하고 수동적으로 불만을 표현하는 것을 의미한다.

팀원은 알아봐주고, 인정해주고, 격려해주고, 돕고, 경청해주어야 할 대상이다. 그렇기 때문에 팀원의 입장에서 일을 못 하는 이유를 들어봐야 한다. 일을 처리하지 못하는 근본 원인을 찾아야 해결책도 보이는 법이다. 만약 일이 많거나 업무의 우선순위가 리더와 다른 것이 이유라면 커뮤니케이션이나 업무 재분배를 통해서 충분히 해결할 수 있는 부분이다. 하지만 팀원의 '수동 공격성' 행동은 더 깊은 이해가 필요하다. '수동 공격'은 무의식적인 과정에서 이루어지는 경우가 많기 때문에, 팀원이 자신에 대한 객관화가 안 되어 있는 경우가 대부분이다. '나는 이렇게 잘하고 있는데 팀장님은 왜 저러시지? 참 이상하네'라고 생각하며, 본인을 피해자라고 인식할 가능성이 크다. 다음은 수동 공격적 성향을 가진 팀원이 자주 보이는 행동이다.

- 업무 마감일이 항상 늦는다.
- 리더가 지시한 사항을 잊어버린다.
- 회의나 미팅 등 약속시간을 지키지 않는다.
- 메신저를 보고도 한동안 대꾸하지 않는다.
- 바쁘지 않은 상황에서도 연락을 받지 않는다.
- 본인을 방어하기 위한 변명이 반복된다.

진정성 있는 대화를 시도하여 객관적인 사실과
그에 따른 영향을 명확히 전달하자

"지난번에 월간회의 리뷰 마감기한을 정확히 지켜달라고 했는데 이번에도 하루가 지났네요?(사실) 내가 먼저 찾기 전에는 보고할 생각을 안 하는 건가요?(부정적인 감정 표현)" 리더는 문제가 되는 사실에 근거해서 정확히 잘못을 알려주되 부정적인 감정까지는 표현해서는 안 된다. 그의 행동으로 인해 부정적인 영향이 미치는 일의 결과나 대상을 다시 한번 알려주어야 한다. 이때 일방적으로 상대방의 상황이나 감정을 고려하지 않고 전달하는 것은 단순히 지적하는 행동으로 비춰질 수 있다. 따라서 그런 행동이 염려되는 것은 물론 리더 자신과 동료 팀원, 차상위자인 본부장 등도 걱정한다는 사실을 알려주면 좋다(긍정적인 감정). 주관적인 의견이더라도 멀티뷰가 전달되면 객관적으로 느껴지기 때문에 해당 팀원에게 좀 더 설득력 있게 다가갈 수 있다.

신뢰할 수 있고 돕고 싶은 리더가 되자

우리는 어릴 때부터 '내편 vs 네편'을 구분하는 양가적 감정을 학습하고 자라왔다. 팀원 입장에서 팀장은 내편일까, 네편일까? 팀장이 팀원을 단순히 목표를 달성하기 위한 도구로 생각한다면 네편일 것이고, 팀원에게 "내가 어떻게 도우면 될까?"라고 묻는 팀장이라면 내편이 될 것이다. 리더의 행동과 말을 통해서 팀원들은 직관적으로 피아식별彼我識別(적과 아군을 구분함)을 하게 된다. 수동 공격성을 띠는 팀원은 자신의 성격일 수도 있지만, 리더의 공격에 대한 자기 방어일 수도 있다. 일을 쉽게 진행하기 위해 팀원의 Yes를 강요하지 말아야 한다. 중요한 건 Yes라는 대답 자체보다 Yes로 일을 진행하고자 하는 개방형 마인드셋의 확보다. 그리고 Yes라는 대답에 이어지는 팀원의 'Small Success' 경험이 더 중요하다. 항상 신뢰할 수 있고 돕고 있는 리더가 되기 위해 노력해보자.

No! and 대안을 제시하는 팀원 만드는 방법

리더에게 가장 불편한 일 중 하나가 No라고 답변하는 팀원을 마주하는 일이다. 설령 팀원의 의견이 합리적이고 논리적이라 한들 리더의 의견을 팀원들이 다같이 있는 곳에서 "틀렸다, 별로다"라고 지적하는 팀원을 곱게 봐줄 수 있는 리더가 몇 명이나 될까? 또 제한된 정보를 가지고 본인이 맞다고 박박 우겨대는 팀원을 다르다고 인정해줄 수 있을까? 리더가 그 정도로 수용하는 태도를 가지는 것은 쉽지 않다. 다만 특별한 리더가 되고 싶다면 이마저도 조직의 시너지 관점에서 수용하는 태도를 보이는 것이 좋다. 스티븐 코비는 《성공하는 사람들의 7가지 습관》*에서 "시너지의 본질은 서로 다름을 인정하는 것, 서로의 다름을 존중하고 강점을 활용하며, 나아가 약점에 대해 서로 보완하는 것"이라고 했다. 이처럼 팀원의 No를 다룰 줄 아는 리더는 고수로 가는 길을 터득한 리더라고 볼 수 있다. 다음 구성원을 수용하고 대응하는 방법을 살펴보자.

No라고 의견을 제시하는 팀원을 부정적인 사람으로 보지 않기

지금 상황에서 No라는 의견을 제시한 이유와 행동 부분에 초점을 맞춰 대화하자. 부정적인 사람을 긍정적인 사람으로 고치겠다는 관점

---

* 스티븐 코비, 《성공하는 사람들의 7가지 습관》, 김영사, 2017.

이 아니라, 내 생각과 다른 의견을 이해해주고 서로 얘기를 나누는 관점일 때 심리적 안전감이 확보되고 진정한 대화를 할 수 있다.

팀에 도움이 되는 의견을 제시한 것을 알아주고 감사를 표현하기

'내 의견을 따르는 팀원 vs 내 의견을 따르지 않는 팀원'이라는 이분법적인 생각에서 벗어나 '지금 No라고 말하는 게 참 어렵겠구나. 그럼에도 불구하고 그런 의견을 내는 데는 다 이유가 있겠지'라고 생각해야 한다. 문제는 No라는 말을 듣는 순간 감정이 확 올라오고 동시에 부정적인 생각으로 이어진다는 것이다. 리더가 팀원을 부정적으로 인식하면 상대방의 입장을 이해해줄 마음이 생기지 않는다. 열받는 감정을 잠깐 누르고, 팀원의 마음이 어떨지 이해해보려는 노력을 시작하자. 그리고 팀에 도움이 되는 의견에 감사하다는 말을 덧붙이는 것도 잊지 말자!

팀원 의견에 대해 판단하지 말고, 정확한 사실을 먼저 이야기하기

상대방 의견에 대한 판단을 빼고, 정확한 사실만을 얘기할 때 팀원이 수용하기 쉽다. 팀원에게 뭔가 지적을 하고 싶은데, 정확한 사실이 떠오르지 않으면 그 지적은 하지 않는 것이 맞다. 지적했을 때 팀원이 일견 이해하고 수긍하지 않는다면 관계만 더 나빠질 뿐이다. 서두르지 말자. 팀원이 스스로 판단해서 다시 돌아볼 시간도 필요하고, 팀장인 나도 충분히 돌아볼 필요가 있다.

No에 대한 구체적인 대안 묻기

팀원이 No라는 의견을 낼 때는 항상 대안을 제시하도록 해야 한다. 대안 없는 비판은 실속 없는 행동이며, 그에 따른 책임도 있다는 것을 분명히 알려야 한다. 구체적인 대안과 그에 따라 예상되는 결과에 대해 묻고, 그것이 우리의 최선의 선택이 될 수 있는지 다시 한번 점검하는 과정이 필요하다.

No를 표현하는 방법에서 인격의 성숙함이 묻어난다는 것 알려주기

다음은 일상에서 일어나는 가벼운 사례다. 지난주 쌀쌀한 날씨에 단팥 호빵이 생각나서 편의점에 들렀다. 호빵이 있는지 묻는 상황에 A 편의점 직원은 다음과 같이 답변했다. "그런 거 없는데요." 필요한 답변을 얻었지만 묘하게 기분이 나빠져, 다른 물건을 사지 않고 나오게 됐다. 다른 B 편의점을 들렀더니 "요즘 호빵이 잘 안 나가서, 들어오는 날짜가 드물어요. 그리고 찾으시는 단팥 호빵보다는 피자나 야채 호빵 위주네요. 여기 아파트 주민이시면 언제 들어오는지 체크해서 알려드릴까요?" 필요한 답변을 얻었고, 원하는 물건을 사지는 못했지만 다른 여러 가지 상품을 가득 담아 집에 돌아온 기억이 있다.

팀원이 No를 어떻게 표현하느냐에 따라 리더의 마음도 달라진다는 것을 알려주면 팀원도 최대한 노력해 나갈 것이고, 리더와 팀원 간 선순환이 이뤄질 것이다. 이러한 대화 방식은 조직 내 심리적 안전감을 확보하는 여건을 구축해줄 수 있다.

Fake 공감의 깊이를 더하자 vs Fact 공감의 반경을 넓히자

편향된 리더십, 경종을 울려라

요즘 시대 자식을 가진 부모들은 '맘충', '대디충'이라는 신조어가 꽤 불편하다. 우주에서 가장 강한 에너지인 모성애, 부성애에 충실하다 보면 오로지 내 새끼만 귀해 보일 수 있는 게 당연한 것이 아닌가? '고슴도치도 지 새끼 귀한 줄은 안다'는 말이 있다. 싸운 친구가 있다면 직접 응징해주고, 내 자식 기를 죽였다며 선생님에게 사과도 받아내는 것이 어떤 부모에게는 당연한 것이다. 하지만 '충'이 의미하는 것은 벌레다. 결코 좋은 의미가 아니며, 그들을 비꼬는 신조어라고 볼 수 있다. 그런데 가만히 살펴보면 팀장 중에도 'ㅇㅇ충' 같은 리더가 있다. 자기 팀원들 힘들고 어려운 것만 헤아리다 보니 다른 팀은 어떤 사정인지, 조직은 왜 그런 요구를 하는지 전혀 들여다볼 생각이 없다. 그래도 자기 새끼 나 몰라라 하는 것보다 낫다고 생각하는가? 요즘 지역사회에서 'ㅇㅇ충'들이 철저히 배척되는 것을 보면 편향된 리더십의 파국에 대해 경각심을 가질 필요가 있다.

팀원을 살리는 공감의 깊이

공감은 AI가 인간을 대체할 수 없는 능력이라고 한다. AI 시대에 인간이 가진 큰 무기이자 장점인 것이다. AI시대까지 운운하지 않더라도 리더의 공감 능력은 매우 중요하다. 힘들다고 얘기를 꺼냈는데 그저 열심히 해보라고 건조한 격려만 한다거나, 이런 게 어렵다고 했더니 선배들도 다 해냈던 일이라고 가볍게 여긴다면 기분이 어떨까? 리더마저 내 상황과 감정을 헤아리지 못할 때만큼 섭섭한 일이 없다. 이 섭섭함에 의욕은 쉽사리 꺾인다.

마이크로소프트의 CEO 사티아 나델라는 공감 능력을 리더십의 처음이자 마지막이라고 표현했다. 그것이 구성원의 '최선'을 끌어내는 힘이라고 믿었기 때문이다. 공감 받지 못한 일에 열정을 쏟기 어렵다. 공감 받지 못하는 순간 '그럼 나도 딱 여기까지만!'이라며 멈춰 서 버리니 수시로 점검하고 케어하기 바쁘다. 하지만 주의해야 한다. 밀당은 썸 타는 데만 필요한 게 아니라 리더십에도 필요하다. 감정에 대한 공감과 상황에 대한 배려에 치우친 나머지 추진력까지 잃어서는 안 되는 것이다. '저렇게 힘들다는데 그만두게 해야지 어떡하나', '저렇게 어렵다는데 그럼 내가 해줘야지', '상황이 저런데 어떻게 이걸 더 하라고 요구할 수 있겠어?' 이러고 있지는 않은가? 안타깝지만 자전거에서 넘어져 우는 아이만 붙잡고 있다가는 목적지에 결코 도달할 수 없다. 아픈 무릎을 싸매주면서도 냉정하게 다시 안장에 오르게 해야 한다.

그렇게 리더는 안건을 밀어붙이고, 단호하게 피드백할 수 있어야 한다. 자전거에 올라 시범도 보여주고, 뒤도 밀어주지만 본인이 직접 운전대를 잡고 전진하게 해야 '진한 성취감'이 찾아올 테다. 우승한 팀의 헹가래를 한 번쯤 받아보고 싶지 않은가? 부디 '팀장님은 도무지 공감할 줄 모른다'라는 말에 중심을 잃지 않길 바란다. 처음으로 맞이한 팀원이라 더 아끼는 마음이 들겠지만, 마음을 다독여 당겨오는 것과 일을 밀고 나가는 것은 함께 가야 한다. 이것은 결코 상호 배타적인 게 아니다. 공감은 타인을 리딩하는 데 필수적이지만, 공감의 한계를 인식하지 못하면 개인과 조직의 성과에 심각한 타격을 줄 수 있다. 리더는 팀원을 살리는 적절한 공감의 깊이를 항상 고민해야 한다.

조직을 살리는 공감의 깊이

최근 재미있는 조사결과를 봤다. 동료의 고충을 들어주고, 업무량이 과다한 동료를 도와주는 데 시간을 쓰는 사람이 정작 가족과의 관계를 유지하기 더 어렵다고 답한 것이다. 공감력이 뛰어나 가족과도 깊은 관계를 유지할 것 같은데, 이게 무슨 사연일까? 전문가의 의견인즉, 공감은 마일리지 같아서 한쪽에 써 버리면 다른 곳에 쓸 게 남아 있지 않는다고 한다. '동정심 피로'와 같은 에너지 고갈의 문제이기도 하지만 더 흥미를 끈 해석은 '스포트라이트 이론'이었다. 스포트라이트는 특정한 공간에만 빛을 모으고, 나머지는 더 어둡게 인식하게 한다. 비추는 곳은 매우 좁고, 무엇을 볼지는 그 빛이 어디를 비추느냐에 따라 결정된다. 그 빛이 닿지 않는 곳은 시선에 두지 않는다. 그렇게 우리의 시야는 좁아지고, 편견에 사로잡히게 된다. 즉 공감에도 선택적 공감과 편향이 작용한다는 것이다. 이게 리더십에 어떤 의미가 있을까?

팀장은 작은 팀의 리더이기도 하지만 전체 조직의 중간관리자 역할이기도 하다. 하지만 빛이 닿는 그곳에만 머물다 보면 우리 팀의 사정만 보인다. 나와 더 접점에 있는 팀원의 상황만 고려하여 조치를 취하게 되는 것이다. 공감이라고 하면 쉽게 따라오는 수식어가 '깊은 공감'이다. 하지만 위험할 수 있다. 깊은 공감이 자칫 좁은 공감을 뜻할 수 있기 때문이다. 직책자가 된 순간 더 깊이 공감하기 위해 노력하고 표현하는 것을 게을리하면 안 되겠지만 그 노력이 타 팀을 배척하는 모습으로 나타나서는 안 될 것이다.

스포트라이트 이론에 의하면 사용 가능한 공감 능력의 대부분을 내부 집단에 사용하면 결속력은 더 강해지는 반면, 외부 집단과 관계를 유지하려는 욕구는 줄어든다고 한다. 자연스런 심리 작용이다 보니 타 부서와 건설적인 협력관계를 구축하는 노력을 소홀히 여길 수 있겠다. 모성애가 고귀하다고 맘충이 되어서야 되겠는가? 잘 막아주니 잠시 안정감을 느낄지 몰라도 그를 결코 큰 사람으로 여기진 않을 테다. 결국 고립된 성을 만들어 버린 옹졸한 성주를 탓할 게 빤하다. 이렇게 비즈니스 시야가 좁은 사람을 최상위 리더로 올릴 리도 없지 않은가? 우리 팀만 들여다보다가 타 조직의 상황과 요청에 공감할 여유가 소멸되지 않도록 해야 한다. 훌륭한 리더가 되고 싶다면 조직을 살리는 공감의 넓이를 항상 먼저 고민해보자.

리더가 가져야 하는 공감

'보트피플'이란 말을 아는가? 배를 타고 다니는 난민인데, 어느 나라도 받아주지 않기 때문에 떠도는 것이다. "난민 보호는 필요하다고 보십니까?"라고 하면 대부분의 사람은 즉시 "당연하죠!"라고 하겠지만, "그렇다면 난민을 수용해주시겠습니까?"라고 하면 즉답하기가 망설여진다. 생각해보면 77년 전 우리도 난민이었다. UN 설립 후 최초로 도움받은 난민은 다름아닌 한국인이었다. 하지만 그때를 까맣게 잊었는지 우리는 그들을 불법 체류자로 구분하고 쉽게 들이지 않고 있다. 이렇듯 정서적 공감만으론 턱없이 부족하다.

구분	의미	대화 사례
정서적 공감 (Empathy)	감정이입	"네가 힘든 게 느껴져."
인지적 공감 (Sympathy)	역지사지	"입장 바꿔 생각해보니 진짜 힘들었겠다."
행동의 공감 (Compassion)	세심한 배려, 친절	"네가 더 이상 힘들지 않았으면 좋겠어?" "내가 뭘 해줄 수 있을까?"

팀원의 마음을 깊게 헤아려주는 훌륭한 리더이고 싶은가? 감정이입만으론 부족하다. 역지사지를 넘어 행동의 공감이 필요하다. 건강

한 공감은 정서적으로 공감하되 자신과 상대를 구분할 줄 아는 데서 출발한다. 냉정한 게 아니다. 같이 허우적대지 말고 구체적인 위로와 배려를 실천하는 능력을 갖추자. 그래야 리더의 위로에 진정한 편안함을 느낄 수 있다.

Fake 논리적으로 말이 돼야 따른다 vs Fact 좋은 사람의 말을 따른다

논리로 설득할 수 없을 때도 있다

"형! 사람이 논리로 설득이 돼?" JYP 박진영 대표가 tvN 프로그램 〈유퀴즈 온 더 블록〉에 출현해 소개한 하이브 방시혁 대표의 말이다. 당시 확실하고 옳은 논거로 설득한다면, 설득이 된다고 믿어왔던 박진영 대표에게 방시혁 대표는 사람은 논리로 설득할 수 없다고 말했다고 한다. 누군가 무엇이 옳다고 여긴다면 그것은 그 사람한테만 옳은 이야기일 뿐이고, 각자의 세계에서만 옳은 이야기이기에 논리로 상대를 설득하는 것은 불가능하다고 믿어왔다는 것이다. 그리고 20년이 지난 지금, 박진영 대표 역시 논리로 사람을 설득할 수 없다는 말에 동의한다는 이야기였다.

'팥으로 메주를 쑨다고 해도 믿는다'는 속담이 있다. 이는 당신이 하는 말이라면 나는 절대적인 신뢰를 보낼 것이며, 그것이 설사 상식에 반할지라도 나는 믿겠다는 의미다. 반대로는 '니 말은 콩으로 메주를 쑨 데도 못 믿는다'가 있다. 내가 믿을 만한 사람의 이야기는 믿지 못할 이야기도 믿게 되고, 반대의 경우는 바른말을 해도 믿기 어렵다(혹은 싫다)는 이야기다. 논리적으로 맞고 안 맞고의 문제가 아닌, 상대방에 대한 감정이 결과를 결정한다는 것이다.

전자제품 회사의 영업사원들이 가장 설득하기 힘든 고객은 '개인의 취향이 확실한' 고객이라고 한다. 휴대폰이나 노트북 등 고가의 제품을 판매하기 위해 성능을 강조하고 각종 할인 프로모션으로 설득해도 관심을 보이지 않고 "다른 색깔 없어요(개인이 선호하는 민트나 핑크 등)?"라고 묻는다는 것이다. 영업사원들은 이런 고객들을 '난공불락'이라고 표현한다. 개인의 취향이 확고한 경우에는 그 선택을 바꾸기 어렵기 때문이다. 리더가 팀원을 설득할 때, 리더의 전문성에 기반하여 논리적으로 설득하는 것은 당연하다. 경험과 정보가 많기에, 설득을 위한 논리를 만들기도 어렵지 않다. 역량이나 경험이 부족한 직원들에게 빠르게 일을 가르쳐주어야 할 때는 이 방법이 효과적이기 하다. 그러나 겉모습이 아닌 속을 들여다보면 팀원들은 팀장의 말에 어쩔 수 없이 따랐을 뿐 설득당한 것이 아니다. 팀원의 입장에서 팀장의 논리가 머리로는 이해되지만, 마음으로 와닿지 않아서이다.

팀원은 마음으로 설득하는 것이다

《라이커빌리티》*에서 김현정 작가는 "사람이 다른 사람을 좋아하고 싫어하는 데에는 이성적이거나 합리적이기보다 감정적인 이슈가 크다"고 말했다. 이처럼 특정 사람을 감정적으로 지지하게 되면 그 사람이 어떤 말을 하든 따르고 지지하는 특성을 보이게 된다. 이로 인해 상식적으로 봤을 때 논리적으로 설득하면 가능할 것 같은 많은 일들이 실제로 이루어지지 않기도 한다. 일반적으로 사람들은 논리적으로 이해가 되야 설득이 가능하고 감정적인 것은 그다음 일이라고 생각하지만 의외로 비논리적인 판단을 내리는 경우가 많다. 그것이 아주 위대한 일이든 사소한 일이든 말이다.

뉴스에서 목격한 많은 종교의 사례만이 아니라 일상에서도 자주 이루어질 수 있는 일들이다. 예를 들어 기왕이면 조금 비싸게 주더라도 단골집을 이용하는 것처럼, 인간관계에 내포된 감정이라는 것은 많은 것들을 아주 단순하게 만들어 버린다. 즉 사람들은 옳은 말이 아니라 내가 좋아하는 사람의 말을 따른다. 자기가 좋아하는 사람의 말을 따르기 위해서 때로는 논리 따위는 아무래도 좋다고 무시해 버리기도 한다.

카네기의 《인간관계론》에 보면 100년도 전에 링컨이 한 말이 나

---
* 김현정, 《라이커빌리티》, 메이트북스, 2022.

온다. "한 통의 쓸개즙보다 한 방울의 꿀이 더 많은 파리를 잡을 수 있다"는 링컨의 말은 만고의 진리다. 그러므로 인간관계에 있어서도 누군가를 자기 편으로 만들고 싶으면, 우선 그 사람에게 당신이 진정한 친구라는 확신을 주도록 하라. 이것이야말로 사람의 마음을 사로잡는 한 방울의 꿀이며 상대의 이성에 호소하는 최선의 방법이다. 결국에 내편을 만든다는 것은 내가 그의 편임을 믿게 하는 것이다.

역설적이게도 내편이 된다면 논리보다 우선시되는 무언가를 확보할 수도 있게 된다는 것이다. 항상 옳은 말만 하는 옆 팀 팀장보다 조금은 부족해 보이는 계획일지라도 내가 믿고 따르는 팀장을 따르고 싶은 것이 팀원의 심리다. 팀원들이 내 말을 신뢰하고 따르게 하기 위해서는 결국 우리의 관계가 믿을 수 있고 믿을 만한 관계가 되어야 한다.

《끌리는 사람은 1%가 다르다》라는 책에서 성공적인 설득은 다음과 같은 순환 과정을 거친다고 한다.

1단계 호감을 사고 긍정적인 평가를 받는다(에토스 = 신뢰).

2단계 상대방의 감정에 호소한다(파토스 = 감정).

3단계 그리고 행동 변화의 필요성에 대한 논리적 근거를 제공한다 (로고스 = 논리).

4단계 그런 다음 상대방이 마음을 바꾸지 않도록 다시 에토스를 사용한다.

결국 팀원이든 다른 사람이든 리더가 설득할 때는 이성과 감정의 적절한 조화가 필요함을 알 수 있다. 더 나아가 신뢰를 쌓게 되면 굳이 설득이라는 단계를 거치지 않아도 된다. '팀장님이 시키는 거니까 다 이유가 있겠지'라고 생각하며 불필요한 커뮤니케이션 과정이 생략된다. 신뢰가 쌓인 단계에서는 특별한 설득의 과정 없이 알아서 일이 진행된다. 리더가 팀원과 마음으로 신뢰를 쌓아야 하는 이유이다.

Chapter 3

조직을 단단하게 하는 리더

Fake **수평문화, 있어빌리티~** vs
Fact **수평은 선, 수직은 악이 아니다**

급하게 그어 버린 수평선

영화 〈유토피아 콘크리트〉 마지막 앵글은 무너져 버린 아파트였다. 홀로 우뚝 솟아 극강의 권력을 자랑하던 황궁 아파트는 높이를 상실 하고서야 비로소 따뜻한 숨결이 감돌기 시작했다. 생존을 위해 자발적으로 권력에 복종했던 사람들, 이들을 통제하기 위한 수직적인 시스템은 서서히 붕괴되었고, 결국 바리게이트가 뚫린 것이다. 가장 안전하게 보였던 최상위 그룹들은 처참히 무너졌다. 엔딩 크레디트와 함께 감독은 마지막 질문을 던졌다. "수직적 권력과 수평적 배려 중 생존에 더 유리한 것은 무엇입니까?" 쉽게 답하기 어려웠다. 적나라한 인간의 본성과 현실을 보고 있자니 선뜻 이상적인 답변이 튀어나오지 않았다.

〈유토피아 콘크리트〉는 재난 영화다. 뜻밖에 일어난 재앙이나 고난을 '재난'이라고 한다면 최근 몇 년은 재난의 시대라고 할 수 있겠다. COVID19, ChatGPT 등 예상치 못한 큰 파도가 등장할 때마다 나를 덮치지는 않을까 겁이 난다. 이런 시대에 사업을 영위해야 하는 기업은 고민이 깊을 테다. 한치 앞을 모르니 리더도 확신이 없다. 경험을 대입할라치면 새로운 패턴이 등장해서 들어맞지 않는다. 고민의 결과, 많은 기업이 등 떠밀리듯 수평문화를 도입하고 있다. 모두가 참여해서 빠르게 혁신하지 않으면 생존이 불가하기 때문이다. 정확한 결정을 하겠다고 한 층 한 층 올려 보낼 여유가 없다. 기업 입장에선 생존을 위한 필수불가결한 선택인 것이다.

스타트업뿐만 아니라 많은 대기업도 파격적으로 직급제를 개편하는 등 다양한 시도가 이어지고 있다. 앞다투어 수직의 세상에 수평선을 긋는다. 하지만 급했나 보다. 김 대리를 어렵게 어렵게 '브라이언'이라고 불렀더니, 그들은 너무도 쉽게 계급장 떼고 "토니, 왜 미리 공유 안 해주셨어요?"라며 자신 있게 훅 들어온다. "아, 그게 말이지…" 청바지 입은 꼰대 취급당할까 봐 쿨한 척 감정을 눌러보지만 당황스러움을 감출 수가 없다. 갈 길이 구만 리인데, 한 땀 한 땀 설명해가며 언제 목표 지점에 도달할 수 있을까 걱정이다. 수평! 멋져 보였다. 그러나 연필을 움켜쥐고 보니 첫 글씨 연습하는 유치원생처럼 울퉁불퉁한 수평선만 긋게 된다. 쉽지 않다.

수평이 절대 선은 아니다

계열사도 '공동체'라고 칭하며 수평문화의 표본이 되었던 카카오는 여러 사태를 겪으면서 CA^{Corporate Alignment}라는 그룹 운영 협의체를 만들었다. 경영 철학을 반영해 계열사별 독립 경영 체제를 유지하다 급하게 관리 체계를 만들어가는 모습이다. 얼마 전엔 금기 시 됐던 임원직을 신설하기도 했다. 영어 이름을 불러가며 수평으로 편중된 문화를 지향하다 조직을 체계화하는 데 일정 부분 하이어라키(위계질서)가 필요하다고 판단했으리라! 스타트업의 정신이 살아 있는 모습은 많은 사람의 호기심을 불러 모았지만 순식간에 커져 버린 덩치를 감당해내지 못했다. 여기저기 균열이 가기 시작하면서 겉멋을 내려놓고 탄탄한 골격을 다져가는 데 관심을 갖는 것 다행이다 싶다. 카카오만 그랬을까?

'수평'이 핫한 트렌드라고 하니 그저 모양을 따라 하다 되돌린 회사들도 여럿 있다. 그러다 보니 새로운 의문이 제기됐다. "수평은 반드시 옳은가?" 신임 팀장이 되자마자 여러 교육을 받았을 거다. 수평적 인간관에 근거한 코칭 리더십을 발휘하는 내용은 필수로 들어 갔으리라. 그룹 HR에서도 수평문화 캠페인을 벌인다. 직책자가 된 이후로 눈치는 내가 더 보는 것 같은데, 오히려 나보고 수평적 조직관리를 하라니 답답할 노릇이다. 직급이 깡패였던 시절은 지났다. 안다. 그 시절이 그리워서 하는 소리가 아닐 거다. 수평이 절대 선같이 강조되는 이 세상에서 어떻게 리더십을 발휘해야 할까?

수평문화는 역할 중심 조직이다

일전에 교육 프로그램을 의뢰받아 진행했는데 대상자가 독특해서 기억에 남는다. 그들은 리더십 진단 결과가 우수했다. 하지만 담당자들은 이들을 '저성과자'라고 표현했다. 무슨 상황인가 했더니 사람은 좋아 진단 결과가 나쁘지 않았지만 도통 성과를 못 내는 직책자라는 것이다. 권위주의를 지양하라고 하도 강조했더니 권위까지 버려 버린 것이다. 착한 사람이 되라고 했더니 쉬운 사람이 되어 버린 격이다. 인터뷰를 진행해보니 일이 제대로 진척되지 않고 있을 때 강하게 요구하지 못하겠단다. 이런저런 상황과 핑계를 대면 존중해줄 수밖에 없다는 거다. 뭐가 문제일까?

한 권의 책에서 힌트가 보인다. 옥소폴리틱스 대표가 쓴 《이기적 직원들이 만드는 최고의 회사》*에 따르면 구글, 메타가 택한 것은 역할 중심 조직이라는 것이다. '위계 조직'과 대조된 '역할 조직'이 수평 문화의 핵심 키워드다. 그거다. 해주기로 한 역할이 있다면 요구해야 한다. 수평문화는 인격을 존중하는 것이지 상황을 존중해 넘어가주는 게 아니다.

그럼 리더인 나의 역할은 무엇인가? 의견은 청취하되 강단 있게 결정을 내릴 줄 알아야 한다. 결정이 됐으면 따르게 해야 한다. 나를 따르는 게 아니라 결정된 사안에 따라 일사분란하게 움직이게 해야 하는 것이다. 여전히 토 달고, 굼뜬 사람이 신경 쓰여 주변을 맴돌아서는 안 된다. 수평문화는 편하게 너나 나나 하자는 게 아니다. 각자를 존중하되 강하게 책임을 요구한다. 이제 가로막지 않을 테니 좋은 아이디어를 내놓으라고 한다. 실패는 용인할 테니 반드시 성과로 증명하라고 압박한다. 직급이 깡패가 아니라 실력이 깡패인 세상이 된 것이다. 여전히 아리송한가? '우아한형제들'의 행동 강령을 벤치마킹해보라. '실행은 수직적! 문화는 수평적!', 이게 수평적 조직 문화의 운영 원칙이다.

---

* 　유호현,《이기적 직원들이 만드는 최고의 회사》, 스마트북스, 2019.

수평 조직, 감당할 수 있겠습니까

우리 팀이 수평적 조직 문화를 갖고 있는지 어떻게 알 수 있을까? 수직적 텐션보다 수평적 텐션이 강하면 된다. 리더의 갑질 자리를 동료 집단이 주는 긴장감이 채우고 있어야 한다. 그저 편하다면 그건 가짜 수평이다. 다음 체크리스트를 통해 우리 팀의 모습을 점검해보라. A 정도만 되도 긍정적이지만, B의 모습까지 갖췄다면 훌륭하다.

구분	A(긍정)	B(우수)
참여	돌아가면서 모두 발언할 수 있다.	치열한 건설적 토론문화가 있다.
자율	자유롭게 나의 의견을 낼 수 있다.	채택된 나의 의견대로 실행한다.
솔직	문제 상황은 바로 공유한다.	문제 상황을 함께 해결해 나간다.
책임	리더가 책임을 떠넘기지 않는다.	우리 모두 나의 일에 책임지는 법을 안다.
시도	뭐든 해볼 수 있다.	시작과 멈춤의 기준을 사전에 합의하고 움직인다.

리더십은 어때야 할까? 핵심은 존중이다. 상대가 중요한 사람이라고 느낄 수 있어야 한다. 당신과 그들의 가치는 다르지 않다. 동의한다면 말이 아니라 행동에 반영하라. 다음 가이드라인을 참고해보자.

- 직접 할 수 있는 일은 직접 하자. 소소한 의전에 맛 들이면 헤어나오기 힘들다.
- 공유받은 내용은 꼭 피드백하자. 그들도 빠짐없이 팔로업하지 않

는가?

- 용기 내 요구하면 즉시 시늉이라도 하자. 그들도 당신이 요구하면 To do List를 작성한다.
- 틀렸다면 꼭 드러내서 인정하라. 그들도 작은 실수에 연신 죄송하다고 하지 않는가?
- 반론을 제기하면 적극 반겨라. 리더를 이길 만한 능력자들이 모인 팀을 가진 것이다

사바나 개코원숭이 무리는 가장 힘센 놈을 리더로 세우지 않는다. 무리를 아우를 현명함이 있는 수컷을 리더의 위치에 앉힌다. 우리의 시대도, 세대도 이런 조율자를 필요로 하고 있다. 조직문화 전문가들은 수직과 수평으로 나누는 이분법을 주의하라고 경고한다. 위냐 아래냐가 중요한 게 아니라 누구든 결정할 수 있는데, 결정한 사람이 자기 책임을 다하기 위해 노력하는 조직인지를 더 따져 물어야 한다는 거다. 문화는 리더가 결정한다. 리더를 보고 그 조직은 수평적이다, 수직적이다 하지 않는가? 따라서 올바른 수평문화를 정립하고 건강한 긴장감을 불어넣는 것이 리더가 그려 나가야 하는 조직의 선이라 할 수 있겠다.

Fake 요즘 애들은 **개인주의다** vs
Fact **이기주의는** 아니다

팀장은 분명 억울하다

"새로 들어온 20대 팀원, 뭐 하나 시키려고 하면 싫은 티를 팍팍 냅니다. 일 진행도 안 되고 팀 분위기도 망가집니다. '요즘 애들 진짜 이상해' 불만을 토로했더니, '라떼, 꼰대'라며 비웃음이 돌아옵니다. 억울합니다."

직장인 커뮤니티에 올라온 어느 팀장의 하소연이다. 아무리 생각해도 새로 들어온 팀원에게 문제가 있는데, 잘못을 지적하면 꼰대 취급을 받으니 충분히 억울할 수 있다. 그 마음은 이해하지만 한탄만 한다고 문제가 해결되는 건 아니다. '요즘 애들'이 정말 문제인지, 대하기 왜 어려운지를 고민해 볼 필요가 있다. 우선 성급한 일반화는 금물이다. 팀원과 문제가 생겼다면 팀원에게 문제가 있나 봐야지 그가 90년대생이라서 그렇다고 단정지어 버리면 안 된다. 모든 70년대생이 착실하게 일한 건 아니듯, 모든 90년대생이 불만만 많은 건 아니기 때문이다. 세대의 문제로 치부할수록 해결책을 찾기란 더욱 어렵다. 그 나이대의 모든 사람에게 적용할 수 있는 만능 솔루션은 없다.

90년대생 직장인들에게서 특히 더 잘 볼 수 있는 특징이 있긴 하다. 개인주의적 성향으로 특징되고, 상명하복식 지시에 대해서는 큰 반감을 갖는 것이다. 흔히들 이런 특징을 두고 '요즘 애들 까다롭다'라고 하지만 이 말은 틀리다. 시대가 변하면서 사람이 달라진 것이다. 평생 직장이 사라지면서 한 회사에 헌신하기보다 개인의 경쟁력을 키워야 하는 시대가 되었다. 빠른 변화에 대처하는 유연함이 중요해지면서 수평적인 문화가 더 설득력 있는 체계가 됐다. '요즘 애들'을 이해하려 하기보다는 '이 시대'를 이해하려는 노력이 필요한 때이다.

개인주의와 이기주의 이해

시대를 이해하면, 90년대생 팀원을 어떻게 대해야 할지에 대한 힌트도 얻을 수 있다. 이젠 "당신도 이 회사의 일원이니 애정을 갖고 열심히 일하세요"라는 말은 통하지 않는다. 이곳에서 열심히 일하면 무엇을 얻어갈 수 있는지 짚어줄 수 있어야 한다. '요즘 애들은 책임감도 성장 욕구도 없다'는 성급한 결론을 내리면 안 된다. 저성장 시대, 개인의 역량이 중요한 시대에 개개인의 성장과 성공에 대한 갈망은 과거보다 더 클 수 있다. 다만, 내가 이 일을 왜 하는지, 뭘 얻을 수 있는지에 대해 더 명확히 알기 원하는 것이다. 내가 이루고 싶은 커리어가 아닌데 옛날처럼 회사의 일원이라는 이유로 시간과 열정을 쏟고 싶지 않은 것뿐이다. 개인주의 성향이 뚜렷해진 것을 이기주의로 치부해 버리면 안 된다. 개인주의와 이기주의는 다르다. 이기주의가 자신만의 이익을 중시하고, 다른 사람이나 사회의 이익을 고려하지 않는다면, 개인주의는 국가나 사회보다 개인의 존재와 가치, 소신을 더 중시하는 것뿐이다. 제니퍼 딜과 알렉 레빈슨의《밀레니얼 세대가 일터에서 원하는 것》*에 따르면, 요즘 세대의 개인주의는 세 가지 특징이 있다.

Me Here & Now	• 철저히 자신에 대한 관심에 근간한 개인주의 • 일 외에도 개인적 삶을 갖기를 '지금 당장' 원함
의미 있어야 몰입	• 자신에게 의미 있고 세상에 긍정적 영향력을 끼치는 일에만 몰입 • 일이 자신의 커리어와 성장에 도움이 되는지, 일을 통해 어떤 수혜를 얻을 수 있을지 항상 염두
같이 그러나 따로	• 적절하고 적시적이며 충분한 피드백을 받고자 하는 인정 욕구가 강함 • 스스로 경쟁력을 갖추지 못하면 언제든 주변과 조직에 의해 소진되고 도태될 수 있다고 생각함

정리하자면 요즘 세대는 좋은 일을 하면서 그 일이 자신의 커리어 전략에 일치하는지, 또 일을 통해 어떤 수혜를 얻을 수 있을지를 염두에 둔다. 즉 동기부여의 핵심 요소는 선한 영향력 및 본인의 성장 여부다. 세상과 나에게 모두 의미 있고 이를 통해 계속 성장할 수 있다는 확신이 서는 일을 하고 싶은 것이다. 이 기준을 충족시키지 못하는 일은 그들의 몰입을 끌어내지 못한다.

---

* 제니퍼 딜, 알렉 레빈슨,《밀레니얼 세대가 일터에서 원하는 것》, 박영스토리, 2017.

90년대생들과 일 잘하는 방법

첫째는 인정 욕구 충족이다. 90년대생은 일적으로 누군가 자신에게 조언해주고 인정과 칭찬, 피드백을 통해 도움을 받고, 이를 통해 성장하고 싶은 욕구가 강하다. 팀장은 업무에 대한 흥미를 유발하고, 업무에 대한 피드백을 정기적으로 제공함으로써 그들의 인정 욕구를 충족시킬 수 있다.

둘째는 업무적인 친밀감을 강화하는 것이다. 사생활 공유는 싫지만, 업무적인 친밀감은 필요하다는 모습을 모순이라고 느낄 수 있다. "요즘 애들은 개인주의가 심해 못 친해지겠다"라는 오해는 여기서 나온 것으로 보인다. 하지만 달리 생각해보면, 회사에서 굳이 사적 영역에 관심을 갖을 필요는 없다. 그보다는 업무적인 호기심과 관심에 에너지를 쏟아보자. 예를 들어 "이번 주부터 실행되는 A 프로젝트 진행에 어려움은 없나요?", "B 프로젝트 진행에 여러 부서와 협업이 필요한데, 내가 도움을 줄 부분이 있다면 얘기해주세요" 등 업무에 대한 관심과 도움을 주는 것에서 친밀감을 느낀다. 업무적 친밀감을 쌓아나간다면 팀워크는 따라올 테고, 나아가 이들로부터 넘치는 열정과 재능을 확인하는 것은 덤이다.

Fake 공평한 분배, 공평한 대우 vs
Fact 기회는 공평하게, 평가는 공정하게!

공정한 리더가 되는 것은 왜 어려운가?

공평과 공정을 사전적 의미로 이해하기는 어렵다. 사전에 따르면 공평은 어느 쪽으로도 치우치지 않는 것이고 공정은 공평에 올바름까지 더한 것이다. 이처럼 두 단어의 차이는 모호하지만, 심리학자 김경일 교수는 두 단어의 구분을 쉬운 예를 들어 설명했다. '공평은 다섯 명의 아이에게 빵을 같은 개수만큼 나눠주는 것이고, 공정은 다섯 명의 아이 중에서 오늘 일을 좀 더 많이 한 어느 한 명에게 좀 더 많이 주는 것이다'라고 말했다. 기업에서 리더는 공평과 공정 사이에서 많은 어려움을 겪는다. 요즘세대는 '일상이 된 경쟁'을 겪으며 불공정에 매우 민감하다. 직장인 10명 중 9명은 '성과급 기준을 투명하게 공개'해야 한다고 생각한다(2022년 사람인 조사). 투명하게 공개해야 하는 이유를 불공정함이 발생할 수 있음으로 응답했다. 그러나 보상의 기준이 되는 평가에 대한 인식은 어떠한가?

> "매년 직원들의 업무 성과를 상대평가해 보수와 승진 등을 결정하는 성과평가제가 엉터리라는 사실은 기업에서는 오래전부터 공공연한 비밀이었다."

"상대평가제는 평가에 시간만 잡아먹고, 지나치게 주관적이며, 동기를 부여하기 보다는 동기를 잃게 하고, 궁극적으로 도움이 안 된다."

세계적인 경영컨설팅 회사 맥킨지는 지난 '성과관리의 미래'라는 제목의 보고서를 통해 이같이 비판했다.

공정한 기회와 공정한 평가는 서로를 지지하는 두 명의 절친한 친구처럼 서로 밀접하게 연관되어 있다. 모두가 같은 선에서 출발하는 경주를 생각해보자. 그것은 공평한 기회다. 하지만 단지 같은 줄에서 시작하는 것이 아니다. 이는 또한 그들이 누구인지, 어디서 왔는지에 관계없이 모두에게 공평한 경주를 보장하는 것이다. 공정한 평가는 공평한 기회에서 시작된다. 학교를 예로 들어보자. 공평한 기회란 모든 학생이 배우고 성장할 수 있는 동일한 기회를 갖는다는 것을 의미한다. 반면, 공정한 평가란 성적이나 성취에 있어서 불공정한 이점이나 편견이 아닌 각 학생의 노력과 재능을 바탕으로 평가된다는 것을 의미한다.

조직에서의 공평

기업에서 공평한 기회란 모든 사람이 프로젝트에 참여할 기회가 있다는 것을 의미한다. 또한 프로젝트에 가장 적합한 사람이 참여한다는 의미이기도 하다. 리더의 편견에 의해 참여할 기회를 얻는 것이 아니라 누가 봐도 적합한 사람이 참여하는 것을 의미한다. 여기에서 갈등이 생긴다. 모든 사람이 기회를 가질 수 없으므로 참여 기회에 대한 기준이 명확해야 한다. 이것을 명문화할 수는 없지만 리더뿐만 아니라 구성원이 납득할 수 있어야 한다. 공정한 평가는 일한 만큼 평가받는 것이다. 일에 대한 정당한 공로를 인정하는 것이다.

실제 기업에서는 어떠한가? 과거 구성원은 고정되어 있고 쉽게 변하지 않는다고 여겼다. 따라서 구성원의 변하지 않는 능력을 정교하게 평가하는 게 중요했다. 성과관리도 지금까지 경쟁을 유도하는 방식으로 진행되었다. 하지만 지금은 변화하는 세상 속에서 인간 역시도 얼마든지 변화할 수 있다는 관점으로 전환하고 있다. 그래서 최근 어떻게 하면 코칭, 피드백을 통해 개인의 역량을 발전시킬 수 있는지로 변화하고 있다. 성과관리 과정도 지속적으로 리더와 구성원 간 대화를 통해 이루어져야 한다는 쪽으로 트렌드가 바뀌고 있다.

평가에 대한 공정

기존 대다수 기업은 상대평가, 등급 매기기 방식을 사용하였다. 이러한 방식은 구성원을 동기부여 하지 못했다. 오히려 구성원을 침묵하고 주눅들게 만들었다. 최근에는 상대평가보다 절대평가가 대중화되고 있다. 가장 큰 이유는 성과를 위해 '경쟁'보다 '협력'이 더 강조되기 때문이다. 상대평가의 원조 GE도 새로운 시대 흐름에 성과비교제를 폐지한 것이 대표적 사례이다.

1년에 한 번 하던 인사평가를 연중 상시 평가로 바꾸고, 상대평가제는 개인별 절대평가로 전환했다. 이를 위해 GE는 직원들이 수시로 모바일을 통해 자신의 성과에 대해 상사와 의견을 주고받을 수 있도록 했다. 제니스 셈퍼 GE 조직문화혁신팀 총괄부사장은 언론 인터뷰에서 "피드백 시스템으로 바뀌자 자연스럽게 협업이 늘고 참신한 아이디어를 발굴할 수 있게 됐다. 통상 부하 직원에게 명령하고 평가하던 관리자의 의미도 팀원의 잠재력을 끌어내고 영감을 부여하는 존재로 바뀌었다"고 말했다.

불확실성 시대에 과거의 획일적인 평가 방식은 앞으로 나아가기 위한 혁신을 방해하는 요인이 된다. 상대평가 방식을 고수하면 협업이 어려워지고 심화된 경쟁으로 갈등을 유발하고, 결국 목표를 달성하지 못하게 된다. 지속적으로 나쁜 평가를 받으면 동기가 저하되고 결국 번아웃이 찾아온다. '구성원들이 어떻게 하면 도전적인 목표를 수립하고 즐거운 마음으로 목표를 관리하게 할 수 있을까?' 이런 고민을 해야 한다.

공정한 평가를 위한 리더의 노하우

공정한 관점은 구성원의 성장 관점에서 접근하는 것이 좋다.

첫째, 투명한 목표 설정 및 피드백 메커니즘을 만든다. 리더는 개인 및 조직 목표 모두에 부합하는 명확한 목표 설정 프로세스를 시작해야 한다. 여기에는 SMART Specific, Measurable, Achievable, Relevant, Time-bound 목표 설정이 포함되어야 한다. 이러한 목표를 구성원에게 투명하게 전달하여 모든 사람이 예상되는 내용을 이해할 수 있도록 하는 것이 중요하다. 또한 정기적인 피드백 메커니즘을 만든다. 구성원과 리더 간의 원온원을 장려한다. 건설적인 피드백은 양방향이어야 한다. 구성원은 피드백을 주고받는 데 편안함을 느껴야 한다. 이러한 열린 의사소통은 구성원의 성장을 장려하게 된다.

둘째, 구성원 역량 개발 계획 및 기회를 제공한다. 구성원의 강점, 약점 및 경력 단계를 기반으로 개인화된 개발 계획을 수립한다. 이러한 계획에는 직무 경험, 교육 및 멘토링 기회가 포함되어야 한다. 구성원마다 성장 경로가 다르다는 것을 인식하는 것이 중요하다. 리더는 구성원의 역량 향상에 도움이 되는 교육, 멘토링 프로그램이나 코칭 세션을 제공한다. 이러한 기회를 개인의 필요에 맞게 조정함으로써 리더는 각 구성원의 고유한 개발 요구 사항을 인정하고 해결함으로써 공정한 평가를 보장할 수 있다.

셋째, 객관적인 평가지표를 만든다. 객관적인 성과지표는 공정한 평가 체계의 근간이다. 이 시스템은 투명하고 측정 가능해야 하며 주관적인 의견보다는 결과에 초점을 맞춰야 한다. 성과의 정량적 측면과 정성적 측면을 모두 평가하는 측정 항목을 사용한다. 그리고 객관적인 평가지표를 구성원에게 오픈한다. 정기적인 성과 리뷰는 이러한 지표에 대한 진행 상황을 추적하는 데 도움이 된다. 그러나 이러한 리뷰는 공정하고 편견이 없어야 한다. 이는 편견을 없애고 모든 구성원에게 공정한 평가와 성장 기회를 보장하는 데 도움이 된다. 투명한 목표 설정, 개인화된 성장 계획, 객관적인 평가지표를 결합함으로써 리더는 공정한 평가를 촉진할 뿐만 아니라 지속적인 성장을 촉진하는 환경을 조성할 수 있다.

베로니카 후케는 이렇게 말했다. "공정한 리더가 되라는 것은 단순히 좋은 리더가 되라는 것과는 다르다. 오히려 성공하는 리더가 되라는 말에 가깝다." '공정'은 불안정한 환경에서도 조직을 안정적으로 운영하고, 체계적이고 경쟁력 있게 경영하기 위한 핵심 전략이다. 급속한 변화와 불안정한 상황을 타개할 수 있는 것은 리더와 그를 신뢰하는 구성원들이며, 구성원들의 리더에 대한 신뢰는 공정한 사람이라는 평가에서 비롯되기 때문이다. 따라서 이러한 공정함은 리더가 직관이 아닌 체계를 따를 때, 선입견과 편견 없이 다양한 구성원을 포용하고 지원하려고 노력할 때 구현할 수 있다는 점에 적극 동의한다.

Fake 조직은 항상 변해야 한다 vs
Fact 조직은 때로 변하지 않아도 된다

지혜로운 조직의 변화 시점

《논어》의 〈양화〉편에 보면 공자의 제자가 하루는 이런 질문을 한다. "사람 중에 변하지 않아도 되는 사람이 있습니까?" 그러자 공자는 '유상지여하우불이唯上知下愚不移'라고 대답했다. 가장 지혜로운 사람과 가장 어리석은 사람은 변하지 않는다는 말이었다. 지혜로운 사람은 유지만 하면 되니 더 변할 필요가 없고, 어리석은 사람(하우, 下愚)은 변할 필요를 스스로 느끼지 않아 변하지 않는다는 의미다.

"시대가 빠르게 변하니 조직도 빠르게 변화해야만 생존한다"라는 것은 어느새 진리와 같은 문장으로 자리 잡았다. 그럼 이 진리와 같은 문구는 변해야 하나, 변하지 말아야 하나? 공자가 말했듯이 사람이 아닌 조직도 지혜로운 조직과 어리석은 조직이 있을 수 있다. 이 두 가지 조직을 제외하면 변해야 된다는 뜻일까? 너무 어려운 생각들이다. 생각해보면 '변해야 한다, 변하지 않아도 된다' 양립하는 가치를 택하라고 하는 것 자체가 우문이긴 하다. ChatGPT에 물으면 기술 및 혁신, 시장 변화 대응, 고객 요구 충족, 다양성과 포용성, 지속 가능성과 관련된 것은 변해야 할 것으로, 핵심 가치와 원칙, 안전 및 규정 준수, 품질제어, 미션 및 비전, 중요한 핵심 역량은 변하지 말아야 할 것으로 나온다.

ChatGPT는 '이건 변해야 하고, 이건 변하면 안 됩니다'라고 심플하게 답변하지만 우리가 사는 세상과 조직은 그리 단순하지만은 않다. 지금 기업이 처한 환경이 어떤 상황이냐에 따라 달라질 수 있기 때문이다. 스포츠 게임으로 보면 공격과 방어의 두가지 상황에서 구사하는 전략과 전술은 조금 차이가 있다. 일반적으로 공격을 할 때는 전술의 절대적인 개수도 다양하고 자주 바꾸는 반면, 방어할 때는 상대방에 따라 전술도 제한적이고 자주 바꾸지도 않는 편이다. 기업으로 다시 돌아오면 매출이나 영업이익이 성장하는 상황에서는 변화가 많을 수밖에 없다. 매출이나 영업이익이 더딜 때는 변화가 필요한 상황임에도 불구하고 다양한 변화를 가져가기가 쉽지 않다.

본질을 지키는 변화

F사는 변하기 위해서 변하지 않아야 할 것을 다음과 같이 말하고 있다. "변하지 않는 본질에 집중합니다. 빠른 변화 속에서도 우리가 지켜야만 하는 가치가 무엇인지 자주 이야기하고 공유합니다. 기술을 통한 금융 혁신을 선도하는 스타트업으로 정직이라는 핵심 가치를 지켜가겠습니다." 혁신을 선도하는 변화가 빠른 회사지만 핵심가치 만큼은 변하지 않겠다는 다짐은 회사가 가진 진정성을 느끼게 해준다.

이처럼 변하지 말아야 할 기업의 Core Identity(핵심 정체성)는 '우리는 왜 이곳에서 일하는가?', '우리는 어떤 목적으로 이곳에 있는가?', '우리는 일을 통해 무엇을 지켜내는가?'를 의미한다. 이는 기업을 둘러싼 내·외부 환경이 변해서 전략이 바뀌더라도 바뀌지 않는 것이다. 왜냐하면 목적 집단인 조직을 하나로 묶어내기 때문이다.

우리가 성장하기 위해서 변해야 할 것들과 변하지 말아야 할 것들을 정의해보면 어떨까? '기업을 만들 때 초심은 변하지 않았으면', '비전과 꿈의 크기는 변하지 않았으면', 지금까지 해오던 방식들은 변했으면', '어제의 성공 법칙이 오늘의 실패 법칙이 될 수 있다는 것을 알고 변했으면'과 같이 여러 고민을 해보면 조직은 변해야 할 것들과 변하지 말아야 할 것들 사이에서 균형을 잡는 것이 중요해 보인다.

(Fake) 문제의 갈등을 제거하자 vs
(Fact) 문제는 갈등 앞에 얼어붙는 것이다

적절한 갈등이란 있는 것인가

'팀워크' 때문에 파산한 회사를 기억하는가? 리먼 브라더스다. 팀워크와 충성심의 대명사로 불렸던 회사에서 무슨 일이 있었던 것일까? 딕 펄드는 CEO로 취임 후 무조건적인 팀워크를 강조하면서 사내 불화를 용인하지 않았다. 그 덕에 월스트리트에서 가장 화목한 기업으로 선정되기도 했지만 그 명성은 영원하지 못했다. 실제 리먼 브라더스가 위태로워지기 직전에 고정자산 부문 글로벌 책임자였던 마이크 겔벤드는 위기의 신호에 대해서 경각심을 가져야 한다고 충언했다. 하지만 이를 탐탁지 못하게 여긴 딕 펄드는 결국 그를 해고했다. 이후 반론을 제기하는 조직원은 급감했고, 껄끄러운 문제를 공론화하는 데 누구도 나서지 않는 분위기가 됐다. 결국 파국을 면치 못했다.

반대로 '무한 경쟁'을 강조했던 과거 마이크로소프트는 어땠나? 서로 내부 총질하는 이미지가 유명해질 만큼 그들은 갈등이 만연했다. 강력한 상대평가 제도로 누군가를 밟고 서야 인정받을 수 있는 구조가 그들을 병들게 했던 것이다. 다행히 자신을 '문화 큐레이터'라고 자칭하는 세 번째 CEO 사티아 나델라가 취임한 이후로 그 뿌리가 개선되었지만, 적절한 수준의 갈등과 협업의 문화를 만든다는 건 그만큼 어렵다.

갈등, 시소를 타세요

유수의 기업도 갈등을 다루는데 이렇게 서툰데, 처음 리더가 된 당신은 어떻겠는가? 가장 재미있는 구경이 싸움 구경이라지만 그건 남의 일이었을 때일 거다. 하루가 멀다 하고 팀 간 업무 조율을 해야 하고, 팀 내 멤버들 사이에 미묘한 긴장감이 감지되기도 한다. 급기야 순한 줄만 알았던 팀원이 들이대는 날이면 '갈등 울렁증'이 올라올 거다. 하지만 이게 피한다고 피해지는가?

언젠가 갈등을 당뇨에 비유한 표현을 들은 적이 있다. 완치는 없고 관리만이 살 길이라는 거다. 일상인 갈등을 외면할 수 없다면 잘 다루는 법을 익혀야 할 텐데, 솔직히 쉽진 않다. 왜냐하면 그 불편한 감정이 반갑지 않기 때문이다. 내 감정은 차치하고 팀원들이 불편한 상황을 빨리 해결해 달라고 재촉하는데 어쩌면 좋을까? 팀원들이 나를 전쟁터로 떠밀면서 "잘 싸워주세요!"라고 응원까지 한다. 뒤돌아 다시 돌아올 수도 없는 마당이니 방도를 찾아야 한다.

갈등에 대한 뿌리깊은 인식부터 한번 점검해보자. 대립된 상황에 놓이면 상대가 적으로 보이지 않나? 적으로 보인 이상 그 싸움에서는 반드시 이겨야 내가 산다는 건데, 찜찜한 구석이 있다. 이 그림을 틀어서 대립된 의견을 가진 두 사람이 '시소 타기'를 하고 있다고 생각해보자. 엎치락뒤치락하다가 합의점을 찾아 수평을 이루는 것이다. 그러기 위해서 누군가는 한 발 양보해 앞으로 자리를 옮겨야 했을 테다. 서로 시소를 재미있게 탈 수 있는 그 무게 중심을 찾아가는 과정을 갈등 해결의 모티브로 삼으면 어떨까? 전쟁터보다는 훨씬 가벼운 출발이 되리라.

갈등, 해결 방식에 따라 생산성이 달라진다

일전에 임원 코칭을 하는데, 실행 점검을 하면서 재미있는 후기를 들었다. 임원 회의에서 만장 일치로 통과된 안건을 다음 회의로 검토를 연기시켰다는 것이다. "의견이 딱 하나면, 임원도 딱 한 명만 있으면 되겠네요?"라고 도발했단다. 참석자들의 표정이 상상이 되어 한참 웃었지만, 조직이 혁신해간다는 게 그런 장면이 아닐까 했다. 다행스럽게도 많은 기업이 갈등을 조직 혁신의 원동력으로 삼는다. 불편하지만 잘 다루면 숙성된 '묵은지' 맛을 보는 거고, 못 다루면 '군내 나는 김치'의 역겨움을 견뎌야 할지도 모른다. 이 불편한 상황을 어떻게 다뤄갈지 하나씩 풀어보자.

모든 문제 풀이의 출발은 원인을 제대로 파악하는 데서 시작된다. 갈등의 원인은 크게 네 가지다.

첫째, Role

서로 해내야 하는 역할과 목표가 다르다. 각자 어떤 것을 성취해야 해서 그런 요구를 하고 있는지 파악하면 생각보다 조율이 쉬워지는 경우도 있다. 경우에 따라서는 각자의 역할이나 목표를 구조적으로 조정해야 풀리는 경우도 있으니 불필요한 갈등으로 끌고 가기 전에 이 부분부터 체크하자.

둘째, Resource

말 그대로 자원의 한계다. 작업 시간을 확보해야 할 수도 있고, 퀄리티를 높이기 위해 인력이 추가로 투입되어야 할 수도 있다. 예산을 집행하는 것도 상당히 민감한 이슈이니 다른 원인들보다 전략적 접근이 필요하겠다.

셋째, Rule

일하는 방식에 대한 합의가 이뤄지지 않아 사소한 갈등이 많이 유발된다. 서로 선호하는 방식의 업무 처리 스타일도 있을 테고, 프로세스 효율을 위한 방법에도 차이가 클 것이다. '왜 일을 저 따위로 하지?' 하는 생각이 스칠 때마다 사소한 거라도 정리하고 가는 게 좋겠다.

넷째, Relation

업무로 부딪히고 있는 것으로 보이지만 대인관계의 마찰로 기분이 상해 겪는 감정적 갈등일 수 있다. 누적되다 보면 그냥 그 사람이 제시하는 건 일단 싫다고 할 수 있으니 갈등이 비생산적으로 흐르지 않도록 과업 갈등과 구분해서 관리해주는 게 필요하다.

갈등, 거침없이 즐기자

닛산 디자인센터 설립 당시 독특한 고용 정책이 있었다. '상반된 2

인조divergent pairs'라고 해서 전혀 상반된 캐릭터 두 사람을 묶어 하나의 프로젝트에 투입하는 것이었다. 모 아니면 도였을 것 같은데, 그 결과는 어땠을까? 닛산의 프리미엄 브랜드인 인피니티 J30 등 다양한 히트작을 쏟아냈다. 상반된 스타일끼리 부딪히면서 감정 소모만 일삼았다면 이루지 못했을 성과였을 것이다. 이렇게 리더는 불필요한 관계적 갈등은 최소화하되 업무적 갈등은 의도적으로 조장하고 잘 관리해주는 게 필요하다. 갈등을 거침없이 즐기기 위한 Do & Don't를 제시하니 이를 참고하여 자신만의 기준을 세워보면 좋겠다.

Do	Don't
• 과거를 따져 묻지 말고, 미래의 이슈를 푸는 데 집중하자.	• **흥분하기**: 리더를 보면 더 불안해지고, 갈등은 나쁜 것이라고 인식하게 된다.
• 작은 갈등의 불씨를 지나치면 불길이 커져 덮칠 수 있다.	• **고집하기**: 정답을 정해두고 오답 처리 당하면 누가 참여하겠는가?
• 전략적 제휴를 맺어 풀어가는 티밍(Teaming)이 필요한 순간도 있다.	• **승부 보기**: 이기는 데만 집착하면 힘을 크게 얻어야 할 싸움에서는 참패당한다.
• 함께 이뤄갈 대의명분이나 목표를 제시해 갈등의 물길을 돌리자.	• **선 넘기**: 선을 넘는 순간 장르가 바뀐다. 결국 당신이 크게 양보해야 할 것이다.

살인 사건을 다룬 소설 《라쇼몬》(아쿠타가와 류노스케 작)의 등장

인물들은 소설의 마지막까지 자기 입장에서만 상황을 인식하고 해석한다. 본 것은 같았으나 자기만의 도식에서 각자 다른 사실을 생산해낸 것이다. 작가는 결말을 명확하게 맺지 않아 무엇이 참이고 거짓인지 단정짓지 못하게 했다. 이렇게 인간은 자기 합리화의 귀재다. '귀인 오류', '순진한 리얼리즘'은 내로남불의 인간 본성을 대표하는 심리 이론이다. 내 의견만 객관적이고 합리적으로 보이고, 타인의 의견은 편협하고 비합리적으로 보는 게 본성인 거다. 이를 거슬러 "저 사람은 왜 저렇게 주장할까?"라는 호기심을 갖고 곰곰이 듣는 태도를 보인다면 갈등의 시소 타기는 놀이가 되지 않을까? 한쪽이 엉덩방아를 찧지 않도록 배려하면서 앞으로 뒤로 위치를 조정하다 보면 서로가 만족하는 균형점을 찾게 될 테다.

Fake 팀원과 인간적인 신뢰감이 필요하다 vs Fact 팀원과 일을 위한 신뢰로 충분하다

객관적 신뢰가 중요하다

신뢰라는 단어를 포털에 검색해보면 '굳게 믿고 의지함'이라고 나온다. "당신은 당신의 리더를 신뢰하는가?"라는 질문에 다음과 같이 답할 수 있다. "나의 팀장님은 실력도 뛰어나고 인간적으로도 진정성이 있어서 믿는 편이에요." 반면 "나의 팀장님은 실력은 뛰어나지만 인간적으로는 썩 믿음은 안 가요." 우리는 흔히 인간적으로 신뢰하지 못하는 리더는 잘못된 리더라는 인식을 가지고 있다. 과연 그럴까? 혹 그러면 어떤가.

인간관계의 초석인 신뢰는 주관적인 신뢰와 객관적인 신뢰로 구분할 수 있다. 주관적인 신뢰는 매우 개인적이며 감정과 인식의 영역에 있다. 이는 개인의 감정, 신념, 경험에서 비롯된다. 이는 과거 경험, 편견, 개인적인 판단의 영향을 받을 수 있다. 그것은 직감과 같다. 하지만 조직에서의 비중은 직감보다는 좀 더 구체적이고 관찰 또는 측정 가능한 요소에 기반을 두고 있다. 여기에는 사실과 증거를 기반으로 한 평가도 포함된다. 따라서 관찰 가능한 행동에 의존하는 객관적 신뢰가 좀 더 필요할 수 있다. 객관적인 신뢰는 일관된 행동, 약속 준수, 업무 능력, 성과 달성 등을 통해 구축될 수 있으며, 보다 투명하고 보편적으로 이해할 수 있기 때문이다.

물론 주관적인 신뢰감은 구성원의 개별적인 관계를 구축하는 것에 도움이 된다는 것은 인정한다. 구성원들이 인간적으로 서로에 대한 신뢰를 가질 때 의사소통, 협력, 상호 지원이 강화될 확률이 높다. 그러나 객관적인 신뢰는 곧 집단적 신뢰에 초점을 맞추기 때문에 상사 및 동료들의 역량, 전문성을 위한 팀에 더 잘 어울린다는 것이다. 그럼 다시 물어보고자 한다. 당신은 능력이 부족해도 주관적 신뢰감을 주는 리더가 되고 싶은가? 아니면 조금은 인간미가 없다고 보여도 능력을 인정받는 객관적 리더가 되고 싶은가? 적어도 요즘 세대들이 정의하고 있는 신뢰는 아마도 후자의 리더가 아닐까 생각한다.

그럼 회사에서 필요한 신뢰는 무엇일까? 경영관리 분야 권위자인 켄 블랜차드가 제시한 'ABCD 신뢰 모델'에서 그 힌트를 찾을 수 있다.

Able	서로가 능력 있는 구성원이라는 믿음
Believable	상대가 윤리적/도적적 구성원이라는 믿음
Connected	서로가 적극적으로 소통하며 발전을 돕는 구성원이라는 믿음
Dependable	업무에 대한 약속을 지키는 구성원이라는 믿음

이 네 가지가 조직에 탄탄히 뿌리내려 있을 때 높은 신뢰 관계가 만들어진다. 즉 객관적인 신뢰가 더 중요하다.

일을 위한 신뢰

회사는 목적 달성을 위해 의도적으로 형성된 집단이다. 감정적인 결합을 기반으로 모인 집단이 아니다. 다시 조직을 위해 필요한 신뢰가 무엇인지 풀어보면 목적 달성을 위한 집단에서 필요한 신뢰라고 풀어낼 수 있다. 샌드라 서처 하버드대학 비즈니스 스쿨 교수는 그의 저서 《신뢰를 팔아라》*에서 "신뢰는 역량에서 시작된다"고 말하며 신뢰를 구축하는 4대 요소를 제시한다.

첫째, 대상의 유능함을 뜻하는 **'역량'**
둘째, 타인의 이익에 기여할 **'동기'**
셋째, 조직에 절차와 정보가 투명하게 운영되는지 판단할 수 있는
　　　'수단'
넷째, 기업이 행한 모든 행동 **'영향'**에 책임지는지 여부

　이 중에 신뢰 형성에 가장 필수적인 요소가 역량이며, 역량은 '기술적 역량'과 '관리적 역량'이다. 리더는 '관리적 역량'을 길러내야 하는데, 이는 변화하는 상황에 적응하고 팀원과 관계를 조율해 목표를 달성하는 능력을 말한다.

　신뢰는 커뮤니케이션 비용(시간)을 줄여주고 결과를 좋은 쪽으로 향상시킨다. 결국 목적 달성을 위한 필수적인 조건이 구성원 상호 간의 신뢰라고 보면, 리더는 어떤 신뢰 관계를 팀원과 형성할지 명확하게 정의해야 한다. 앞서 믿는다는 말이 동일한 의미의 신뢰가 아님을 확인했다. 조직에서 목적 달성을 위해 필요한 신뢰는 인간적인 신뢰와는 차이가 있다. 왜냐하면 신뢰 관계는 근본적으로 꽤 많은 시간과

*　샌드라 서처·살린 굽타, 《신뢰를 팔아라》, 더퀘스트, 2022.

노력이 소요되는데, 목적 집단인 회사에서 그 모든 협업 관계를 신뢰로 묶어내기는 어렵기 때문이다. 조직에서의 신뢰는 내가 할 수 있는 일과 할 수 없는 것을 명확히 공유하는 것에서 출발한다. 잘하고 싶은 마음에 못하는 것을 할 수 있다고 답변하거나, 협조해주고 싶지 않은 마음에 할 수 있는 것을 할 수 없다고 하게 되면 그때부터 신뢰 관계는 형성되기 어렵다. 그리고 회사가 가진 원칙과 규율을 지키는 것이 조직에서의 신뢰이다.

Fake 한 팀이라면 당연히 도와줘야지 VS Fact 한 팀이지만 협업은 정확히 하자

최소한 무례하지는 말아야지

"김 대리님, 혹시 많이 바쁘세요? 혹시 이것 좀 도와주실 수 있나요?"

직장 내에서 의외로 많이 듣게 되는 말은 "바쁘신가요?"일 것이다. 안 바쁜 사람이 어디 있을까? 당연히 '보면 모르나'라고 생각되지만 생각보다 많은 사람이 아무 생각없이 내뱉는 말이다. 이 말의 이면에는 '너는 지금 안 바쁜 것 같으니 바쁜 내 일 좀 도와주겠어?'라는 의미가 담겨 있다. "한 팀인데 이 정도는 도와주실 수 있잖아요?"라는 요청은 협업에 대한 잘못된 이해에서 비롯된다. 개인의 업무를 도와주는 것과 협업을 하는 것은 미묘하지만 중요한 차이가 있다. 두 가지 모두 목표 달성을 위해 노력하지만, 그 방식과 영향은 서로 다를 수 있다.

먼저, 개인의 업무를 도와주는 것은 한 사람이 자신의 업무를 수행하면서 다른 사람에게 지원이나 도움을 제공하는 것을 의미한다. 이는 주로 개인의 역량과 전문성을 바탕으로 이루어진다. 개인이 자신의 임무에 집중하면서, 필요에 따라 타인에게 정보를 제공하거나 조언을 구할 수 있다. 이는 자신의 업무에 집중하면서 타인의 업무에 간접적으로 도움을 주는 것으로, 보통 각자의 역할과 책임이 분명히 정의되어 있는 상황에서 이루어진다. 그러므로 "한 팀인데 도와주실 수 있잖아요"는 잘못된 논리다.

반면에, 협업은 여러 사람이 서로의 아이디어, 경험, 역량을 결합하여 공동의 목표를 달성하기 위해 협력하는 것이다. 협업은 보다 활발한 의사소통과 상호 작용을 필요로 하며, 팀원들 간의 신뢰와 존중이 필요하다. 서로 다른 전문성을 바탕으로 의견을 조율하고, 목표를 달성하기 위해 함께 작업하며 팀의 공동 목표를 위한 성과를 끌어낸다. 협업은 종종 복잡한 문제를 해결하거나 창의적인 아이디어를 도출하는 데 유용하며, 팀의 유대감과 상호 간의 지원이 중요한 역할을 한다. 따라서 개인의 업무를 도와주는 것은 주로 개인의 역량을 발휘하면서 다른 이들을 지원하는 데 초점을 맞춘다. 협업은 팀의 목표를 달성하기 위해 팀원들 간의 협력과 상호작용을 중심으로 한다. 개인의 일을 도와달라고 하면서, 마치 팀의 일인 것 마냥 당연한 것으로 포장한다면 무례한 요청이다. 개인의 일에 도움을 요청하는 것은 지양해야 하지만 꼭 필요하다면 최소한 정중해야 한다는 말이다.

Cooperation(협력)과 Collaboration(협업)의 정확한 구분

Cooperation(협력)은 하나의 일을 여러 부분으로 나눈 뒤 담당자가 각 부분을 완료하는 것을 의미하며, 이후에 부분들을 합치면 전체 작업이 완성되는 방식을 말한다. 반면에 Collaboration(협업)은 여러 사람이 토론을 통해 동시에 작업을 추진하는 것을 나타낸다.

구분	Cooperation(협력)	Collaboration(협업)
평가	업무 진행이 빠르고 작업물이 빠르게 완성	시간이 많이 소요되고 조율할 부분이 많음
선호	높음/리더를 통한 정확한 R&R	낮음/협업에 대한 오해&개인 role(역할) 편차

그러나 흥미로운 점은 '협업'이 비효율적으로 보일 수 있지만 탁월한 성과를 낼 수 있다는 것이다. 전문가들은 '협업'이 새로운 지식을 창출하고 혁신을 가져와 탁월한 성과를 촉진한다고 한다. 따라서 '협

력'에만 의존하는 것은 지양해야 한다. 현실적으로는 업무를 나누고 조립하는 경우가 많지만, 완성본을 가지고 집단 토론을 하는 것이 더 나은 결과를 끌어낸다. '협업'은 여러 사람의 능력을 모아 시너지를 발생시키며, 일을 함께 진행하는 데 탁월한 방법이 될 수 있다.

애플과 소니의 사례를 들어 살펴보자. 애플은 협업을 통해 혁신과 성공을 이루어냈다. 애플의 성공은 주로 몇 가지 요소에 기인한다. 먼저, 애플은 디자인, 엔지니어링, 소프트웨어 개발 등의 여러 부문에서의 탁월한 팀워크를 바탕으로 제품을 개발하고 혁신을 끌어냈다. 또한, 스티브 잡스와 같은 비전을 공유하고 이를 토대로 한 통합된 비전을 실행에 옮기는 데 성공했다. 이는 팀원들 간의 공감과 목표 달성을 위한 협업을 촉진했다고 볼 수 있다.

반면, 소니의 실패는 주로 내부적인 문제와 문화적인 요인으로 분석된다. 소니는 다양한 부서와 규모 있는 조직 구조를 가졌으나, 이는 협업과 효율성을 저해하는 요소가 되었다. 또한, 각 부서 간의 정보 공유와 의사소통이 부족했으며, 이는 프로젝트의 중복과 혼란을 야기했다. 소니는 아이팟을 개발해 새로운 혁신을 이룬 애플보다 오디오와 디지털 분야에서 먼저 혁신을 이루었다. 그러나 오디오와 디지털 부문이 자체적으로 강한 아이디어를 추구하면서 통합된 비전과 협업을 이루기 어려웠다. 애플보다 원천기술을 가지고 있는 소니가 실패한 이유다.

더불어 애플은 고객 중심의 협업을 강조하면서 제품을 개발하는 반면, 소니는 내부적인 부서 중심의 접근 방식을 취했다. 애플은 디자인, 기술, 마케팅 등 다양한 분야의 팀을 통합하여 제품을 개발하는 반면, 소니는 각 부서가 독립적으로 작동하면서 제품을 개발하는 방식이었다. 전형적인 협력에만 의존한 결과였다.

Collaboration(협업) 성과의 조건

애플과 소니의 사례는 사실 리더십의 역할도 중요한 차이점으로 작용했다. 애플의 경우, 잡스의 리더십과 비전이 통합된 팀워크와 협력을 도모했으며, 이는 혁신과 성공으로 이어졌다. 반면에 소니는 리더십의 부재와 부서 간의 조정 부재로 인해 협업을 통한 혁신이 저해되었다. 그러나 직장내 협업은 보통 광범위한 비즈니스 목표 내에서 이루어지기 때문에 회사부터 팀, 개인까지 모든 요소를 고려할 수밖에 없다. 따라서 팀원들과 같은 우산 속에서 최대한 협업을 장려할 수 있는 키워드를 점검해보자.

개성	일을 처리하는 방식에 대한 리더의 이해와 환경의 차이 인정
전문지식	개인의 학습(습득) 시간을 배려하고 사전 준비를 통한 건설적인 의견 공유
창의력	즉문즉답을 요구하지 않는 사려 깊은 피드백과 업무 자극

이 세 가지 방향성은 팀원들이 협업을 올바르게 이해하고 참여하

는 데 큰 도움이 된다. 이는 지적 호기심과 훌륭한 결과를 위해 자아를 희생하고자 하는 의지까지 도달할 수도 있다. 그러나 단순히 의지만으로 두루뭉실한 협업을 성과로 이어지게 하는 것은 또 다른 문제다. 따라서 마지막 퍼즐은 바로 팀 도구 장착이다.

우선 절차를 좀 더 명확하게 만들자. 업무의 책임자와 마감일을 정확히 명시한 후 직원 간의 의사소통 방법에 대한 지침이 필요할 것이다. 여기서 중요한 것은 바로 업무의 중요 부분을 기록하는 습관이다. 우리는 간혹 이 기록을 놓치면서 문제가 발생할 때 서로 자기 말이 맞다고 하면서 업무 메일이나 메신저를 가지고 증거를 찾으려 노력한다. 이는 협업에서 가장 지양해야 하는 태도 중 하나가 아닐까? 무의미한 잘잘못을 따지는 것이 아닌, 과정상 확인이 필요할 때 약속된 문서를 보는 것이 가장 합리적인 마무리다.

둘째, 분류체계를 공유하자. 협업은 일을 위한 협력이므로 반대하는 식의 논쟁이 쉽게 일어날 수 있다. 따라서 제안한 사람의 무조건적인 동의 또는 반대를 즉시 판단하기보다 체계에 대입하여 진행해보는 것이다. 이를 테면 우리 팀은 다음과 같은 합의를 정해두는 것이다.

1. 토론의 대상을 결정하는 것을 우선순위로 둔다(가장 시급한 문제가 우선순위).
2. 세부사항 도출은 구체적 설명과 정보를 바탕으로 진행한다(데이터 필수).

3. 회사와 팀원의 비전을 충족시킨다(가장 염려되는 부분 제거).

4. 대안을 선택할 때 충분한 토론을 거친다(판단 기준에 대한 합의 필요).

5. 자료를 도출할 때 책임자를 선정한다(추가 정보 수집과 정리).

6. 최종 결정을 내릴 때 시나리오를 대비한다(문제점 발견 시 빠른 수정 또는 플랜B).

이는 프로젝트를 실행할 때 단계별로 있는 상대의 방어적 혹은 소극적 태도를 미연에 방지하고 불확실한 미래에 대한 효과적인 결정을 통해 성과로 이어질 수 있을 것이다. 사실 협력과 협업은 딱 무엇이다 구분하기 힘들다. 리더와 팀원의 자세가 곧 협업이고 그것이 곧 조직과 사람을 이끄는 힘이다. 따라서 자신의 진행했던 일이 과정상 방향성이 맞지 않아 엎어지더라도, 다시 전 단계로 돌아가야 하더라도 그전후 사정을 잘 설명해줄 수 있는 리더가 곧 협력을 잘 끌어내는 리더가 아닐까 생각한다.

(Fake) 친절한 리더가 좋다 vs
(Fact) 적당히 까칠한 리더가 매력적이다

말없이 지켜봐주는 건 친절함이 아니다

만나는 동안 단 한 번도 싸운 적이 없는데, 어느 날 갑자기 이별을 통보받고 이유를 몰라 황당해하는 친구가 주변에 꼭 한 명씩은 있다. 예상하건데 상대방은 연인에게 못마땅한 점을 보고도 별달리 지적하지 않았고, 심지어 큰 잘못을 해도 화 한번 낸 적이 없을 것이다. 그러다 어느 날 갑자기 "더는 당신을 참아줄 수 없다"라며 이별을 통보하는 것이다. 만나는 동안 차라리 티격태격 다투고, 갈등의 상황을 맞더라도 서로 단점과 잘못을 지적했다면 오히려 이를 개선하면서 더 발전적인 관계로 나아갔을 것이다.

조직의 리더도 마찬가지다. 업무 능력이 부족하거나 실수나 잘못이 잦은 직원을 아무 말없이 지켜보다가, "도저히 안 되겠다"라며 낮은 고과를 주는 것은 무책임하다. 《실리콘밸리의 팀장들》*의 저자 킴 스콧도 해고한 직원에 대해 "왜 진작 말하지 않았느냐?"라는 원망의 말을 들었다고 한다. 킴 스콧은 직원의 업무 능력이 형편없음에도 단

---

* 킴 스콧, 《실리콘밸리의 팀장들》, 청림출판사, 2019.

한 번도 이에 대해 지적하지 않고 있다가 결국 해고하고 말았던 과오를 고백하고 후회했다. 그 직원을 상당히 아끼고 좋아했던 터라 그를 질책하거나 지적하고 싶지 않았다고 한다. 그러나 결과적으로 그 직원을 해고함으로써 최악의 리더가 되고 말았다.

그는 "리더가 모든 직원과 좋은 관계를 유지하려고 할 때, 직원들은 어떻게든 갈등의 요소를 피하고자 서로에게 쉽게 지적하지 못한다. 지적을 배제하고 오로지 친절함을 우선시하는 업무 환경이 자리 잡을 때, 실질적인 성과 개선은 어려워진다"라고 말한다. 리더의 솔직하지 못한 태도와 위선적인 피드백이 부족한 부분을 보완하여 더 발전할 기회를 팀원에게서 빼앗아간 것이다.

현실 리더들이 착각하는 것 중 하나는 '친절함'이 심리적 안전감을 가져온다고 생각하는 것이다. 직원들과 식사, 티타임, 회식 등 시간을 보내며 직원들과 가까워지고, 조직에 심리적인 안전감을 주고 있다고 자부하기도 한다. '좋은 게 좋은 것'이라며 친절하고 상냥한 태도가 조직에 심리적 안정감을 줄 것이라고 생각한다. 하지만 상사가 친절을 핑계로 조직의 팀워크를 해치거나 규정을 위반하는 사람을 제대로 처벌하지 않는다면, 그런 조직에 과연 직원들이 심리적 안전감을 느낄 수 있을까?

무엇이 친절인가?

〈하버드 비즈니스 리뷰〉 "The Hazards of a 'Nice' Company Culture(좋은 기업문화의 위험성)"에서 글로벌 리더십 컨설팅 기업인 '리드팩터'의 티머시 클라크는 조직 문화에서 '나이스함'과 '친절함'은 구분돼야 한다고 강조한다. 티머시 클라크에 따르면, 주로 선한 목적을 가진 젊고 경험이 부족한 창업자들이 '좋은 기업'을 만들겠다는 포부로 나이스한 조직문화를 만들고 갈등을 피하기 위해 애쓴다고 한다. 하지만 결과적으로 조직에 치명적인 단점을 가져오게 된다고 한다. 나이스한 기업문화가 조직에 가져오는 치명적인 단점은 다음과 같다.

첫째, 위기를 키운다. 때로 나이스한 문화에서 조직은 깊이 타성에 젖어 선제적으로 행동하는 능력을 잃게 된다. 사람들은 문제가 너무 커져 무시할 수 없게 될 때까지 기다리게 된다.

둘째, 혁신을 방해한다. 혁신은 본질적으로 현재의 상태를 파괴한다. 그러나 그것이 성장의 원동력이다. 혁신은 또한 다양한 사고와 용기 있는 대화를 필요로 하는 사회적 프로세스이다. 나이스함이 만연해지면 이런 프로세스가 억눌리고, 뛰어난 재능을 가진 사람들에게 지적 총구를 겨누게 되어 이들이 제대로 기능하지 못하게 된다.

셋째, 능력을 펼치지 못한다. 능력 있는 인재는 의미 있는 기여를 하기 원한다. A급 플레이어는 현재의 상태에서 도전함으로써 그에 대한 보상을 받는 건강한 문화를 필요로 한다. 나쁜 나이스한 문화는 사람들이 내 말에 맞장구는 쳐주겠지만, 아무런 일이 일어나지 않는 것이다.

넷째, **의사결정이 느리다.** 나이스한 문화에서는 사람들과 잘 지내야 한다는 압박감이 있다. 솔직한 의견이 받아들여지지 않기 때문에 의사결정에 필요한 논의와 분석의 깊이가 얕고 속도는 느리다. 회의실에서 모두가 한 목소리로 같은 생각을 주장해 잘못된 결정으로 이어지거나, 아니면 모두가 합의할 수 있는 방법을 찾으려고 논의만 끝없이 지속된다. 만성적인 우유부단함으로 이어지는 것이다.

다섯째, **무력감이 학습된다.** 나이스함의 보이지 않는 규범은 순응성, 수동성, 그리고 학습된 무력함을 불러 일으켜 성과 기준을 낮춘다. 상황을 개선하기 위해 환경에 도전하는 사람들은 손을 들고 항복한 채 얌전히 입을 다물게 되는 것이다.

까칠한 매력이란

반면 까칠한 리더는 직원들의 주장을 일단 반박한다. 내놓는 아이디어마다 심판하고 분석하고 비판점을 찾아낸다. 흥미로운 점은 이렇게 까칠한 리더를 경험한 구성원들이 비판에 적절히 대응하며 자기 주장을 효과적으로 전달할 수 있는 능력이 향상된다는 것이다. 까칠한 상사 밑에서 힘들게 지낸 직원의 능력이 사람 좋은 상사 밑에서 적당히 인정받으며 일했던 직원들보다 실력이 더 나을 수 있다는 것이다.

까칠한 리더, 즉 기존 체제에 도전장을 내밀어본 경험이 있는 리더가 부하 직원의 아이디어에 훨씬 열린 사고를 지녔고, 더 높은 성과를 낸다는 연구도 있다. 도전적인 리더는 기본적으로 현상을 유지하기보다는 조직을 발전시키는 데 에너지를 더 쏟기 때문이다. 리더십에 있어 바람직한 태도는 긍정도 부정도 아닌, 현실적이어야 한다는 생각이 든다. 일이 제대로 되게끔 하기 위해 솔직하게 얘기하는 것을 까칠하다고 표현한다면… 우리는 까칠해져야 하는 것이 맞다.

(Fake) 리더십과 팔로워십의 합이 중요하다 vs
Fact 플레이어십이 강팀을 만든다

국민의례가 어떻게 바뀌었는지 알고 있나?

변경 전	변경 후
나는 자랑스런 태극기 앞에 조국과 민족의 무궁한 영광을 위하여 몸과 마음을 바쳐 충성을 다할 것을 굳게 맹세합니다.	나는 자랑스런 태극기 앞에 자유롭고 정의로운 대한민국의 무궁한 영광을 위하여 충성을 다할 것을 굳게 다짐합니다.

애국심 하나는 투철한 민족이지만 이젠 더 이상 몸과 마음을 바칠 것을 당연하게 요구하지 않는다. 무엇을 위하여 애써야 하는지가 납득이 가지 않으면 결코 움직이질 않는다. 얼만 전 세상에선 그 먼 국가에도 충성을 다했지만 지금은 당장 눈앞에 리더의 지시라도 이유가 있어야 움직인다. 리더가 이끌고, 팔로워가 따르는 세상은 저물었다. 이제는 농담으로라도 'SSKK(시키면 시킨 대로, 까라면 까라는 대로)' 같은 발언을 하면 안 되는 시대다. 어느 교수의 칼럼에 신박한 단어가 보여서 들여다보니 'Wedership(위더십)'이었다. 한 명의 리더에 의존해서는 변화에 대응할 수 없기 때문에 모두가 리더가 되어 힘을 합해야 한다는 거다. 수년 전이었지만 내용에 깊이 공감했다. 요즘은 어떤가? 이제는 팔로워십이라고 하면 불편해하는 사람도 있다. 나도 그중 한 사람이다.

당신은 팔로워인가, 플레이어인가?

내가 기억하는 가장 끔찍한 팔로워가 있다. 그가 최선을 다할수록 최악이었다. 그의 이름은 아돌프 아이히만이다. 나치 독일에서 유대인을 학살하는 것을 관리 감독했던 자다. 1960년 5월 11일, 이스라엘 첩보기관 모사드는 아르헨티나에서 한 노인을 체포하여 법정에 세웠다. 나치 독일의 패망 이후 도망쳤지만 끝내 붙잡힌 것이다. 여행 중 둘러본 아우슈비츠 강제 수용소의 가스실 벽엔 실제 여기저기 손톱

자국이 선명하게 나 있었다. 여기도 비효율적이라고 느꼈는지, 그는 가스실이 설치된 열차를 제작해 이동 중에 처리를 끝냈다. 실제 그의 발언엔 '처리', '진행' '절차', '명령', '지시'라는 단어를 많이 사용했다. 상사의 지시에 따랐을 뿐이라는 거다. 족히 600만 명을 사살한 그가 "저는 무죄입니다. 저는 유대인을 죽이지 않았습니다"라고 흔들림 없이 말한다.

재판을 내내 참관했던 기자가 쓴 책에 보면 관통하는 한 문장이 있다. "스스로 생각하지 않으면 누구나 악인이 될 수 있다." 자신이 하는 일이 어떤 영향을 끼치고, 어떤 결과를 내는지 고민 없이 일하면 누구든 아이히만이 될 수 있다는 거다. 팀장이 되었다면 이제부터는 툭 내뱉는 말도 조심해야 한다. "나도 별 수 있냐? 시키니까 해야지", "어차피 말해봐야 소용없어. 그냥 빨리 해드리자." 굳이 논란을 만들고 싶지 않아서 지시한 대로 하다가는 당신도 곧 그런 말을 듣게 된다. "팀장님이 시킨 대로 한 건데요?" 생각이 무능하면 말이 무능해지고, 말이 무능한 사람은 행동의 결과도 무능하다. 시키면 시킨 대로 하는 것, 이건 착한 게 아니라 무능한 거다. 사장이 아닌 이상 우리 모두에게는 상사가 있다. 그들은 업무를 지시한다. 덮어두고 그냥 해서는 절대 안 된다. 충신은 NO를 YES만큼 많이 하는 자다. 팀원들이 보고 배우고 있다. 내가 상사의 비즈니스 파트너가 될 때 팀원들도 나에게 그런 존재가 되어준다.

플레이어십을 발휘하게 하려면?

오래 전이지만 영화 〈쇼생크 탈출〉에 잊히지 않는 장면이 있다. "40년 동안 허락받고 오줌 누러 갔다. 허락받지 않으면 한 방울도 나오지 않는다." 복역 40년 차에 가석방 판결을 받고 식료품점 점원으로 채용되었다. 일하던 중 주인에게 화장실에 가도 되냐고 물었다. 주인이 뭘 그런 걸 묻냐고 핀잔을 주는 장면이다.

팔로워십이 습관이 되어 버린 사람들이 있다. 시켜야 일을 하고, 시킨 만큼만 일을 한다. 시키지 않으면 기다린다. 시킨 대로 안 되면 혼날까 봐 감춘다. 혼자 해결할 수 있는 문제도 고민 없이 가져온다. 생각나는 사람이 있는가? 그게 당신의 팀원이라면 자신을 돌아볼 필요가 있다. 태생이 소극적인 사람이 어디 있겠나? 그들의 수동성은 당신이 리더가 아니라 관리자이기 때문이지 않을까? 매니지먼트만 일삼는 상사는 구성원을 수동적으로 만든다. 그러면서 "우리 팀은 나 없으면 큰일 난다"라고 허세를 부린다. 나는 리더, 너는 팔로워로 역할을 세팅하는 순간 당신에겐 곧 번아웃이 찾아올 거다. 하루 종일 "어떻게 할까요?"를 줄을 서서 물을 테니 말이다. 처음엔 눈치껏 물었다면, 시간이 흘러 정말 몰라서 묻는 상태가 될 게 뻔하다.

가끔 합이 잘 맞는 팔로워가 있다. 하지만 그가 플레이어였다면 더한 성과를 당신에게 안겨줬으리라 장담한다. 그렇다면 '팔로워'와 대조되는 '플레이어'는 어떤 사람을 말할까? 《모두가 플레이어》[*]에서는 이렇게 말한다. "한계를 뛰어넘는 탁월한 사람들이다!" 자신의 한계를 뛰어넘는 시도를 하고, 환경의 한계를 뛰어넘어 결과를 만들어내는 사람들이다. 그들이 어떻게 그럴 수 있을까? 그들은 자신만의 플레이를 하기 때문이다. 그래서 자신이 뛰는 그라운드를 사랑한다. 감독의 손가락만 쳐다보지 않는다. 감독에게 그라운드에 들어와서 같이 뛰어달라고 하지 않는다. 필요하다면 부상 투혼도 불사한다. 왜? 내가 좋아서, 나를 위해서, 나의 게임을 하고 있기 때문이다.

다음 게임엔 더 좋은 성적을 내고 싶어서 기본기를 갈고 닦는다. 현재 자신보다 못한 기량을 갖고 있더라도 코치에게 피드백을 적극 요청한다. 그리고 고단한 훈련을 견뎌낸다. 시켜서 하는 일이면 어떻게 견딜 수 있겠는가? 곧 나가떨어질 것이다. 자신을 위한 투자이니까 기꺼이 대가를 치르는 거다.

이게 내가 그렇게 바랐던 인재상이라는 생각이 드는가? 그렇다면 팀원을 당신의 손발로만 써서는 안 된다. 수족을 만들어 버리면 절대 머리를 쓰지 않을 거다. 그들을 비즈니스 파트너로 초대하라. 머리를 맞대고 고민을 나누고 함께 결정하라. 경기 중엔 그라운드에 침범해서도 안 된다. 반칙이다. 그들이 게임을 즐기면서 할 수 있도록 열심히 응원하라. 트로피를 거머쥘 수 있도록 지원하라. 그게 당신 역할이다.

---

[*] 정보미, 전수정 외 9명,《모두가 플레이어》, 플랜비디자인, 2023.

그렇게 당신은 명장이 되어갈 것이다.

Fake 미래를 대비하는 리더 vs
Fact 미래를 현재로 가져오는 리더

결전의 날이 오기 전에 준비해야 하는 것

1592년 7월, 한산도 앞바다에서 전투가 치러졌다. 이순신 장군의 대표적인 전투인 한산대첩은 해전 중에서도 가장 큰 규모의 전투로 전해진다. 이 전투에 앞서 장군은 적의 동향을 탐지하고, 수적 열세를 이겨내기 위해서 좁고 암초가 많아 판옥선의 활동이 자유롭지 못한 한산도 앞바다의 자연환경을 이용해 적을 격멸할 계획을 세운다. 이때 활용된 병법이 조선 수군과 이순신 장군의 비장의 무기로 평가받는 학익진이다.

사실 학익진은 이순신 장군이 만들어낸 병법도, 최초로 바다에서 활용된 육지의 병법도 아니었다. 종대, 횡대, 장사, 학익은 명나라 병서에도 나오는 하나의 대형인데, 이순신 장군의 활약이 돋보였던 이유는 기존의 학익진을 매우 적절하게 활용했기 때문이다. 전쟁에서 이기는 것은 준비가 필요하고, 전투에서 가장 중요한 것은 병력의 우위를 차지하는 것이다. 이순신 장군은 제한된 자원과 열악한 환경에서도 철저한 준비를 통해 미래를 대비하고 승리를 거둘 수 있었다.

미래는 불확실하고 예측하기 어려운 여정이다. 그리고 조직이나 사회는 끊임없이 변화하고 발전한다. 이런 불확실한 환경에 대비하기 위해 리더는 현재의 도전에 집중하고 지난 경험을 바탕으로 미래의 위험을 예측하려고 한다. 과거의 성공과 실패에서 교훈을 얻으며 현재의 기회와 위험을 신중하게 고려한다. 그래서 리더는 미래에 대비하기 위해 여러 가지 방책을 마련한다. 그러나 미래를 대비하여 준비한다는 것이 항상 성공을 가져오지는 않는다. 오히려 성공 여부는 불투명하다. 철저한 준비로 가능성을 키울 수는 있겠지만 미래라는 것이 예측 가능한 변수만 있는 것이 아니기 때문이다. 오히려 과도하게 준비된 것이 유연성을 발휘하는 데 장애가 되기도 한다.

내가 꿈꾸면 현실이 된다

사회 초년생 시절, 한창 주식에 재미를 붙여가고 있을 때 한 회사가 눈에 들어왔다. 전기차를 생산하는 국내 중소기업이었다. '그래, 앞으로는 전기차의 시대가 올 것이다'를 야심 차게 외치며 투자를 했으나 결과는 상장폐지라는 눈물 나는 안줏거리만 남았다. 십여 년 전의 일이다.

전기차의 시대가 오긴 왔다. 생각보다 좀 이르게, 더욱 신기하게.

어린 시절 막연하게 공상과학 영화에서 봤던 자율주행 같은 옵션과 함께 말이다. 불과 십여 년 만에 우리는 다른 세상에 살게 된 것이다. 일론 머스크라는 대단한 리더가 나타나 상상했던 일들을 현실로 보여주었다. 그는 테슬라로 시작된 전기차의 생산과 자율주행의 실현, 스페이스X를 통한 우주여행과 장기적인 화성 이주 프로젝트 등을 실행하며, 기존의 산업을 뛰어넘어 새로운 기술과 에너지 소스를 활용한 미래를 개척해 나가고 있다.

SF는 Science Fiction의 약자이다. 과학적이지만 사실이 아니라는 뜻이다. 하지만 우리는 지금 이 fiction을 non-fiction으로 만들어주는 리더들과 동시대를 살아가고 있다. 한국의 일론 머스크가 되지 못한 것이 애석하지만, 한편으로 그가 얼마나 많은 것을 보여줄지 기대가 된다.

미래를 현재로 가져오는 리더는 아직 이루어지지 않은 미래의 일들을 현실의 일로 만든다. '혁신'이라고 말하는 것들은 이런 리더의 손에서 탄생했다. '잡스의 아이폰'이나 '제프 베조스의 아마존' 같은 것들 말이다. 누구나 상상하기는 쉽다. 다만 그것을 실현시키는 것은 다른 문제이다. 훌륭한 리더는 막연히 미래라고 생각하는 것들을 현재로 가져와 그것을 실현 가능하게 만드는 힘이 있다.

변화를 대비하는 것 vs 변화를 일으키는 것

99퍼센트의 사람들은 현재를 기준으로 미래를 예측하고, 1퍼센트의 사람은 미래를 기준으로 지금 해야 할 일을 결정한다. 당연히 1퍼센트의 사람들이 성공한다. 그리고 대부분의 사람은 그 1퍼센트의 인간을 이해하기 어렵다고 말한다. 일본의 경영 컨설턴트이자 마케터인 간다 마사노리의 통찰이다. 그는 성공의 비결을 '미래로부터 역산해서 현재의 행동을 선택하는 습관을 가지는 것'이라고 말한다.

리더가 된 당신은 1퍼센트의 사람이 될 수 있을까? 현재 어디에 속한 사람이냐는 크게 중요하지 않다. 생각의 전환을 통해 내 행동의 방향을 바꾸기만 해도 성공하는 리더가 된다면, 해볼 만한 도전이지 않을까? 보통 우리 뇌는 미래를 기준으로 생각하기보다 현재 보이는 상황 안에서 빠르게 의사결정하는 것을 좋아한다. 습관적으로 사고하게 되는 패턴을 거스르는 것은 쉬운 일은 아니다. 하지만 이루고 싶은 미래를 그려두고 가슴 뛰는 상상을 해 나가는 일이라고 생각한다면 충분히 할 수 있는 일이다. 리더는 미래를 만들어가고 꿈을 실현시키는 사람이다. 현재보다 미래를 만드는 일에 더 많은 에너지를 사용하는 게 맞다. 기회는 현재보다 미래에 더 크게 존재하기 때문이다.

변화에 대비하는 리더가 옳지 못하다는 것이 아니다. 일부의 경우 그 대비조차 바르게 하지 못하는 리더 역시 존재하기 때문이다. 미래를 대비한다는 것은 상황을 예측한다는 것이고, 그에 맞는 적절한 대응책을 찾아 나가는 과정을 거치게 된다. 당연히 훌륭한 일이다. 하지만 미래를 현재로 가져오는 리더는 미래를 예측하는 것이 아니라 스스로 미래를 원하는 방향으로 이끌어 간다. 당연히 성공의 확률도 높아진다. 성공의 열쇠를 스스로 쥐고 있기 때문이다. 피터 드러커는 "미래를 예측하는 가장 훌륭한 방법은 바로 직접 미래를 만드는 것이다"라고 말했다. 따라서 성공하는 리더는 미래를 현재로 가져와 변화를 리드함을 잊지 말자.

Chapter 4

스스로를 관리하는 리더

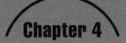

(Fake) 팀원들이 **나를 잘 모른다** vs
(Fact) **팀장만 스스로를 모른다**

'알고 있다'는 당신의 착각

넷플릭스 드라마 〈정신병동에도 아침이 와요〉는 내과 간호사 정다
은이 정신건강의학과로 부서 이동을 한 후 자기인식Self-Awareness을 통
해 성장해 나가는 이야기를 그리고 있다. 정다은 간호사는 자신의 장

점이자 강점인 '친절함'을 자기인식의 출발점으로 삼았다. 그녀의 친절한 성격과 일 처리 방식이 팀 차원의 업무 처리와 성과에는 장애물로 작용한 것이 계기가 되었다.

정다은 간호사는 환자의 작은 행동이나 감정 표현도 세심히 관찰하고, 마음을 잘 헤아리기 위해 노력한다. 병실에 찾아온 보호자의 마음도 살뜰히 챙긴다. 환자와 보호자들에게 그야말로 '친절한 간호사'다. 하지만 동료들은 그녀의 '친절함'이 불편하고 못마땅하다. 간호사 한 명이 맡아야 되는 환자가 많은데, 다은이 한 명 한 명 정성 들여 케어하느라 일이 늦어지면 다른 간호사들이 다은의 몫까지 다 해야 하기 때문이다. 정신과에서도 다은의 '친절함'은 단점이 되었다.

다은은 친절하다 못해 환자들의 말에 지나치게 휘둘렸다. 그 과정에서 업무에 차질이 생기고, 큰 사건이 발생하기도 했다. 선배 간호사가 "주사 놓으라고 했으면 주사만 놓았어야지. 뭐하는 거야, 도대체?"라며 언성을 높여 질책하자, "저는 김성식 님한테 뭐라도 해드리고 싶어서…"라고 말하는 장면은 다은의 친절함이 민폐가 됐음을 잘 보여준다.

자기인식에 조하리의 창Johari's Window이 많이 활용된다. 이 이론은 조셉 루프트Joseph Luft와 해리 잉햄Harry Ingham이라는 두 심리학자가 1955년 대인관계 역량을 증진시키기 위한 일환으로 개발했다. '자기인식' 또는 '자기이해모델'이라고 불린다. 조하리의 창은 4개의 영역으로 이뤄진다. 나도 알고 타인도 아는 '열린 창Open Area', 나는 모르지만 타인은 아는 '보이지 않는 창Blind Area', 나는 알지만 타인은 모르는 '숨겨진 창Hidden Area', 나도 모르고 타인도 모르는 '미지의 창Unknown Area'이다. 이 4개의 영역은 살면서 계속 변화 가능하며, 대인관계 역량 향상을 위해 열린 창의 크기를 넓히는 것이 중요하다.

조하리의 창에서 가장 불편하고 불쾌한 부분이 피드백 영역인 '보이지 않는 창'이다. 타인의 피드백을 잘 수용해야 '열린 창'의 크기를 확장할 수 있다. 그런데 스스로 결점이라고 생각했던 부분을 지적당한다면 어떨까? 스스로 장점이라고 생각했던 부분을 단점이라고 지적당한다면 어떨까? 말하지 않아도 그때 기분과 감정이 어떨지 충분히 짐작될 것이다. 식사를 하던 다은은 우연히 내과, 정신과 수간호사 두 사람의 대화를 엿듣게 된다. 상사인 내과 수간호사가 자신에게 정신과 로테이션을 권한 진짜 이유가 자신에 대한 동료 간호사들의 불평불만 때문이었다는 사실을 알게 되고 마음에 큰 상처를 입는다.

심리적으로 큰 타격을 받은 다은은 자신을 몰라주는 팀원들이 야속하기만 하다. 그러나 상황을 냉정히 보면 지금까지 주인공 혼자만 스스로를 몰랐다. 일상에서 많은 사람들이 이런 상황을 겪으며 심리적 고충을 토로한다. 특히 조직의 리더가 그렇다. 나름 실무 능력을 인정받아 리더가 되었는데 팀원들과 합을 맞춰 성과 내기가 만만치 않다.

팀원들이 나를 잘 모른다며 푸념한 적이 있는가? 그렇다면 다시 냉정하게 바라보자. 드라마 속 주인공처럼 리더 혼자만 스스로를 모르고 있을 가능성이 크다. 자신이 어떤 리더인지 스스로 인지하고, 팀원들과 생각의 갭을 줄이는 작업이 시급하다. '열린 창'을 확장하기 위한 자기인식의 시간이 필요한 이유다.

'리더 사용설명서', 윈-윈 방법 만들기

자기인식은 내면적 자기인식과 외면적 자기인식 두 가지 범주로 나뉜다. 내면적 자기인식은 나의 현재 위치와 목표 사이 갭을 줄이기 위해 가치, 신념, 강점, 성격, 스트레스 요인 등을 파악하고, 타인에게 표현하는 것이다. 팀원들이 나를 잘 모른다며 푸념하는 시간에 내면 탐구를 시작하자. 그 결과를 정리하여 '리더 사용설명서'를 만들고 팀원들에게 공유하자. 단언컨대 리더 사용설명서를 받은 팀원과 안 받은 팀원은 확실히 다를 것이다.

시시각각 빠르게 변화하는 시대에 적응하고 성과를 내려면 수시로 신기술을 배우고 장착해야 한다. 그중에서 가장 어려운 것이 대인관계와 파트너십이다. 1년에도 몇 번씩 수시로 일어나는 조직개편, 새롭게 생겼다 마무리되는 프로젝트의 개수만 생각해봐도 빠르게 대인관계를 맺고, 파트너십을 형성하는 게 얼마나 중요한지 알 것이다. 그런데 문제는 새로운 사람과 관계를 구축하는 것이 가장 어렵고 까다롭다는 사실이다. 왜냐하면 관계 구축 과정에서 감정이 발생하고, 그 감정이 업무에 영향을 주기 때문이다.

'리더 사용설명서'는 성격, 성향, 신념, 가치, 강점, 목표, 스트레스 요인, 선호하는 업무 처리 방식, 보고 방식, 회의 방식 등 스타일이 달라서 서로 맞추는 데 소요되는 시간을 대폭 줄여준다. 또한 리더로서 추진력 있게 일할 때 팀원들이 디테일하게 어떤 부분을 서포트해주면 좋을지 요청 사항을 적는 것도 큰 도움이 될 것이다. 팀원 입장에서는 리더가 원하는 스타일을 알기에 삽질하는 일이 줄고 시간을 효율적으로 사용할 수 있다. 또한 가장 피곤하고 힘든 리더가 상황마다 다르게 판단하고 행동하는 예측 불가 유형인데, 자동적으로 문서화되니 팀원에게 안정감도 준다. 리더 역시 자신의 업무 스타일을 여러 번 반복하여 설명하지 않아도 된다는 이점이 있다. 리더와 팀원 모두 서로의 시간을 낭비하지 않고 윈-윈 할 수 있는 방법이다.

'피드백 다이어리', 자기 모니터링하기

외면적 자기인식은 타인이 자신을 어떻게 보는지 아는 것이다. 사람의 내적인 정서와 생각의 패턴은 행동으로 드러난다. 그런데 사람들은 자신의 생각과 정서에는 많은 관심을 갖고 집중하지만, 그것에 비해 외면적 행동에는 큰 관심을 두지 않는다. 오히려 타인의 피드백을 통해 그동안 미처 몰랐던 자신의 행동과 모습을 알게 되는 경우가 많다.

그동안 자신도 몰랐던 모습을 마주하게 만드는 뼈아픈 피드백을 받을 때 사람들의 태도는 어떤가? 그때의 상황을 설명하고 자신의 마음은 그런 게 아니라고 변명하거나, 온몸으로 불편하고 불쾌한 기색을 뿜어내고 있지 않은가? 피드백은 하는 사람도 듣는 사람도 모두 용기가 필요한 일이다. 누군가 리더인 나에게 용기 내어 피드백을 한다면, 듣는 리더도 겸손한 마음과 자세로 용기 있게 들어야 한다. 나아가 더 훌륭한 리더가 되기 위해 팀원들에게 '내가 리더로서 어떤 점이 좋고, 어떤 점이 보완·개선하면 좋은가?' 먼저 피드백을 요청해보는 용기까지 있다면 금상첨화다.

심리학자 로버트 카렐스Robert Carels는 다이어트를 하는 사람들을 대상으로 '운동 다이어리'를 쓰면서 자기 모니터링을 한 사람과 그렇지 않은 사람을 비교 연구했다. 연구 결과, 운동 다이어리를 쓴 사람은 그렇지 않은 사람보다 운동을 두 배가량 더 했고, 체중도 두 배 이상 감소했다. 뿐만 아니라 운동을 규칙적으로 하는 것을 덜 힘들어했다고 한다. 이처럼 리더도 자기 모니터링 겸 피드백 수용 면역력을 기르기 위해 '피드백 다이어리'를 쓰는 것을 권한다. 타인의 관점에서 자신을 정확히 볼 수 있는 사람은 역지사지가 가능하다. 그런 측면에서 '피드백 다이어리'로 자기 모니터링을 하는 리더는 누구보다 견고하고 신뢰할 만한 관계를 맺고 팀을 성장시키는 진정한 리더로 거듭날 것이다.

(Fake) E형 리더가 리더답다 vs
(Fact) I형 리더도 리더답다

드라마의 한 장면처럼

퇴근 시간이 되었다. 팀의 분위기는 늘 그렇듯 좋다. 오늘은 아주 힘든 일이 해결되었거나, 주인공인 팀원에게 좋은 일 혹은 나쁜 일이 생겼다. 이럴 때 함께 퇴근 준비를 하면서 사람 좋은 팀장이 외친다. "자, 다같이 오늘 한잔 콜?" 그럼 팀원들이 외친다. "역시 팀장님~!" 화기애애한 모습과 함께 장면은 회식장소로.

현실이라면 어땠을까? 갑자기 무슨 회식이냐며 여기저기 빠지는 사람들이 생기며 불편한 회식 자리가 (정확히는 팀장님만 신나는) 될 확률이 매우 높지 않을까? 드라마 속 팀장은 때로는 주인공의 조력자로 때로는 팀원들의 든든한 버팀목으로 분위기를 이끌어가는 역할을 한다. 요즘 유행하는 MBTI 유형 E와 I 중에서 E를 담당하는 외향형 팀장님일 확률이 높다. 본인의 성향이 아니더라도 전통적으로 외향적이며 강력한 카리스마를 발휘하는 리더들이 인정을 받아왔다. 그래서 내향적인 사람보다 외향적인 사람이 승진이나 사회적인 활동, 그리고 인정받을 가능성이 컸다. 그래서 우리 머릿속에 스테레오 타입 팀장님은 드라마 속 조연 같은 성격 좋고 말 잘들어주고 때로는 리더십을 보여주는 외향형 리더일 확률이 높다.

E-편한 세상 속 I형 사람들

쌍팔년도 쌍문동을 배경으로, 한 골목 다섯 가족의 왁자지껄 코믹 가족극을 그린 tvN 드라마 〈응답하라 1988〉을 기억하는가? '쌍문동 박남정'이라 불린 동룡이 캐릭터를 연기한 배우 이동휘는 대본인지 애드리브인지 분간이 어려울 정도로 맛깔스러운 코믹 연기를 보여준다. 이후 MBC 예능 〈놀면 뭐하니?〉에 MSG워너비 멤버로 출연해 놀라운 가창력을 뽐내기도 했다. 대중들은 그의 이런 활달하고 쾌활한 모습을 보고 그가 외향적인 사람이라고 생각했다. 예상은 빗나갔다. 인터뷰에서 그는 "내 성격 유형이 매우 외향적인 '파워 E'에 가까울 것 같다고 다들 생각하는데 전혀 아니다. 나는 약속 당일 일정이 취소되기를 간절히 기다리는 타입"이라고 말했다.

E형인 줄 알았는데, 알고 보면 I형인 사람들이 꽤 많다. 이들은 성격에 대한 질문을 받으면 공통적으로 "내성적인 성격을 극복하고 외향적인 성격으로 변하기 위해 노력했어요"라는 말을 한다. 왜 더 외향적 성격으로 변하고 싶은 걸까? 각 성격마다 특징과 이미지를 가지고 있은데 E형은 '사교적, 적극적, 정열적인 활동가', I형은 '비사교적, 내성적, 조용한, 소심한 사람'이라는 이미지가 강하다. 게다가 동서양을 막론하고 학교생활과 회사생활은 주로 보이는 면에 치중되어 평가되

는 경향이 크다 보니 E형에 비해 I형은 대인관계, 커뮤니케이션, 리더십 능력이 떨어진다는 오해와 편견이 사회에 크게 자리 잡게 되었다. 좀 더 나아가 외향적 성격에 대한 부러움은 동시에 내향적 성격은 사회생활에 부적합하다는 부정적 의미까지 내포하게 만들었다.

내성적인 아이를 가진 부모는 방학 동안 '스피치 학원', '리더십 학원', '리더십 캠프' 등에 아이를 보낸다. 적극적이고 활동적인 성격으로 아이를 변화시켜 더 밝은 미래를 만들어주기 위함이다. 직장에서도 E형이 I형보다 더 어필을 잘하고, 기회를 많이 얻는다는 인식이 강하다. 인정받기 위해서는 더 적극적이고 외향적인 사람으로 보여야 한다는 편견이 내면화되어 있다.

보통의 직장인도 I형은 직장생활에 불리하다고 느끼는데, 리더의 자리에 오른 I형 리더는 어떨까? 외향적 스킬을 가진 E형 리더가 더 리더답다는 생각이 들고 위축되지 않을까? 신속히 E형 리더로 변화해 더 멋진 리더가 되어야 한다는 생각을 하지 않을까?

마이크 벡틀은 《내향인만의 무기》에서 "사람들은 외향적인 인간이 돼 세상에 적응해야 한다고 말하지만 그건 인간이 지느러미와 아가미를 발달시키는 것만큼이나 비현실적이다"라고 말했다.[*] 즉 내향성은 고치고 변화시켜야 할 문제가 아니라는 점을 명확히 짚었다. 어떤 성격의 유형이든 자신의 성격과 성향을 부정하지 않고, 성격적 특

[*] 마이크 벡틀, 《내향인만의 무기》, 유노북스, 2023.

성을 장점을 넘어 강점으로 활용할 수만 있다면 얼마든지 더 훌륭한 리더로 거듭날 수 있다. 진짜 문제는 내향적 성격이 아니라 어떻게 내향적 성격의 특유 가치를 막강한 힘으로 만드느냐에 있다.

I형 리더가 더 빛나는 방법

I형 리더에 대한 가능성과 차이점에 대해 지금까지와는 다른 시각을 가진 사람이 있다. '내향인들의 대변인'으로 불릴 정도로 내향인이 가진 장점과 잠재력을 알리기 위해 수많은 강연회를 열고, 전 세계적 각광을 받은 《콰이어트 리더십》의 저자 제니퍼 B. 칸 와일러다.[*] 그녀는 모두가 잘 알고 있는 미국의 대통령 버락 오바마를 비롯하여 빌 게이츠, 유명한 투자자 워런 버핏과 같은 수많은 지도자가 I형 리더라고 말했다. 내향인은 리더십 역량이 부족하다는 인식과 달리 조직의 지도자들이나 임원들은 내향적인 성향을 더 많이 가지고 있음을 강조했다. 이것은 미국에만 국한된 얘기가 아니다.

얼마 전 이재용 삼성전자 회장을 비롯해 국내 기업 총수들의 MBTI 유형이 공개됐다. 결과를 살펴보면 삼성전자 이재용 회장은 'ISFP', SK 겸 대한상공회의소 최태원 회장은 'INTP', 신세계 정용진 부회장은 'INFJ', HD현대 정기선 부회장은 'INTJ', 오뚜기 함영준 회장은

---

[*] 제니퍼 B. 칸 와일러, 《콰이어트 리더십》, 현대지성, 2023.

'INTJ'다. 모두 'I형 리더'다. 이 결과는 I형은 스스로 상상도 하지 못할 만큼 엄청난 영향력을 발휘하고, 탁월한 성과를 낼 수 있는 잠재적 특성을 가지고 있다는 것을 잘 보여준다.

경청과 공감

I형은 다수보다는 소수의 사람과 친밀하고 깊은 관계를 맺는다. 또 말하기보다 듣기를 더 많이 한다. 열린 의사소통은 팀 구성원들로 하여금 자신이 더 가치 있고, 이해받고 있다는 느낌을 갖게 할 수 있다. 원온원 대화 시 팀원의 이야기에 경청하고 공감하는 모습은 팀원과 신뢰를 쌓는 데 큰 역할을 한다.

사려 깊고 신중함

I형은 충분한 시간을 갖고 생각한 다음 의견을 말한다. 이런 모습은 성급하지 않고, 문제를 다각도로 분석해 균형 잡힌 의사결정을 한다는 측면에서 매우 큰 장점이다.

세밀하게 관찰하고 집중력이 강함

I형은 정보나 자극에 대해 민감한 편이다. 민감성은 정보 하나하나에 대해서 분석하고 관찰한 후 여러 가지 정보를 다시 여러 형태로 재결합하는 능력을 만들어준다.

말보다 글을 선호함

I형은 실시간 대화에서 자신의 의견을 말하는데 어려움을 느낀다. 이들이 말보다 글을 선호하는 이유다. 말은 한번 뱉으면 허공에 흩어져 주워담을 수 없지만, 글은 여러 번 수정이 가능하다는 이점이 있다. 이 특성은 문서를 체계적으로 작성하는 데 유용한 무기다.

침착하고 감정 표현 적음

I형은 침착한 편이다. 마음속은 시끌벅적 요동칠지라도 겉모습은 조용하고 차분하다. 그만큼 감정 표현이 적다. 이런 모습은 자칫 감정이 더 격화될 수 있는 다양한 문제, 갈등 상황을 풀어가는 데 큰 도움이 된다.

벤저민 플랭클린은 "인생에서 진짜 비극은 천재적인 재능을 타고나지 못한 것이 아니라, 이미 가지고 있는 강점을 제대로 활용하지 못하는 것이다"라고 말했다.[*] 이 말은 '구슬이 서 말이라도 꿰어야 보배'라는 말과 같다. 긍정적 영향력을 미치고 탁월한 성과를 내는 데 필요한 특성을 가졌더라도, 그것을 강점으로 제대로 활용해야 값어치가 있다. 다시 말해 특성이 특성에 머무르지 않고 강점으로 잘 발휘되어야 그것에 가치를 느껴서 주변에서 특성에 대해 아쉬움을 표하거나

---

[*]　갤럽 프레스, 《위대한 나의 발견 강점혁명》, 청림출판, 2021.

문제 삼지 않는다.

리더가 된 이상 나의 성격적 특성보다 중요한 다음 두 가지도 기억하고 실천하자.

첫째, 자신의 특성보다 구성원의 특성을 고려한 맞춤형 리더십 발휘가 더 중요하다. '난 원래 이래'라고 주장하기보다는 상대에게 어떻게 해주는 게 심리적으로 편하고 일하는데 유익하냐고 묻고 그것에 최대한 맞춰서 행동해주는 게 배려다. 케미가 맞다가 아니라 잘 맞는 케미를 만들어내는 게 필요하다.

둘째, 조직에 필요하고 또한 나에게 요구된 역할이 있다면 나의 특성에 맞지 않더라도 해내야 한다. 만약 꺼려지고 잘할 수 없는 역할이라면 팀 구성원을 통해서라도 팀 내에서 필요한 기능들이 잘 작동하도록 세팅할 수 있어야 한다.

성격보다 중요한 것, 리더다운 성품

김경일 아주대학교 심리학과 교수는 유튜브 〈심리학으로 보는 지혜로운 리더가 되는 방법〉에서 사람이 20살을 넘어가면 변하지 않는 두 가지가 있다고 한다. 바로 기초 사고능력인 IQ와 성격이다. 만약 "저는 살면서 성격이 변했어요"라고 말하는 사람이 있다면 그것은 성격이 바뀐 게 아니라 사회적인 기술Social Skill이 향상된 것이다. 어떤 상황에서 어떤 용어와 표현을 선택하고, 어떤 인터벌과 타이밍으로 얘기하는지, 또 어떤 때 귀를 열어 들어야 하고, 어떤 때 입을 열어 말해야 하는지 밀고 당기는 사회적 기술인 소통 능력이 향상된 것일 뿐, 성격은 절대 바뀌지 않는다고 한다.

흔히 매너, 예의범절, 화법이라고 부르는 사회적 기술, 비즈니스 기술을 터득하고 강화하는 것은 가능하다. 그런데 네트워크를 형성하기 위해 많은 사람들과 빅 토크를 하고 에너지가 방전되어 집으로 돌아온 경험을 생각해보면 천성적으로 타고난 내향적 성격을 억지로 외향적으로 바꾸려고 노력하는 것만큼 피곤하고 무의미한 일이 없다는 것을 느낄 수 있을 것이다.

중요한 건 리더다운 성격이 아니라, 리더다운 성품이다. 성품은 사람의 됨됨이다. 됨됨이는 그 사람이 어떤 관점으로 세상을 바라보고, 사람들을 대하는지를 보면 알 수 있다. 정이삭 감독의 영화 〈미나리〉로 아카데미 여우조연상을 수상한 배우 윤여정은 시상식에서 재치 있는 입담으로 박수갈채를 받았다. 다음해에 그녀는 수상자의 이름이 적힌 봉투를 열고 미나리는 아니라고 말한 뒤, 수어 동작을 보여줬다. 농인 배우 트라이 코처Troy Kotsur의 이름과 축하한다는 의미의 수어 동작이었다. 뜻밖의 '수어 시상'에 객석은 뜨거운 '감동의 박수'로 화답했다. 보통 시상자는 트로피를 건네준 뒤 자리를 비켜줘야 하지만, 윤여정은 수어를 해야 하는 수상자를 위해 트로피를 대신 들고 끝까지 곁을 지키는 멋진 대배우의 품격을 보여줬다. 그녀의 훌륭한 성품에 전 세계가 감동했다.

DISC, MBTI, big-5, TCI, 에니어그램, 버크만 등 수많은 성격유형 검사가 공통적으로 전하는 메시지가 있다. 바로 성격에 있어 좋은 성격 나쁜 성격은 없다, 성격마다 장·단점이 있으며, 그것을 바탕으로 서로를 이해해야 한다는 것이다. 그런데 현실은 어떤가? "저 사람은 참 성격 좋다", "저 사람 참 까칠하고 별로다." 이렇게 좋은 성격과 나쁜 성격이 있다고 표현하고 있지 않은가? 이런 괴리가 발생하는 이유는 좋은 성격 나쁜 성격은 없지만, 성격마다 성숙도가 존재하기 때문이다. 그 성숙도를 사람들은 성품이라고 말한다. 전 세계를 감동시킨 윤여정처럼 당신도 조직을 감동시키는 성숙하고, 훌륭한 성품의 리더가 되기를 바란다.

Fake 팀장은 감정적이면 안 된다 vs Fact 팀장은 감정을 표현할 줄 알아야 한다

리더도 때론 힘들어요

'감정 전염'이라는 말이 있다. 감정과 기분은 타인에게 쉽게 전이된다는 뜻으로 다른 사람의 몸짓이나 얼굴 표정 등을 무의식적으로 모방하면서 동화가 일어나는 현상을 말한다. 특히 조직의 리더는 책임과 권한을 가진 사람으로서 구성원들이 잘 보이고 싶어 하는 대상이다. 리더는 구성원에 비해 기쁨이나 분노 등의 감정을 더 자유롭게 표현할 수 있는 위치에 있기 때문에 리더의 감정과 기분은 구성원에게 더 쉽게 전이된다. 만약 아침에 파이팅을 외치며 기분 좋게 출근했는데 기분이 언짢거나 분노한 리더를 본 후 나도 모르게 리더의 말 한마디, 행동 하나하나에 눈치를 보고 있다면 '리더의 감정 전염'이 일어난 것이다.

리더가 화내는 모습을 자주 본 구성원이라면 아마 회사에서 긍정적인 감정보다는 두려움, 분노, 우울함 등 부정적인 감정을 더 자주 경험할 것이다. 반면 단 한마디를 건네도 구성원의 하루를 기분 좋게 만들고, 업무 의욕을 향상시키는 리더가 있다. 긍정적인 사람과 함께하면 덩달아 에너지가 업되지만, 부정적이고 우울한 사람과 함께 있으면 나도 모르게 기분이 다운되는 것과 같다. 이런 연유에서 긍정적이고 좋은 에너지를 가진 리더와 함께하고 싶은 마음은 지극히 자연스러운 인간의 본능이라고 할 수 있다.

자주 화내는 리더보다 격려와 동기부여를 해주는 리더가 조직 전체에 긍정적인 에너지를 주는 것은 자명하기에 '리더는 감정적이면 안 된다'는 말을 많이 한다. 그런데 리더 입장에서 생각해보면 억울하기도 하다. 리더 노릇 하느라 힘들고 지치는 감정을 숱하게 느끼는 것만으로 충분히 괴로운데 심지어 티도 내지 말라니, 팀장도 사람인데 너무하다 싶은 마음이 들 때도 있다. 최대한 무표정하게 있으려 하면 인간미 없다는 소리를 듣고, 계속 웃고 있으면 너무 쉬워 보인다는 말을 듣고, 인상을 쓰고 있으면 팀원들이 슬금슬금 피한다. 한숨을 쉬는 것도, 키보드를 힘차게 두드리는 것도 구성원들이 신경 쓸까 봐 눈치가 보인다. 정말 리더는 힘들고 지치더라도 조직 전체를 위해 감정을 표현하면 안 되는 걸까?

감정을 건강하게 관리하고 표현하자

'감정 통제'와 '감정관리'는 다르다. '통제'는 제한하고 막는 것이고, '관리'는 지휘, 감독, 처리하는 것이다. 따라서 무조건 감정을 표현하지 않는 것은 '감정 통제'에 해당한다. 리더는 자신의 감정을 통제하는 것이 아니라 잘 관리하면 된다. 통제하는 데에는 이해와 공감이 필요 없지만, 관리하기 위해서는 그 대상을 알고, 적절하게 조절하며, 이슈가 있을 때 해결할 수 있어야 한다.

우선 감정관리를 잘하기 위해서 세 가지를 염두에 두자.

첫째, 감정관리는 어떤 상황에서도 감정에 치우치지 않는 게 아니라, 어떤 상황에서 나는 어떤 감정을 느끼는지 정확하게 아는 것이다.

둘째, 감정 표현을 좀처럼 하지 않는 것이 아니라, 적절한 방식으로 건강하게 표현하는 것이다.

셋째, 쓸데없는 감정 소모가 없도록 알아서 차단하는 것이 아니라, 어떤 감정이 올라오더라도 건강하게 처리할 줄 아는 것이다. 우리에게 불필요한 감정이란 없다. 감정을 관리의 대상으로 인정하고, 프로세스화하여 건강하게 관리하고 표현하자.

감정 알아채기

있는 그대로, 그저 올라오는 감정을 몇 분간 가만히 지켜보자. 내가 지금 느끼는 이 감정이 '화인지, 슬픔인지, 섭섭함인지, 억울함인지' 알아채는 연습을 몇 번 반복하다 보면, 일정한 패턴을 발견할 수 있다. 내가 어떤 상황에서 주로 억울한지, 속상한지, 뿌듯한지 등을 알고 나면 비슷한 상황이 닥쳤을 때 조금은 알아채는 속도가 빨라지고 감정의 영향을 덜 받을 수 있다.

감정 표현하기

심리학에 '귀인 오류'라는 것이 있다. '귀인 오류'란 어떤 행동의 실질적인 원인이나 상황 요인을 고려하지 않고, 개인의 특성에서 원인을 발견하는 방식이다. 가령 "A는 매일 지각해. 게으른 사람이야", "B는 제대로 문서 작성도 못해." 이렇게 판단하는 것이다. 이렇듯 개인의 특성에서 원인을 발견해 버리면 자칫 감정적인 대응이 되고, 감정을 미성숙하게 표현하는 사람으로 비춰질 수 있다. 그런 면에서 감정적 대응은 나 자신에게도 구성원과의 관계에도 그다지 도움이 되지 않는다.

그것보다는 감정의 원인과 상황 요인을 함께 고려하여 생각과 감정을 정리한 후 건강하게 표현하는 것이 더 바람직하다. 예를 들어 "A는 집이 멀어 출근 시간이 오래 걸리는 상황이구나. 좀 더 일찍 출근하도록 얘기해야겠다", "B는 외근이 많은 영업직이라, 이동 중간중간에 보고서를 작성하는 일이 많구나. 보고서에 대한 중요성을 다시 설명하고, 문서 작성에 따로 집중하는 시간을 할애하도록 전달해야겠다." 이렇게 생각을 정리하고 표현하는 것이 '감정관리'와 '관계 유지'에 훨씬 효과적이다.

통제의 대상은 '막아야 하는 것'이지만, 관리의 대상은 좋고 나쁨이 없다. 노력했는데 알아주지 않았을 때 짜증 나고 화가 나는 것은 당연하다. 화가 나는 감정 자체가 나쁜 것이 아니라, 화를 내는 행동이 나쁜 것이다. 이럴 때는 잠시 생각과 감정을 멈추고 가만히 내 마음을 들여다보자. 지금 내 마음의 감정이 미움인지, 서운함인지, 분노인지 판단하고, 구체적으로 어떤 원인과 상황적 요인이 그런 감정을 만들었는지 찾아보자. 그리고 건강하게 감정을 표현하자.

감정 처리하기

감정을 알아채고 감정의 원인을 찾아냈다면 이제 적절히 처리하면 된다. 가능하다면 직접적으로 원인을 해결해도 되고, 피하는 게 좋겠다 싶으면 피하는 것도 방법이다. 다만, 다음에도 같은 상황이 반복되지 않도록 무엇을 할 수 있을까 고민해볼 필요가 있다.

리더가 감정 표현을 절제하는 가장 큰 이유 중 하나는 '팀원들이 나를 싫어하면 어떡하지?'라는 두려움 때문일 것이다. 팀원과 신뢰를 쌓는 좋은 팁은 평소 칭찬을 통한 신뢰 스코어를 쌓아두는 것이다. 팀원과 신뢰 관계만 잘 형성되어 있다면, 가끔은 팀장의 감정 표출이 문제되지 않는다. 한 조직 심리학 연구 결과에 따르면, 조직에서 높은 성과를 내는 팀은 긍정적 언어와 부정적 언어의 사용 비율이 5.6 대 1이라고 한다. 즉 질책을 1번 하면 5번은 칭찬을 한다는 것이다. 칭찬의 비율이 5번을 훨씬 넘어서면 오히려 조직은 무기력해지고 성과도 떨어진다고 하니, 너무 과도한 칭찬은 역효과를 일으킨다. 감정관리에 고민인 팀장이라면 5:1의 칭찬 비율을 활용하여, 평소 신뢰 스코어를 쌓아두는 것도 방법이다.

(Fake) 돈 잘 쓰는 리더가 좋은 리더 vs (Fact) 시간을 잘 쓰는 리더가 좋은 리더

이제는 MZ를 넘어 잘파세대

시대가 변하고 있다. 이제는 Z세대와 2010년도에 출생한 알파세대를 묶어 잘파세대Zalpha Generation라고 이야기한다. 이들은 자기 생각을 분명하게 이야기하고 디지털 기기를 익숙하게 사용하며 SNS 공간에 자기 주관을 명확하게 표현하는 세대다. 최근 한 기사 제목이다. "부장님, 딱 1시간에 오마카세로… 그러면 회식 갈게요(2023.12, 아시아경제 보도)"라는 기사가 업로드되자, 단 몇 시간 만에 댓글이 100개가 넘게 달렸다.

연말 회식 시즌을 맞아, 채용플랫폼 캐치가 Z세대 2,632명을 대상으로 '회식'에 관한 설문조사를 진행한 결과를 인용한 기사였다. Z세대가 선호하는 회식 유형으로 1위 '점심이나 저녁에 딱 1시간만 진행하는 간단한 회식(33퍼센트)', 2위 '오마카세, 와인바 등 맛집 회식(30퍼센트)'을 꼽았기 때문이다. 기사 제목이 자극적인 것도 영향이 있었겠지만, 소위 그동안 Z세대들에게 밥 사고 돈 쓰고도 좋은 소리 못 듣는 1970~1980년대생들이 댓글에 몰려든 것이다. '귀 닫고, 입 닫고, 돈만 내라는 건가?', '개인주의 성향 강한 막내 세대 어떻게든 끌고 가보려 하는데, 기운 빠진다' 같은 한숨 섞인 멘트가 대부분이었다.

사실 부장도, 팀장도 회식을 별로 즐겨하지 않는다. 그저 조직 관리를 그렇게 배웠을 뿐이다. 직원들이 힘들어하거나 문제가 생겼다 보고하면, 예전 상사들은 "야, 맛있는 거 먹이면 다 괜찮아져"라고 말했다. 예전부터 밥을 사주는 문화는 호의를 베푸는 가장 흔하고 대표적인 방법이었으며, 상사가 구성원에게 맛있고 비싼 밥을 사주며 격려하는 일은 아주 흔했다. 팀원 입장에서도 상사가 사주는 맛있는 점심을 먹는 것은 고된 직장생활을 달래주는 소소한 낙 중 하나였고, 크든 작든 힘내어 일하는 데 도움이 되었다. 결론적으로 밥 잘 사주고, 술 잘 사주고, 돈 잘 쓰는 리더가 좋은 리더였던 것이다.

'밥 사는 것'에 대한 동상이몽은 왜 생길까?

우선 K 팀장의 기준에서 '밥을 사는 것'이란 무엇일까? 생각해보자. 상사 입장에서 '밥을 사는 것'은 아랫사람에게 일을 시키긴 했는데 그 일이 좀 힘든 일일 경우, 약간의 고마움과 미안함, 그리고 앞으로 잘 부탁한다는 마음이 담긴 인사와 같은 것이다. 그런데 팀원 입장은 좀 다르다. 어떤 식사 자리는 기꺼이 받아들일 수 있지만, 또 어떤 식사 자리는 죽어도 가기 싫다. 상사가 자신에게 호의를 베풀고 챙겨주고 싶은 마음에 마련한 식사 자리인데, 왜 죽어도 가기 싫은 걸까? 그것은 리더와 팀원, 각자의 입장에 따른 디테일한 상황과 상사-부하 사이 관계에 따라 식사 자리가 다르게 느껴지기 때문이다.

먼저 디테일한 상황은 팀원에게 시킨 일의 성격을 보면 알 수 있다. 원래 팀원이 해야 할 업무에 포함되어 있지만, 일의 난이도가 높거나, 시간이 촉박한 상황에서 일을 지시할 때 팀장이 미안한 마음에 밥을 살 수 있다. 또는 일이 완료된 다음 성과가 높게 나와 칭찬의 마음으로 밥을 살 수 있다. 이때 팀원 역시 원래 해야 할 일을 했을 뿐인데, 자신이 처한 구체적인 상황에 대해 팀장이 밥을 사주며 관심과 격려를 해주니 기쁜 마음으로 먹게 된다. 다음번 팀장의 지시에 더 적극적이고 열심히 하는 태도를 보일 수도 있다. '고생했으니 밥 사는' 좋은 예다.

하지만 다른 팀원이 해야 할 일을 억지로 떠넘겨 받은 상황이라면 이야기는 달라진다. 위에서 시키니 하긴 하겠지만, 이미 불만으로 가득 차게 된다. 이 상황에서 상사가 '고생했으니 밥 살게'라는 말이 기쁠까? 오히려 화만 더 날 것이다. '고생했으니 밥 사는' 것은 어디까지나 선의에서 비롯되어야 한다. 정당하지 않은 일을 시켜놓고 '밥 사주는 것으로 퉁 치는' 것은 아랫사람들이 누구보다 잘 느낀다.

다음으로 상사와 팀원 사이 관계가 중요하다. 이미 라포rapport(두 사람 사이의 상호 신뢰 관계)가 형성된 사이라면, 서로 불편하지 않으니, 언제든 편하게 밥도 먹고 가끔 술도 마실 수 있다. 힘든 프로젝트가 끝났을 때, 관계가 좋은 팀장에게는 팀원이 먼저 "팀장님, 오늘 힘들었는데, 저희 저녁 먹고 가요"라고 뒤풀이를 제안하기도 한다. 하지만 함께 있는 것이 어색하고 불편하기만 한 팀장님과 뒤풀이가 즐거울 리 없다. 프로젝트가 끝나고 지친 몸을 이끌고, 또 불편한 자리로 끌려가 "하하, 네 정말 그러네요"라며 공허한 대답만 하다가 퇴근(뒤풀이도 업무 그 자체)만 늦어진다고 생각할 뿐이다.

돈보다 시간 들여 관계 형성에 힘쓰자

팀원과 라포를 형성하기 위해서는 돈보다 시간을 잘 쓰는 리더가되어야 한다. 값 비싼 밥이 잠깐의 좋은 분위기를 만들어줄 수는 있으나, 결국 시간을 들여 팀원과 좋은 관계를 형성하고 유지하는 것이 필요하다. 팀원과 관계를 형성하기 좋은 방법은 무엇일까?

자주 보자

자주 못 보면 멀어진다. 가족보다 팀원을 더 많이 본다고 생각할 수있다. 하루 종일 회사에서 같은 공간을 공유하고 있기 때문이다. 하지만 바쁜 일정에 출근해서 퇴근까지 팀원과 말 한마디 못 하고 지나가는경우도 종종 있다. 단순히 같은 사무실에 있다고 해서 자주 본다고 말할 수 없는 것이다. 잠깐이라도 개별적으로 대화를 나누고, 따로 보는시간을 만들 필요가 있다. 예를 들어 아침 시작하는 시간 5분, 10분 정도 시간을 내서 전 팀원이 각자 오늘 할 일에 대해 얘기해보는 것이다. 슬랙, 노션, 플로우 등 협업 툴로 각 구성원들이 각자 무슨 일을 하고있는지 충분히 공유하고 있다 해도 잠깐 각자 자리에서 일어나 가볍게오늘 업무 일정을 말하는 것이다. 비록 짧은 시간이지만 오늘 업무에서 예상되는 어려움을 얘기하고 공감할 수도 있고, 어제 있었던 속상한 일에 대해 공감해줄 수도 있을 것이다. 말의 힘은 강하기에 5~10분짧은 시간만으로도 팀원들은 훨씬 팀장과 가까워졌다고 느낄 수 있다.

회사 이야기를 공유해주자

임원 주관 회의나 부서장 회의를 마치고 나오면, 팀원에게 회의 때 있었던 이야기를 공유해주자. 이때 공유는 업무에 대한 승인 여부, 새로 떨어진 과제 공유 등 객관적인 업무 내용만이 아니다. 회의 분위기, 회사에서 또는 부서장이 요새 집중하는 관심사, 부서별 이슈 사항에 대해 시시콜콜까지는 아니더라도 어느 정도 분위기를 공유해주라는 것이다. 팀원일 때를 떠올려보면 임원 회의를 다녀온 팀장의 표정이 좋은지 싫은지 살피며 '오늘 회의 때 칭찬받았구나, 깨졌구나' 우리끼리 정보를 공유하던 기억이 있을 것이다.

막상 그 회의에 참석하지 않은 사람들은 특히 높은 분들끼리 진행한 회의는 누구나 궁금하다. 대외비나 너무 개인적인 내용이 아니라면 그날 회의 분위기에 대해 공유해준다면, 팀원들이 훨씬 안정감을 가질 것이다. 또 정보를 얻고 흐름을 파악하게 되면 단순히 지시해서 일하는 것보다 전체적인 맥락을 파악할 수 있어 팀원이 일하는 데도 크게 도움이 된다.

일상 이야기도 가끔 하자

팀원의 컨디션을 챙기는 것은 중요한 일이다. 나는 가끔 기복이 있지만, 팀원의 업무 퍼포먼스는 항상 일정함이 있기를 바라는 것은 팀장의 생각이다. 당연히 우리는 그렇게 완벽하지 않기 때문에, 서로 일상에서 업무 퍼포먼스가 날 수 있는 상황인지를 확인하는 절차도 필요하다. 그런데 사실 그 기분을 체크한다는 것이 별게 아니다. 일상 이야기를 나누다 보면 자연스럽게 나온다. "오늘 감기 기운이 있어 컨디션이 좋지 않습니다"라고 하면, "그 일은 급하지 않으니, 내일까지 해주셔도 됩니다"라는 이야기가 바로 나온다. '컨디션이 좋지 않아 힘들었겠네'라는 생각도 하게 된다. 반면 상황을 몰랐다면 '오늘까지 해야 하는 일인데 왜 안 하는 거야!'라는 마음이 들기도 한다. 직장에서 만난 사이지만, 사람과 사람과의 만남이기 때문에, 모든 사고를 일에만 집중하지 말고, 일상 이야기도 가끔은 공유하자.

Fake 리더는 도덕적이어야 한다 vs Fact 리더는 도덕면허를 경계해야 한다

나는 도덕적인 사람이라는 착각, '도덕면허'

캐나다 토론토 대학의 니나 마자르Nina Mazar와 첸보 충Chenbo Zhon 교수는 학생들을 대상으로 생각을 자극하는 실험을 수행했다. 처음에는 실험 대상이 된 학생들에게 친환경 제품과 일반 제품이 모두 포함된 쇼핑 목록에서 품목을 선택하는 임무를 주었다. 그 후 그들은 전혀 관련이 없는 실험에 참여했다. 그들의 임무는 화면을 모니터링하고 점이 깜박일 때마다 엔터 키를 누르고, 클릭할 때마다 5센트를 받는 것이었다. 이 실험은 모니터링 감시자 없이 각 개인의 양심에만 의존했다.

결과는 흥미로웠다. 친환경 제품을 선택한 학생들이 일반 제품을 선택한 학생들에 비해 거짓 클릭 및 금전 청구 횟수가 눈에 띄게 높았다. 의문이 생긴다. 친환경적인 옵션을 선택한 도덕적 성향의 학생들이 왜 도덕적으로 의심스러운 행동을 더 많이 했을까? 학자들은 이러한 현상을 도덕면허 효과moral licensing effect라고 설명한다. 도덕면허 효과는 개인이 이전에 윤리적인 행위를 수행했기 때문에 어느 정도 비윤리적인 행위를 해도 괜찮다고 무의식적으로 믿는 심리적 메커니즘이다. 다시 말해 친환경 품목 선택과 같은 윤리적 선택을 하게 되면, 나중에 약간 부도덕하거나 이기적인 행동을 해도 정당화되고 자신의 도덕성에 대해 크게 문제가 되지 않는다고 생각하는 것이다.

도덕면허 효과는 보상 심리학을 통해 일상에서 자주 나타난다. 예를 들어, 다이어터가 패스트푸드를 먹기 전에 "오늘은 운동을 열심히 했으니, 햄버거나 케이크를 먹는 것은 괜찮아"라고 합리화할 수도 있고, 플라스틱 컵을 집어든 사람이 "나는 평소에 재사용 가능한 에코백을 사용하고 있으니까 한 번 정도 플라스틱 컵을 사용하는 건 괜찮아"라고 합리화할 수도 있다. 이 효과는 개인에게만 국한되지 않고 기업 영역까지 확장된다.

미국의 에너지 기업 엔론은 자선과 기부활동을 많이 했다. 〈포춘〉

지는 한때 엔론을 6년 연속 '미국에서 가장 혁신적인 기업'으로 선정하기도 했다. 그러나 엔론이 회계 부정이라는 불법 행위를 일관되게 자행했다는 것이 드러났다. '우리는 상당한 기부를 했으니 이런 행위는 허용된다'는 사고방식이 200년 역사를 가진 엔론을 결국 파산에 이르게 하였다.

리더는 왜 도덕면허 효과를 경계해야 할까?

글로벌 500대 기업을 대상으로 기업의 사회적 책임과 그에 따른 무책임한 행동 사이의 연관성을 조사한 연구에서도 비슷한 결과가 나왔다. 런던정경대학London School of Economics과 캘리포니아 대학University of California이 공동으로 실시한 연구 결과, 사회적 책임에 막대한 투자를 한 기업이 역설적으로 나중에 무책임한 행동을 하게 되는 경향이 있다는 사실이 밝혀졌다. 이 결과는 엔론의 사례처럼 리더의 도덕성은 조직에 긍정적인 영향을 미칠 것으로 기대되지만, 때로는 지나친 도덕성이 오히려 부정적인 결과로 이어질 수도 있음을 암시한다. 따라서 리더는 지나친 도덕성이 부도덕한 행동에 대한 용서권을 부여함으로써 비윤리적 행동으로 이어질 수 있음을 눈여겨보고 스스로 경계할 줄 알아야 한다.

리더가 도덕면허 효과를 경계해야 하는 이유는 크게 세 가지로 볼 수 있다.

첫째, 지나친 도덕성은 리더에게 '나는 윤리적으로 뛰어난 리더야!'라는 도덕적 자만심을 부여할 수 있다. 리더가 지속적으로 도덕적 행동을 보이면서 자신을 도덕적으로 '인증'한다고 느낄 수 있다. 이로 인해 리더는 다소 도덕적인 행동에서 자유로워지고, 자신이 이미 '좋은 리더'임을 입증했다고 여길 수 있다. 이는 도덕면허의 첫 번째 함정으로 작용하며, 더 이상 도덕적으로 신중하지 않을 가능성을 내포한다. 도덕적 자만심은 '착한 일을 많이 했으니 이 정도 나쁜 일은 괜찮아!'라는 생각으로 이어지고 리더를 파멸에 이르게 할 수 있다.

둘째, 지나친 도덕성은 리더가 비윤리적인 행동을 정당화하는 데 기여할 수 있다. 리더가 자신을 도덕적으로 증명했다고 느끼면, 이는 자신이 일부 윤리적인 규칙을 어겨도 괜찮다고 여길 수 있다. 도덕 면허는 리더에게 자신의 도덕적 규칙을 손상시키는 역효과를 낳을 수 있으며, 이로 인해 리더가 비윤리적인 행동에 더욱 쉽게 빠져들 수 있다.

셋째, 지나친 도덕성은 조직 내 팀원들에게도 도덕 면허 효과를 전염시키는 위험도 가지고 있다. 리더가 지나치게 도덕적인 행동을 보였을 때 팀원들 역시 자동적으로 스스로 도덕적으로 행동했다고 여길 수 있다. 이로 인해 팀원들은 추가적인 도덕적 노력을 기울이지 않게 되고, 조직 내 도덕성이 감소할 우려가 있다.

결론적으로 지나친 도덕성은 도덕면허의 함정을 열어놓을 수 있다. 리더와 조직은 도덕적인 행동을 고집함과 동시에 항상 도덕적으로 신중하고 겸손하게 머물러야 한다. 리더의 도덕성은 적절한 균형에서 비롯되며, 도덕적 행동에 대한 용서권을 과도하게 취하는 것을 늘 경계해야 한다.

Part 3

리더의

6 Core

> **"**
> 어른이 된다는 건
> 나 어른이요 떠든다고 되는 게 아냐.
> 꼭 할 줄 알아야 하는 건
> 꼭 할 수 있어야지.
> **"**

드라마 〈미생〉 대사 중

리더십 패러독스, 기본에 집중하라

루이스 캐럴Lewis Carrol의 소설 《이상한 나라의 앨리스》의 속편 《거울나라의 앨리스Through the Looking-Glass》에 보면 사물이 움직이면 다른 사물도 그만큼의 속도로 움직이는 거울나라가 나온다. 앨리스가 붉은 여왕과 함께 나무 아래에서 달리기를 하다 숨을 헐떡이며 붉은 여왕에게 묻는다. "계속 뛰는데, 왜 나무를 벗어나지 못하는 걸까요? 내가 살던 나라에서는 이렇게 달리면 벌써 멀리 갔을 텐데." 이에 붉은 여왕은 "느릿느릿한 세상이군. 여기서는 힘껏 달려야 제자리야. 나무를 벗어나려면 지금보다 두 배는 더 빨리 달려야 해"라고 답한다.

시카고 대학의 진화학자 리 반 베일른Leigh van valen은 이처럼 자신이 움직일 때 주변 세계도 함께 움직이고 있기 때문에 다른 사람보다 뛰어나기 위해서는 그 이상을 달려야 겨우 앞지를 수 있는 현상을 '붉은 여왕 효과'라고 불렀다. 이것은 과거에 비해 고품질의 다양한 서비스를 제공받고 있음에도 불구하고 서비스에 대한 고객 만족도는 오히려 떨어지는 현상인 '서비스 패러독스'와 맥을 같이한다. 빠른 시장의 변화와 높아진 고객의 기대로 인해 고객 만족 서비스에 'Best'는 없으며, 오직 'Better'만 존재하게 되었다.*

리더십도 마찬가지다. 권위주의형 리더십, 참여형(민주형) 리더십, 비전제시형 리더십, 코칭형 리더십, 서번트(섬김) 리더십, 진성 리더십, 상황 대응 리더십 등 수십 개가 넘는 다양한 리더십 종류와 정의만 보아도 리더십에 정답은 존재하지 않는다는 걸 쉽게 짐작할 수 있다. 뿐만 아니라 급격한 사회·경제적 환경 변화와 더불어 새로운 세대의 출현으로 인해 리더십에 큰 변화가 요구되고 있다. 더 이상 과거의 리더십만으로 시시각각 빠르게 변화하는 세상에 대응하는 건 역부족이다. 특히나 리더십은 구성원과의 관계를 중심으로 크게 작용하기 때문에 새로운 세대의 등장에 맞춰 신속하게 장착해야 하는 리더십 역량도 계속 생겨나고 있다. Part 2의 리더십 Fake & Fact를 읽고 익혀야 하는 이유다. 그런데 문제는 높아진 구성원의 기대에 부응하기 위해 많은 리더들이 부단히 리더십 역량을 향상시키며 노력하고 있지만, 그만큼 사회·경제 환경 및 세대의 변화도 빠르게 일어나고 있기에 웬만해선 구성원의 만족도를 끌어내기가 어렵다는 점이다. 많은 리더가 끊임없이 훈련하고 노력하는데도 '리더십 패러독스'에 부딪히는 이유가 뭘까? 어떻게 해결해야 할까?

---

* 장정빈, 《히든 서비스》, 올림, 2016.

해답은 '리더의 6코어'에 있다. 우리는 흔히 신체 균형과 좋은 자세를 위해서는 '코어 근육'이 탄탄해야 한다고 말한다. 코어는 '중심, 핵심적인, 가장 중요하다'는 뜻이며, 코어근육은 말 그대로 몸의 중심을 이루는 근육이다. 허리, 엉덩이, 복부를 둘러싼 심부 근육인 코어 근육이 안정화되어야 신체의 다양한 움직임과 지지가 가능하며 동시에 팔과 다리에 더 강한 움직임을 일으킬 수 있다. 또한 코어 근육이 튼튼할수록 여러 척추질환 및 통증도 예방할 수 있다. 리더의 코어 근육은 리더십 기초체력이자 기본기라고 할 수 있다.

손흥민 선수의 아버지 손웅정 감독은 《모든 것은 기본에서 시작한다》에서 기본의 중요성에 대해 강조하고 또 강조한다.* 손웅정 감독은 초등학교 3학년 때 우연한 계기로 육상을 하게 되었는데 그때 육상에서 하는 달리기는 친구들과 놀 때의 달리기와는 다르다는 사실을 깨달았다고 한다. 달리는 힘을 얻으려면 어떻게 해야 하는지, 속도를 붙이려면 힘을 어떻게 써야 하는지를 몸으로 익히는 훈련을 했고, 그렇게 익힌 '육상 스프린트'가 축구에서 가장 중요한 요소인 스피드를 확보하는 데 큰 도움이 되었다고 한다.

스프린트Sprint는 순발력이 좋고 출발 속도가 빠른 것을 의미한다. 아들 손흥민 선수가 패스, 드리블, 헤딩, 슈팅뿐 아니라 단거리 육상선수처럼 폭발적인 스피드를 자랑하는 데는 이런 아버지의 영향이 컸음

---

* 손웅정, 《모든 것은 기본에서 시작한다》, 수오서재, 2021.

을 알 수 있는 대목이다. 손흥민 선수는 어렸을 때 기본기에 집중하느라 다른 선수들보다 뒤처져 있는 것처럼 보였을지 모른다. 하지만 기본기를 채우는 7년의 시간은 손흥민의 트레이드 마크인 '질주'를 만들었다. 일명 손흥민의 '분노의 질주'는 위기에 처한 팀을 여러 차례 구해냈고, 팬들은 환호했다. 그를 진정한 월드 클래스의 반열에 올려놓은 것은 다름아닌 기본을 채우는 시간이었다.

빠르게 변화하는 세상 속에서 나와 우리 조직에 맞는 리더십 스타일은 무엇인지, 어떤 역량을 어떻게 함양해야 할지 도통 앞이 보이지 않고, 감이 잡히지 않는가? 좋은 리더가 되기 위해 애는 많이 쓰는데 노력한 만큼 구성원의 만족도가 따라오지 못하고 있는가? 만약 입에서 '예스'라는 단어가 맴돌고 있다면, 그럴 때일수록 단순함과 기본에 집중하자. 처음부터 기초를 다지지 않고, 남달라 보이는 화려한 테크닉에만 몰두한다면 금방 바닥을 드러내게 되고, 작은 바람에도 쉽게 무너지게 된다.

Part 3에서는 '리더십 패러독스'에 갇힌 안타까운 리더들을 위해 리더십 기본기라 할 수 있는 리더의 6개 코어근육을 드라마, 영화, 다큐 속 인물의 모습을 통해 소개한다. '신뢰, 진심(진정성), 겸손, 공감, 치열, 균형' 6코어는 수많은 리더십 종류와 정의, 시대와 세대를 관통하는 리더십의 핵! 정수라고 할 수 있다. 언제 어디서도 통할 수 있는 만능 치트키라고 보면 된다.

리더의 6개 코어 근육을 탄탄하게 만들어 리더십 기본기를 가득 채우기 바란다. 가득 채워질수록 당신은 구성원들에게 '존중'을 넘어 '존경'받는 멋진 리더가 될 수 있을 것이다.

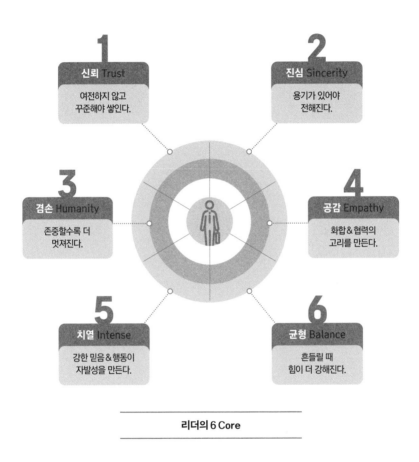

리더의 6 Core

"신뢰는 어떤 인간관계의 기반이다.
그것이 깨지면 다른 모든 것들도 무너진다."

스티븐 R. 코비

야구의 '야'자도 몰라도, 러브라인이 하나도 없어도 엄청난 재미와 미친 몰입감으로 유명한 드라마가 있다. 종영된 지 꽤 시간이 흘렀음에도 아직까지 많은 사람들이 찾아보는 2019~2020년 방영된 SBS 드라마 〈스토브리그〉다.* '스토브리그'란 프로야구 시즌이 끝나고 난 뒤 구단이 팀 전력을 보강하기 위해 노력하는 비시즌을 뜻하는 야구 용어다. 제목부터 야구 용어이니, 얼핏 보면 스포츠 드라마로 보인다. 하지만 실상은 새로 부임한 백승수(남궁민) 단장을 중심으로 힘의 논리로 움직이는 조직(드림즈 야구단)에 변화와 혁신을 불어넣어 주는 진짜 오피스 드라마다.

주인공 백승수는 핸드볼, 씨름, 아이스하키 3개의 팀을 우승시키고 해체시킨 특이한 이력으로 '우승 청부사'라는 별명을 가진 사람이다. 야구 비전문가인 백승수가 드림즈의 단장이 된 이유가 바로 여기에

---

* 정동윤, 이신화, 〈스토브리그〉(드라마, 2019년 12월 13일~2020년 2월 14일), SBS.

있다. 구단의 모기업인 재송그룹은 몇 년째 꼴찌만 하고 돈만 빠져나가는 돈구멍 드림즈를 해체시키려는 목적으로 그를 임명했기 때문이다. 재송그룹은 그간 여러 번 지역의 다른 기업에게 매각을 시도해보았지만 어떤 기업도 드림즈를 사려고 하지 않았다. 그래서 실질적 구단주인 권경민은 드림즈에 대한 이미지를 좋게 만든 후 해체시킬 목적으로 백승수를 신임단장으로 뽑는다.

새로 부임한 백승수 단장의 목표는 오로지 하나! '4년 연속 꼴찌팀 드림즈의 우승'이다. 그는 부임하자마자 우승을 위한 초석들을 다지기 위해 거침없는 행보를 시작한다. 그런데 이미 패배와 실패에 익숙해진 구성원들은 "드림즈는 절대 우승할 수 없다"는 회의적인 태도를 보이며 저항한다. 사람들은 백승수 단장에 대해 "일은 잘하는데 싸가지가 없다"고 말한다. 그것은 그가 때와 장소를 가리지 않고, 구성원을 배려하지 않는 돌직구 화법을 사용하고, 한번 결정하면 절대 타협할 줄 모르기 때문이다.

그의 트레이드 마크인 돌직구 화법은 신임단장을 뽑는 면접장에서부터 드러난다. 드림즈의 미래에 대해 묻는 질문에 그는 신생팀이 생긴다고 해도 아마 한 10년 이상은 꼴찌를 할지도 모른다고 답한다. 왜 그렇게 생각하냐는 면접관의 질문에 내부에서 보기에는 어떠냐고 반문한다. 이어 드림즈의 문제를 '의욕을 상실하고 무책임한 구성원들', '무기력하고 힘없는 감독과 파벌 싸움만 일삼는 코칭 스태프', '낙후된 시설 속에 떨어지는 의욕', 이렇게 세 가지로 일축하여 답한다. 부임하여 한창 파벌싸움 중인 코치들과의 기 싸움 중에도 "파벌 싸움은 하되 대신 성적으로 해라, 정치는 잘하는데 야구를 못하면 쪽팔린 거 아니냐"며 뼈 때리는 말을 한다.

돌직구 화법 어떤가? 모두가 다 아는 사실이고, 맞는 말이고, 옳은 말이지만 사람들을 불편하게 만든다. "입술의 30초가 가슴에 30년", "맞는 말을 싸가지없이 한다"는 말이 괜히 있는 것이 아니다.* 아무리 의도가 좋아도 전달하는 방법이 나쁘면 그 의도가 제대로 전달되지 않는다. 무엇을 말하는지도 중요하지만 어떻게 말하는지가 더 중요하다는 말이다. 돌직구 화법은 옳은 말을 하고도 적을 만드는 대화방식이다. 적을 만드는 대화방식, 한 번 결정하면 도통 타협할 줄 모르는 대쪽 같은 백승수의 모습은 우리가 일반적으로 생각하는 훌륭하고 바람직한 리더상과는 거리가 멀다. 특히 부임 초기는 리더가 목표 달성을 위해 조직 구성원들을 내 편으로 만드는 기초공사를 해야 하는 매우 중요한 시기임을 생각하면, 백승수 단장의 옳은 말만 해대는 대화방법은 더 적절해 보이지 않는다.

이쯤되면 백승수 단장은 도대체 어떻게 드림즈를 우승으로 이끈 것일까? 궁금할 것이다. 해답은 리더의 6코어 중 첫 번째인 '신뢰'에 있다. 신뢰의 사전적 정의는 '굳게 믿고 의지한다'이다. 유의어로는 '믿음, 신망, 신용'이 있다. 인간관계의 필수 요소인 신뢰는 지속적인

---

* 김종명, 《절대 설득하지 마라》, 에디터, 2015.

행동을 통해 쌓아지는 것이기에 하루 아침에 얻어지는 것이 아니다. 오랜 시간 긍정적인 행동이 쌓여야 비로소 얻어지는 것이다. 지속적인 행동을 표현할 때 '여전하다'와 '꾸준하다'는 표현을 쓴다. 이 두 개의 단어는 비슷한 듯 다르다. 보통 '여전하다'는 부정적인 행동을 지속적으로 할 때 지적하려는 목적으로, '꾸준하다'는 긍정적인 행동을 지속적으로 할 때 칭찬하려는 목적으로 사용한다. 즉 신뢰는 여전하지 않고 꾸준해야 쌓을 수 있고, 얻을 수 있음을 명심해야 한다.

실력이 곧 신뢰다

칩 히스는 《스틱》에서 자신이 전문가이거나, 통계수치를 이용할 수 있을 정도로 세부 내용을 자세히 알고 있을수록 사람들에게 신뢰를 얻을 수 있다고 했다.[*] 이 말은 실력이 곧 신뢰라는 말이다. 앞서 언급했지만 백승수 단장은 가는 곳마다 팀을 우승시킨 전력을 가진 '우승 청부사'다. 하지만 드림즈 구성원들은 처음부터 백승수가 야구 비전문가 출신이라며 달가워하지 않는다. 비전문가라는 선입견에 그를 불신하고, 그의 거침없는 행보에 반기를 들고 저항한다. 특히 부임하자마자 드림즈의 보물이라고 할 수 있는 임동규 선수를 트레이드하려

---

[*] 칩 히스, 《스틱》, 엘도라도, 2009.

고 할 때, 사람들은 백승수가 야구 비전문가라서 저런 판단을 한 것이라며 강력하게 반대한다. 이때 백승수 단장은 철저한 통계분석 결과를 바탕으로 임동규 선수를 트레이드 해야 하는 이유를 다섯 가지로 정리하여 설명한다. 프론트 직원들을 설득시키는 것은 물론이고, 그야말로 야구 문외한이라는 오명을 말끔하게 벗어 던지며 신뢰의 물꼬를 트는 스토브리그의 명장면이다.

밸런스 게임이 유행한 적이 있다. 서로 대립되는 성격을 가진 두 개의 선택지를 주고 선택하는 게임이다. 재미있고, 상대의 가치관도 확인할 수 있다는 장점 덕분에 많은 사람이 즐겨 하는 게임이다. 밸런스 게임에는 재미있고 웃긴 질문들이 많은데, 단골로 나오는 질문 중 하나가 '일 잘하는 데 싸가지없는 사람과 일하기 vs 일 못하는데 착한 사람과 일하기'이다. 당신의 대답은 무엇인가? 많은 사람이 함께 목표를 달성하고 성과를 내야 하는 일적인 사이에서는 일을 잘하는 것이 착한 것보다 우선이라고 답한다. 함께 일하는 동료의 실력이 중요하다고 답하는 사람이 많은데, 하물며 그 대상이 리더라면 어떨까? 리더의 실력은 곧 신뢰임을 바로 느낄 수 있을 것이다.

리더가 되었는데, 그 분야에 비전문가라서 신뢰를 얻는 데 어려움이 있는가? 그렇다면 백승수 단장처럼 철저하게 공부하고, 분석하고, 설명하여 실력과 전문성을 입증하라. 신뢰는 한 번의 잘못된 말과 행동으로 무너지기도 하지만, 한 번의 인상 깊은 사건으로 강화되기도 한다. 자신의 전문성을 임팩트 있게 각인할 수 있도록 인상 깊은 사건을 만들자. 실력 있는 리더, 신뢰받는 리더가 될 것이다.

행동 인테그리티integrity, 신뢰를 증명하라

야구는 제일 못하는데 미래도 없는 팀으로 불리는 드림즈에 새로운 변화와 혁신을 불러 일으키려는 백승수 단장은 회식 자리에서 '4년 연속 꼴찌 팀 드림즈를 우승으로 이끌겠다'는 포부를 밝힌다. 그는 "우승을 위해 팀에 조금이라도 도움이 된다고 생각되는 일이면 할 것이고, 조금이라도 해가 된다고 생각되는 일이라면 기꺼이 잘라내겠다"고 말했다. 백승수 단장은 이런 자신의 말을 행동으로 보여주는 '언행일치'를 실천함으로써 책임감 있는 리더의 모습을 일관성 있게 보여준다.

드림즈의 운영팀장인 이세영(박은빈)은 다른 사람들처럼 처음에는 야구 비전문가인 백승수 단장에 대한 선입견을 가지고 있었다. 그리고 대화할 때마다 불쑥불쑥 튀어나오는 백승수 단장의 모난 성격에 도통 정이 들지 않는다고 말했던 인물이다. 그랬던 사람이 어느 순간 드림즈를 위한 백승수 단장의 진지하고 책임감 있는 모습에 조금씩 조력자가 되어간다. 백승수의 첫 번째 추종자(지지자)가 된 것이다.

임동규 선수는 자신의 트레이드를 시도하는 백승수 단장에게 불만을 품고 청부 폭행을 감행한다. 임동규가 폭행을 청부한 깡패들이 퇴근하는 백승수 단장의 차를 가로막으며 위협을 가하기 시작한다. 함께 있던 이세영 팀장은 사태의 심각성을 감지하고 경찰에 신고하자고 말한다. 이때 백승수 단장은 "어떤 단장이 자기 팀에서 제일 비싼 선수를 경찰서에 넘깁니까? 곱게 키워서 비싸게 팔아야 합니다"라고 신고를 막는다. 자신의 신변을 위협 당할 만큼 위험한 상황에서도 드림즈의 우승을 위해 단장으로서 해야 하는 행동이 무엇인지만 생각하고 행동했던 것이다. 이후 이세영 팀장은 백승수 단장과 대화하면서 자신이 신뢰하게 된 이유는 "단장의 화려한 우승 경력 때문이 아니라 드림즈에 와서 보여준 책임감 있는 모습 때문이었다"고 말한다.

버크셔 해서웨이의 회장 워런 버핏은 "인재를 채용할 때 행동 인테그리티behavioral integrity(행동 진실성), 지능, 열정 세 가지 자질을 확인해야 한다"고 말했다. 특히 지능과 열정만 있고 행동 인테그리티가 없는 사람은 조직에 해악이라고 했다. 워런 버핏이 언급한 '행동 인테그리티'는 조직 과학 이론에서 '개인의 말과 행동 사이의 지각된 일치'로 정의되고 있으며, 우리 말로 말과 행동이 일치하는 '언행일치'를 의미한다. 버지니아 대학 등 공동연구팀은 CEO의 행동 인테그리티가 미래 기업 성과에 어떤 영향을 주는지 연구했는데, CEO의 행동 인테그리티가 증가할수록 미래의 기업 성과 또한 증가한다는 결과가 나왔다.[*] 이 결과는 행동 인테그리티가 리더의 중요한 덕목 중의 하나임을

---

[*] 김진욱, "CEO의 언행일치, 기업의 미래 성과 높여줘", 동아비즈니스리뷰, 2021. 12 Issue 2.

명확하게 보여준다. 리더로서 신뢰를 얻고 싶은가? 그렇다면 자신이 책임감 있는 사람임을 행동 인테그리티로 증명하라. 그럼 당신이 원하는 신뢰를 얻을 것이다.

이끌고 싶다면 몸소 보여줘라

드림즈의 실질적 구단주인 권경민 사장은 드림즈 재건에 가장 큰 걸림돌이 되는 인물로 모 그룹 재송그룹에서 제일 돈이 안 되는 야구단을 해치워 버리고, 자기 실적을 쌓기에 급급한 사람이다. 자신의 목적달성을 위해 야구 비전문가인 백승수를 단장으로 직접 선택한 것도 그다. 권경민 사장은 백승수 단장을 불러 선수들의 대규모 연봉 삭감이 필요하다며 지난해보다 30퍼센트 삭감하겠다고 폭탄 선언을 한다. 권경민의 당혹스러운 행보에 백승수는 "합리적인 이유도 없이 어떻게 이런 식으로 찍어 누르냐"며 항의한다. 그리고 10~15퍼센트 삭감을 다시 얘기하지만 모두 거절당한다. 대규모 연봉 삭감에 반발이 있을 거라는 백승수의 얘기에 자신이 지금 하는 얘기는 의견이나 조언이 아닌 꼭 그렇게 해야 한다는 구단주, 우리 그룹의 의지라고 통보한다.

연봉 총액의 30퍼센트 삭감 통보에 백승수 단장 앞에 놓인 선택지는 두 개다. 모든 선수의 연봉을 삭감하거나, 일부 선수들을 퇴출시키는 것이다. 하지만 그는 이 두 가지 선택지를 택하지 않고, 연봉 산정 시스템을 바꿔 버리는 제3의 선택지를 만든다. 기존까지 드림즈의 연봉 산정 방식은 선배일수록 연봉을 더 많이 받는 연공 서열제도였다. 백승수는 이런 관행을 깨고 오직 지난 시즌 성적만으로 협상하겠다고 선언한다. 연봉 협상과정에서 많은 반발이 있었는데, 대표적으로 서영주 선수는 자신이 제시한 5억 원이 받아들여지지 않자 백승수 단장 무릎에 술을 부어버리는 선 넘는 행동을 한다. 우여곡절 끝에 모든 선수들의 연봉 협상을 완료하고, 백승수 단장은 아는 기자에게 연락해 선수들을 위해 자신의 연봉을 반납한다는 내용을 기사화해달라고 부탁한다. 이유를 묻는 권경민 상무에게 안 그래도 적은 연봉을 깎고 또 깎으니까 미미한 자신의 연봉이라도 한 숟가락씩 떠주면 좀 낫겠다 싶은 생각에 한 궁여지책이라고 말한다.

전 캠벨의 최고경영자CEO인 더글러스 코넌트는 "예를 보여줌으로써 이끄는 것leading by example이 중요하다"고 했다. 구성원에게 신뢰를 주고, 행동을 끌어내기 위해서는 천 마디 말보다 한 번 행동으로 보여주는 것이 더 파워가 있다는 말이다. 선수들을 위해 자신의 연봉을 기꺼이 반납하겠다는 단장의 모습을 보고 어찌 마음이 움직이지 않을 수 있겠는가? 기사가 나가자마자 백 단장의 연봉 반납은 재송그룹의 경영난과 직결되며 재송의 주가를 떨어뜨렸고, 권경민 사장은 그것을 막기 위해 백승수 단장에게 다시 정정 보도를 내라고 한다. 30퍼센트 깎였던 연봉을 다시 찾아온 것이다. 결론적으로 백 단장 덕분에 최저 연봉 2,700만 원이었던 선수들은 연봉이 조금씩 더 인상되어 3,000만 원에 재계약을 하게 된다.

브랜든 어윈 캔자스주립대 교수팀이 연구한 '플랭크(Plank)' 복부운동 실험이 있다. 실험 참가자들은 처음에는 혼자 운동을 하다가 나중에 플랭크 전문가와 함께 운동을 하였다. 한 그룹은 전문가가 아무 말도 하지 않고 실험 참가자와 함께 플랭크를 하기만 했다. 반면 다른 그룹에서는 전문가가 "잘했습니다", "할 수 있습니다", "자, 해보세요" 등의 말로 참가자를 격려하면서 함께 운동했다. 전자와 후자그룹 중에 어느 그룹이 플랭크를 더 잘했을까? 결과는 뜻밖이었다. 침묵을 하면서 플랭크하는 모습만 보여준 전자 그룹 참가자들의 성적이 더 향상되었던 것이다. 후자 그룹은 혼자 플랭크를 할 때보다 22퍼센트 향상된 데 반해, 전자 그룹은 무려 33퍼센트나 성적이 향상되었다고 한다.[*] 이는 리더가 구성원들에게 아무리 좋은 말로 격려해봐야 몸소 보여준 행동만큼 효과가 없다는 사실을 여실히 보여준다. 리더로서 조직 구성원을 잘 이끌고 싶다면, 먼저 몸소 보여줘라! 백 마디, 천 마디 말보다 효과가 있을 것이다.

---

[*] 김인수, "보스에게 전하는 말: 제발 입 좀 닫으세요", 매경칼럼, 2013. 09. 24.

진심, 용기가 있어야 전해진다

"진정성은 당신이 무엇을 말하는지, 무엇을 하고 있는지,
그리고 무엇을 믿는지에 대한 일관성이다."

버버라 카뉴이크

　100퍼센트 승률을 자랑하는 최고 로비스트 이야기를 다룬 영화
〈미스 슬로운〉을 아는가?[*] 그녀는 담당의사의 만류에도 각성제까지
먹어가며 일하는 워커홀릭이자, 승리를 위해서라면 수단·방법 가리
지 않는 것으로 로비 세계에서 유명한 인물이다. 콜-크래비츠 로비회
사에서 세금 관련 법안 로비를 주로 맡고 있던 슬로운에게 어느 날 빌
샌포드라는 거물급 인사가 찾아온다. 빌 샌포드는 미국 내 총기를 허
용하는 법안을 지지하는 총기업계 대표다. 그가 슬로운을 찾아온 목
적은 총기 규제 법안인 히튼-해리스 법안을 막아 달라는 것이다. 총
기 사고로 자식을 잃은 엄마들을 총기를 적극 허용하는 수정헌법 제2
조의 수호자로 만들어 달라고 요청한다. 다시 말해 총기 사고로 자식
을 잃은 엄마들을 총기로 자식을 지키는 엄마들로 만들어달라는 것이
다. 엄청 큰 건이고, 평소 수단·방법 가리지 않기로 유명한 그녀이기

---

[*]　존 매든, 〈미스 슬로운〉(영화), 2017.

에 모두 당연히 수락할 것이라고 생각했다. 하지만 슬로운은 자신이 이 일을 맡게 되면 그동안 쌓아온 경력이 물거품이 되고, 도덕적으로 후퇴하는 일이라며 단번에 거절한다.

콜-크래비츠 로비회사 대표는 거물급 고객인 빌 샌포드를 모욕하고 비웃은 슬로운에게 격노한다. 그리고 이번 일에 최선을 다할 수 없다면 회사를 그만두라고 경고한다. 그 후 인맥 관리를 위해 참석한 행사가 끝나고 귀가하던 길, 피터슨 와이트 로비회사 대표 루돌프 슈미트를 만난다. 총기 규제 법안인 히튼-해리슨 법안을 찬성하는 브래디 캠페인을 맡고 있는 슈미트는 슬로운에게 영입을 제안한다. 다음 날 슬로운은 곧바로 사표를 던지고 함께 갈 팀원들을 모집하는데 그녀의 비서인 제인만 남고, 4명의 팀원이 슬로운을 따라 가겠다고 나선다. 영화 말미에는 전 회사에 홀로 남아 있던 제인마저 슬로운의 정보원, 조력자였다는 사실이 밝혀진다. 결론적으로 콜-크래비츠 로비회사에서 함께 일했던 팀원들은 모두 슬로운 편이었다.

슬로운은 언제나 로비의 핵심은 '통찰력'이라고 말한다. 최고의 로비스트는 결정적 순간 회심의 한 방을 만들 수 있어야 하며, 그 순간 상대를 놀라게 만들되 상대에게 절대 놀라서는 안 된다고 팀원들에게 강조한다. 평소 상대의 움직임을 예측한 후 대책을 강구해야 회심의 한 방을 만들 수 있기에 그녀의 일 처리 방식은 유독 조심스럽다. 때로는 팀원을 의심하기도 하고, 불법감시도 서슴지 않고, 팀원을 수단으로 이용하기도 하고, 내용을 팀원에게 공유하지 않고 독단적으로 처리할 때도 있다. 이런 비인간적이고, 비윤리적인 일 처리 방식을 보면 무턱대고 슬로운을 믿고 따라가겠다고 결정한 팀원들이 도통 이해가 가지 않는다. 새로운 회사인 피터슨 와이트라는 회사가 어떤 로비회 사인지, 또 그 회사에서 어떤 대우를 받고 어떤 일을 하게 될지 정확하 게 알지도 못한 상태에서 말이다.

슬로운은 도대체 어떻게 팀원들에게 이런 신뢰를 얻은 것일까? 해 답은 리더의 6코어 중 두 번째인 '진심(진정성)'에 있다. '진심(진정성)' 은 거짓 없이 참된 마음, 참되고 변하지 않는 마음을 뜻하다. 최고의 로비스트 슬로운은 어디에 진심(진정성)이었을까? 그리고 어떻게 슬 로운의 진심(진정성)은 팀원들에게 전달되었고 울림까지 주었을까? 지금부터 자세히 알아보자.

옳다고 믿는 일에 전력 질주하는 진심

슬로운은 로비스트로서 자신이 지지하는 법안의 로비만 맡는다는 철칙과 원칙을 가지고 있다. 옳은 일을 한다는 신념, 소수가 아닌 다수 를 위한 일을 한다는 신념은 로비스트 슬로운을 이끌어온 성장 동력 이다. 또한 그녀는 신념 있는 로비스트만이 승리할 수 있는 능력을 가 지게 된다고 믿는다. 전 직장 콜-크래비츠에서 슬로운이 마지막으로 맡았던 업무는 인도네시아 팜유 관세 로비 건, 다른 말로 '누텔라 세금' 건이다. 팜유는 누텔라의 주 원료로 연방정부가 세금을 300퍼센트 부과하면 사람들이 그만큼 더 내고 먹어야 한다는 문제가 발생한다.

더 큰 문제는 팜유가 쿠키, 케이크 등 안 들어가는 데가 없다는 사실이다. 법안 하나로 많은 서민들의 가정경제가 더 궁핍해지게 될 것이 분명하다. 슬로운은 법안 제안자인 제이콥스 의원에게 가족여행을 선물하고 법안을 철회하려는 계획을 세운다. 인도네시아 정부가 의원의 여행비용을 제공하면 불법이니, 비영리단체가 후원하는 합법적인 형식으로 가족여행을 선물하고 법안 철회를 이끌어는 데 성공한다.

총기 허용 법안 로비건을 맡으라고 전 직장 대표가 협박을 할 때도 슬로운은 "나는 내가 믿는 일만 한다. 그래야 발 뻗고 잘 수 있다"라고 말한다. 그 믿음의 연장선에 모두가 계란의 바위치기라고 말하는 '히튼-해리슨 법안 지지 로비'가 있다. 총기 허용파들은 "신이 인간을 창조했고, 총이 인간을 평등하게 했다"라며 수정헌법 제2조를 강력하게 옹호한다. 하지만 슬로운은 미치광이나 범죄자, 테러리스트 등 누구나 총기를 인터넷 서점, 상점, 동네 친구한테서 신분증도 없이 살 수 있다며 이것은 반드시 막아야 하는 일이고, 옳은 일이라고 굳게 믿고 그 일에 수단·방법 가리지 않고 전력질주 한다.

정신과 의자이자 철학자인 빅터 프랭클Victor Frankl은 의미 있는 일을 추구하고자 하는 인간의 본능은 너무나 강력해서 아주 끔찍한 상황에 처했을 때조차 삶의 목적을 찾고자 한다고 했다. 이 말은 옳다. 우리는 누구나 의미 있는 일을 하고 싶다. 자신의 자아가 그 일에 반영

될 때, 그리고 그 일이 사회에 더 폭넓은 방식으로 기여할 때 사람들은 보통 자신의 일이 의미 있다고 여긴다. 〈동아비즈니스리뷰〉 '우리는 모두 의미 있는 일을 하고 싶다'를 보면 최근 들어 연구자들이 일의 의미가 임금이나 보상, 승진 기회, 작업 환경 등 그 어떤 요인보다 근로자들에게 더 중요하다는 사실을 밝혔다고 한다.[*]

　슬로운의 일 처리 방식은 때론 비인간적이고, 비윤리적이다. 그럼에도 팀원들이 그녀를 전적으로 믿고 따르는 이유는 '일의 의미'에 있다. 그녀는 로비스트로서 의미 있는 일을 하는 것이 중요하다고 생각했고, 그 믿음은 전력질주 하는 모습을 통해 팀원들에게 전달되었다. 팀원들 역시 리더가 옳다고 믿는 일을 함께하면서 자신도 의미 있는 일을 하고 있고, 사회에 기여하고 있다고 느꼈을 것이다. 슬로운 리더십의 첫 번째 비결이다.

잘못을 인정하는 리더의 진심

　피터슨 와이트 로비회사로 이직한 슬로운은 자신이 데려온 팀원 4명과 슈미트가 꾸린 팀원 2명과 한 팀이 되어 일을 시작한다. 새롭게 충원된 2명의 팀원 중 한 명이 에스미다. 에스미는 과거 인디애나의

---

[*]　애드리안 매든, 캐서린 베일린, "우리는 모두 의미 있는 일을 하고 싶다", 동아비즈니스리뷰, 2016. 10. Issue 1.

블루밍턴 고등학교 총기난사 사고 피해 생존자다. 이런 에스미에게 슬로운은 TV 토론을 제안한다. 하지만 에스미는 과거 트라우마와 공개했을 때 자신의 약점이 될 것이라는 두려움에 망설인다. 때마침 상대편 진영에서 TV 토론에서 한판 붙자고 도발한다. 토론에 응한 슬로운은 준비한 시나리오대로 총기법안을 운전면허증에 비유하며, 총기 사용도 운전면허증처럼 철저한 시험과 검토가 필요하다고 말하다가 갑자기 지금 이 자리에 총기사고 피해자, 생존자가 있다며 에스미를 강제 출연시킨다. 이 일은 슬로운이 에스미를 처음 만났을 때부터 계획했던 일이다. 에스미는 당혹스러움과 엄청난 배신감을 느꼈지만, 결국 슬로운의 말대로 TV에 나와 총기를 반대하는 법안을 옹호하기 시작하고, 슬로운은 유리한 고지를 차지한다.

공개적으로 총기 반대 법안을 옹호하면서 자연스럽게 신원이 노출된 에스미가 위험에 처한다. 낯선 남자가 에스미 뒤를 쫓아와 총으로 위협하는 일이 발생한 것이다. 그때 합법적으로 총기를 소지하고 있던 남성이 총을 쏴 에스미를 구해준다. 총을 반대하던 여자가 총을 가진 남성의 도움으로 목숨을 건진 것이다. 이후 여론은 다시 총기 옹호 쪽으로 기울기 시작한다. 모든 일에 환멸을 느낀 에스미는 일을 그만두고 떠나기로 결심한다.

에스미의 마음을 돌리기 위해 찾아간 슬로운은 "난 어디까지가 선인지 몰랐다. 정말 지켜야 할 선이 어딘지 몰랐다"라며 사과하고 자신의 행동을 반성한다. 에스미는 "상대를 존중하지 않을 때, 그때 선을 넘은 거다"라는 말을 하고 떠난다. 이후 슬로운은 청문회 마지막 날 최후 진술을 한다. 가장 먼저 자신은 경쟁심에 사로잡혀 가까운 사람을 배신하고, 그들의 삶을 위태롭게 했다는 말을 언급한다. 그 자리에 에스미도 참석했는데, 그 말은 팀원 에스미에게 보내는 진실한 사과의 의미였다.

살다 보면 누구나 잘못된 행동을 저지르기도 하고, 실수할 수도 있다. 중요한 것은 실수, 잘못된 행동을 한 이후 태도다. 뉴스를 보면 치명적인 실수를 하고도 자신의 잘못을 인정하지 않거나, 다른 사람에게 책임을 전가하는 사람, 사과를 하고도 진정성에 대한 의심을 받는 사람들을 종종 볼 수 있다. 리더도 완벽하지 않은 사람이기에 슬로운처럼 경쟁심에 사로잡혀 수단·방법 가리지 않고 성과를 내는 데만 치중하다, 팀원을 배려·존중하지 못하는 경우가 생길 수 있다. 이때 참된 리더는 책임을 부인하거나 전가하지 않는다. 자신의 잘못을 인정하고 진심(진정성)을 전하는 용기, 이것이 슬로운 리더십의 두 번째 비결이다.

진심(진정성)의 끝판왕, '살신성인'

콜-크레비츠 로비회사는 에스미 사건 이후 또 다른 방법으로 슬로운을 공격하려고 준비한다. 아예 슬로운을 로비 세계에서 없앨 작정으로 그동안 그녀가 해왔던 로비 내역을 문제 삼아 청문회를 열려는 계획이다. 하지만 아무리 찾아봐도 문제 삼을 만한 내역이 없다. 그러던 중 슬로운을 따라가지 않고 남아있던 제인이 청문회를 열 수 있는 결정적 문서를 찾아낸다. 슬로운이 전 직장에서 마지막으로 맡았던 인도네시아 팜유 관세 로비 과정에서 상원 윤리위원회 규정을 어겼다는 증거다.

콜-크레비츠 대표는 청문회를 열기 전 청문회 위원인 스펄링 의원을 만나 금전적으로 회유한다. 회유된 스펄링 의원은 슬로운을 무너뜨리기 위한 유도질문을 계속 한다. 마지막 청문회 날, 스펄링 의원은 슬로운에게 마지막으로 하고 싶은 말이 있냐고 물었다. 그녀의 최후 진술은 청문회에 지진을 일으켰고 대 역전극을 이뤄냈다.

"언론과 이 청문회는 저란 사람을 미국 민주주의의 기생충이라고 비난했습니다. 저는 투표권을 행사하는 분들이 자신들의 정치적 이득이 아니라 자신의 신념과 나라의 이익을 따라주시길 바랍니다. 하지만 제 소원은 헛된 것이고 절대 이뤄질 수 없단 걸 압니다. 이 나라 자체가 썩었기 때문입니다.

양심에 따라 투표하는 정직한 의원에게 보상하지 않고 쥐 같은 자들에게 보상하죠. 자기 자리만 보전하면 나라도 팔아먹을 자들에게요. 실수하지 마세요. 이 쥐들이 미국 민주주의의 진정한 기생충입니다. 만약 우리가 총기 규제 측 로비 활동에 충분한 성공을 거뒀다면 아마도 그들은 절 비난하면서 캠프를 방해하고 신뢰도에 해를 끼쳤을 겁니다. 로비의 핵심은 통찰력입니다. 상대의 움직임을 예측하고 대책을 마련하는 것. 승자는 상대보다 한 발자국 앞서서 상대보다 먼저 날려야 하죠. 사실 바로 지금이에요. 상대를 놀라게 만들되 상대에게 놀라선 안 됩니다."

사실 총기 로비 측이 날조된 문서를 가지고 청문회를 열게 만드는 것이 슬로운의 계획이었다. 제인을 전 직장에 정보원으로 심어두고, 아무도 모르게 문서를 조작했으며, 콜-크레비츠의 대표를 미행해 그가 청문회 위원인 스필링 의원과 공모를 펼친 정황을 포착하여 카메라에 담았다. 그리고 최후 진술 마지막에 사람들에게 인터넷 주소를 불러주고, '지진'이라는 파일을 다운로드하여 보게 한다. 문서 조작으로 교도소에서 형을 살아야 한다는 것을 알면서도, 슬로운은 홀로 모든 준비를 하고 스스로를 무기로 삼은 후 미 의회를 산산조각 냈다. 슬로운의 승리로 이제 범죄자들은 암시장에서만 총을 구할 수 있게 되었다.

슬로운의 진심(진정성)은 '자기 몸을 희생하여 인(仁)을 이룬다'는 살신성인의 실천을 통해 많은 사람에게 전달되었다. 아니, 그녀에게 등을 돌렸던 사람들까지 감명받았다. 그동안 같은 팀, 대표까지도 슬로운의 비인간적이고, 비윤리적이고, 독단적인 일 처리 방식에 혀를 내두르며 비난했었다. 사내 변호사마저 처음 슬로운의 청문회 변호를 맡았을 때 이런 비윤리적인 사람을 변호하고 싶지 않다고 거부했었다.

10개월 후 변호사가 교도소에 수감된 슬로운을 만나러 갔다. 청문회를 열기 위한 미끼로 문서를 조작한 사실을 팀원들에게 말하지 않은 이유가 뭐냐고 물었다. 이에 슬로운은 "최소 5년"이라는 말을 한다. 에스미 사건 이후 깨달은 것이 많은 것일까? 자신이 타 죽는지도 모르고 불 속에 뛰어드는 불나방처럼 자신은 타서 죽을지언정, 팀원들은 보호하고 싶은 리더의 진심(진정성) 어린 마음이 엿보이는 장면이다. 이런 리더를 어찌 따르지 않을 수 있겠는가? 진심(진정성)의 끝판왕은 '살신성인'의 용기! 리더라면 다시 한번 마음에 새기길 바란다.

"겸손은 성공의 열쇠다.
겸손한 사람은 남의 도움을 잘 받고,
남의 의견을 잘 받아들인다.
겸손한 사람은 타인의 장점을 인정하고,
자신의 단점을 보완한다.
겸손한 사람은 더 큰 성공을 거둘 수 있다."

아리스토텔레스

제작자들도 어리둥절할 정도로 유독 한국에서 많은 사랑을 받은 영화들이 있다. 그중 대표적인 작품이 〈인턴〉이다.[*] 이 영화는 한때 미국에서 "가장 빠르게 성장하는 쇼핑몰"로 평가받은 네스티 갤Nasty Gal을 창업한 CEO 소피아 아모루소Sophia Amoruso라는 실존 인물을 모델로 했다. 유명 영화배우인 앤 해서웨이가 실존 인물인 CEO 소피아 아모루소(극중 이름 줄스) 역할을 맡았고, 로버트 드 니로(극중 이름 벤)가 70세의 인턴 역할을 맡았다. 30세 여성 CEO와 70세 인턴의 이야기를 다루고 있는 이 영화는 낸시 마이어스 감독이 SNS를 통해 360만 명

---

[*]   낸시 마이어스, 〈인턴〉(영화), 2015. 09. 24.

의 한국 관객들에게 감사 인사를 할 정도로 흥행에 성공했다. 한국에서 낸 흥행 수익은 약 2,400만 달러로, 본토를 제외한 외국 흥행 수익 중 5분의 1을 차지할 정도였다고 한다.

영화 〈인턴〉이 유독 한국에서 흥행한 이유는 뭘까? 여러 가지 요소가 있겠지만 그중 가장 큰 부분이 로버트 드 니로가 맡았던 벤이라는 인물 덕분이 아닐까 싶다. 벤은 훌륭한 커리어와 경험을 가진 70세 어른이다. 하지만 자신이 늘 옳은 것은 아니며 틀릴 수도 있음을 생각한다. 매사 열린 마음으로 타인을 존중하고, 경청하는 자세로 임하는데 그 모습이 한국인이 생각하는 이상적인 어른상, 리더상에 잘 부합했다. 즉 주인공 벤의 '겸손 리더십'은 지혜롭고 멋진 어른의 모습으로 나이를 먹고 싶고, 또 그런 어른과 함께하고 싶은 한국인의 심적 영역을 크게 울렸다.

언젠가부터 자신의 경험만을 옳다고 강요하는 권위주의적인 사고방식을 가진 윗사람 또는 연장자를 칭하는 '꼰대'라는 신조어가 등장했다. 시간이 흐르면서 그 의미는 더 확장되었다. 이제는 연령에 상관없이 자신의 생각이나 가치가 절대적이라고 생각하고 다른 사람의 의견과 생각에 귀 기울이지 않는 사람, 자신의 과거 경험을 끊임없이 강조하고 강요하는 모든 사람을 포함하여 '꼰대'라고 부른다. '꼰대'는 굴욕의 상징이다. 반면 '겸손Humility'은 '자신의 능력이나 지위를 과시하지 않고 겸허한 태도를 갖는 것'이다. 여기서 겸허한 태도란 타인의 의견을 존중하고, 항상 배우려는 자세를 갖는 것을 뜻한다.

굴욕을 뜻하는 영어 'humiliation'은 라틴어 'humilitas(낮은 신분, 보잘것없음)'에서 유래되었는데 재밌게도 이상적인 어른을 대변하는 '겸손'을 뜻하는 영어 'humility'도 어원이 같다. 결론적으로 자발적으로 본인의 위상을 낮추면서 늘 낮은 자세로 임하면 겸손하고 멋진 어른, 멋진 리더라는 평을 듣지만, 그렇지 않으면 타인에 의해 '낮아짐'을 경험하는 굴욕을 맛보게 될 수 있다.* 지금부터 주인공 벤의 '겸손 리더십'을 통해 멋진 리더가 되는 방법에 대해 알아보자.

'라떼는~ 말이야' 과시하지 않는 마음

주인공 벤은 덱스원이라는 전화번호부 출판회사의 부사장이었다. 정년퇴직 후 자유롭고 여유롭게 일상을 보내지만 뭔지 모를 인생의 허전함과 무료함을 느낀다. 그러던 중 우연히 시니어 인턴 채용 전단지를 보게 되고 도전하기로 마음먹는다. 그는 자신의 포부가 담긴 영상을 찍어 보내고, 3명의 면접관과 면접을 본 후 시니어 인턴에 최종 합격한다.

벤이 최종 합격한 럭스 앤 레이 회사는 창업한 지 1년 반 만에 28명의 직원에서 220명으로 급성장한 성공 신화를 가진 인터넷 쇼핑몰이

---

* 김창희·이왕휘, "'성공 비결은 구성원들의 땀' 겸손한 리더가 조직을 바꾼다 외(外)", 동아비즈니스리뷰, 2016. 12. Issue 1.

다. 그 중심에 대표 줄스 오스틴이 있다. 줄스는 사무실에서 이동하는 시간이 아까워 자전거로 이동할 정도로 열정 가득한 젊은 대표이자 워킹맘이다. 줄스는 시니어 인턴 건에 대해 보고하는 부하 직원 카메론에게 자신은 "노인과 함께 일하기 불편하다"고 말한다. 하지만 인턴으로 첫 출근하게 된 벤은 대표인 줄스의 비서로 배치되었고, 대표에게 인사를 하러 간다. 줄스는 자신에게 인사하러 온 벤에게 불편한 기색을 보인다. 이윽고 자신과 일하면 피곤하고 힘들 것이라며 다른 부서로 이동할 것을 권한다.

사람들은 일반적으로 나이와 직급이 비례했을 때 심리적 안정감을 느낀다. 그런 면에서 자신보다 나이가 많은 구성원은 존재만으로도 충분히 부담스럽다. 자신보다 나이 어린 상사에게 보고하는 부하 직원도, 자신보다 나이 많은 부하 직원에게 일을 시켜야 하는 상사도 껄끄럽긴 마찬가지다. 자신보다 나이가 많은 비서를 불편해하고, 거절하는 줄스의 모습을 보면 이런 직급 역전의 상황에 대한 불편함은 동서양 공통 감정인 듯싶다.

세상에서 가장 힘든 감정 중에 하나가 '거절'이다. 작은 부탁을 거절당해도 마음이 상하는 법인데, 자신의 존재 자체에 대한 거절과 거부라면 얼마나 마음이 아플지 짐작될 것이다. 특히 벤처럼 젊은 시절 훌륭한 커리어와 경험을 가진 사람이라면, '거절'을 당했을 때 반사적으로 "라떼는~ 말이야"로 자신의 훌륭한 이력을 더 어필하려고 할지 모른다. 하지만 벤은 자신의 업적을 과시하지 않고, 오히려 자신을 낮추며 현명하고 슬기롭게 회사생활을 이어 나간다. 난처한 상황에 놓인 동료를 기꺼이 도와주고, 알고 있는 지식을 함께 나누고, 고민상담까지 해주며 동료들에게 도움을 준다. 나이 차이가 많이 나는 동료가 부담스러울 수도 있는데, 벤은 어느새 회사에서 가장 신뢰받는 인기쟁이가 된다.

벤은 자신을 알아주지 않는 대표 줄스에게 불만을 표현하지도, 항의하지도 않는다. 말보다는 행동으로 줄스를 챙기며 겸손한 자세를 보여준다. 퇴근 시간, 동료들은 퇴근하라고 말을 건네지만 벤은 상사인 줄스가 퇴근할 때까지 기다렸다가 퇴근한다. 또 회사가 급성장하면서 경험 많은 전문 경영인을 고용하자는 투자자들의 의견을 듣고 줄스가 눈물을 흘리는 모습을 본 벤은 작은 선물을 준비한다. 직원들이 어질러 놓은 책상을 보고 제발 치우면서 일했으면 좋겠다는 말을 기억했다가 책상을 깨끗하게 정리해놓는다. 깨끗해진 책상을 보고 줄스는 "금주에 일어난 일 중에 가장 기분 좋은 일이에요"라며 행복해한다. 줄스는 자신의 옆에서 늘 따뜻한 위로의 말과 응원의 메시지를 보내는 벤에게 점차 마음이 열린다.

조언과 참견의 한 끗, 존중하는 마음

벤은 우연히 줄스의 개인 운전기사가 대기 중 술을 마시는 모습을 본다. 술을 마신 상태로 운전을 하면 위험할 것을 생각하고 운전기사에게 키를 받아 대신 운전을 한다. 벤은 근무 중 술을 마신 행동은 바람직하지 않고 위험한 행동임을 인지시킬 뿐 잘잘못을 따지거나 상대를 가르치려 하지 않았다. 대표 줄스에게도 운전기사가 술을 마셔 자신이 대신 운전한다는 이야기를 하지 않는다. 이후 벤은 무단결근한 운전기사를 대신하여 줄스의 운전기사 업무까지 담당하게 된다. 어느 날 줄스의 딸을 하원시키던 중 전업주부를 하고 있는 줄스 남편 맷의 외도 장면을 목격하게 된다. 벤은 이 내용을 줄스에게 보고를 해야 할지 말아야 할지 고민한다. 출장을 가는 비행기 안에서도 이런 저런 이야기를 할 타이밍이 좋았지만 벤은 이야기를 꺼내지 않는다. 줄스가 마음의 문을 열고 먼저 남편 맷의 외도 사실에 대해 이야기하고 고민 상담을 할 때까지 기다린다.

물어오는 말에 답을 하면 조언이 되지만, 묻지도 않았는데 먼저 꺼내 말하면 참견이 된다.* 말의 목적과 뜻이 상대를 위하는 것일지라도 묻지 않은 말을 먼저 하는 건 상대를 기분 나쁘게 할 수 있다. 때로는 아프게 할 수도 있다. 왜냐하면 상대는 아직 그 말을 듣기에 마음의 준비가 되어 있지 않기 때문이다. 상대가 먼저 마음을 열고 말할 때까지 기다려주는 것, 도움을 요청할 때 의견을 이야기하고 도와주는 행동은 타인을 존중하는 '겸손'의 표현이다. 좋은 관계를 유지하기 위해서

---

* 문화라, "참견과 조언의 차이", 국민일보, 2020. 01. 22.

는 때론 뒤로 물러서 있어야 할 때가 있다. 그 때를 아는 사람, 조언과 참견의 한 끗 차이를 아는 사람이야말로 진정으로 상대를 존중하는 '겸손 리더십'을 발휘할 줄 아는 사람이다.

타인을 높이고 귀하게 여기는 마음

신뢰를 얻은 벤은 중요한 업무를 맡게 된다. 데이터를 보는 업무였는데, 함께 일하는 동료 베키는 그 모습이 못마땅하다. 베키는 9개월 동안 14시간씩 열심히 일했지만 이런 자신의 노력을 몰라주는 상황이 속상하다. 나이 많은 인턴이 자신을 제치고 중요한 업무를 한다고 하니 서러움이 폭발한다. 벤은 눈물을 흘리는 베키에게 손수건을 건네며 그 마음을 이해한다고 마음을 토닥여준다. 이후 데이터 구매 패턴을 보고하는 자리에서 벤은 보고를 시작하기 전 베키의 도움을 받았다고 강조한다.

줄스는 투자자들의 의견을 수용하기 위해 능력 있는 CEO 후보들을 만나러 다닌다. 자신이 설립하고 성장시킨 회사를 전문 CEO에게 맡겨야만 하는 현실이 받아들이기 힘들지만, 그녀에게는 회사만큼이나 가정도 중요하기에 고려할 수밖에 없는 상황이다. 줄스는 자신을 위해 기꺼이 전업주부 인생을 선택한 남편 맷을 사랑하고, 앞으로도 그 사랑을 지키고 싶다. 남편의 외도 사실을 안 이후 충격과 슬픔에 잠도 자지 못하지만, 자신이 일을 줄이면 모든 것이 제자리로 돌아올 것이라는 희망을 가지고 있다. 일보다는 가정에 더 매진하기로 한 줄스. 회사를 전문 CEO에게 맡기기로 마음을 굳히지만 자신의 처지와 어쩔 수 없는 현실이 서럽기만 하다.

줄스는 최종 결정 전 벤에게 조언을 구한다. 벤은 1년 반 전에 28명이던 회사를 220명으로 성장시킨 사람, 이 크고 아름다운 회사를 만든 사람은 대표인 줄스 자신임을 상기시켜준다. 남편이 바람 피운 걸 자기 책임이라고 생각하지 말고 대표인 줄스는 대표답게 성공적인 커리어를 누릴 자격이 있다고 말해준다. 이 업적은 그 자체로 자랑스러우며 절대 다른 사람이 앗아가게 해서는 안 된다고 말이다. 럭스 앤 레이 회사는 줄스의 꿈 자체이며, 이 꿈을 버리지 말고 앞으로 계속 나아가라고 응원해준다.

벤은 동료 베키, 대표 줄스의 말을 늘 귀 기울여 들어주었다. 나아가 그들의 노력과 업적을 높이 평가하고 표현해주었다. 진심으로 걱정해 주었고, 상대가 따뜻한 관심과 귀하게 여김을 받고 있음을 느끼게 해주었다. 이런 벤의 '겸손 리더십'은 함께하는 많은 사람과 고용관계 이상의 깊은 신뢰를 바탕으로 한 '찐' 우정을 만들어주었다.

진짜 겸손, 낮추는 것이 아니다

흔히 겸손하면 '벼는 익을수록 고개를 숙인다'는 표현과 함께 다른 사람 앞에서 '나를 낮추는 것'으로 생각한다. 나를 드러내면 거만하고, 교만한 사람으로 오해받을지 모른다는 두려운 마음에 겉으로만 겸손한 척을 하거나 겸손하기 위해 스스로를 깎아 내리며 위축되는 행동은 진짜 겸손이 아니다. 진짜 겸손은 나답게 당당하게 행동하면서도 타인을 존중하는 마음을 표현하기 위해 자신을 과신하지 않는 것이다. 늘 자신이 옳다고 믿고 주장하는 것을 스스로 경계하고, 타인의 말을 경청하고, 타인의 노고를 인정하고, 배우려는 자세를 총칭하여 '겸손'이라고 한다. 겸손한 리더는 팀원들의 의견을 존중하고 팀원들을 동등한 존재로 대한다. 팀원의 역량을 키워주고, 함께 성장할 수 있도록 돕는다. '겸손'은 그야말로 멋진 리더가 되기 위한 필수적 요소다.

선배가 후배를 가르치고 조기 정착을 도와주는 멘토링 프로그램과 반대 개념으로, 신입이나 일반 사원이 선배 또는 고위 경영진의 멘토가 되는 것을 '리버스 멘토링'이라고 한다. 리버스 멘토링을 통해 멘티인 선배, 고위 경영진은 멘토인 신입, 일반사원에게 새로운 기술과 관점을 배울 수 있다. 동시에 멘토 역시 멘티에게 조직의 다양한 경험과 지식을 배울 수 있고, 세대 간 소통도 촉진시킨다는 점에서 장점이 많은 프로그램이다. 1990년대 후반 제너럴 일렉트릭의 전 CEO 잭 웰치에 의해 대중화된 제도로 현재 전 세계적으로 다양한 기업에서 시행되고 있다. 구찌, IBM, 마이크로소프트의 리버스 멘토링의 성공 사례가 유명하다.

하지만 모든 기업이 리버스 멘토링을 성공적으로 진행하는 것은 아니다. 선배와 고위경영진의 자세와 태도에 따라 성공하기도 하지만 실패하기도 한다. 다시 말해 성공과 실패를 가르는 그 중심에 '겸손 리더십'이 있다. 윗사람이 아랫사람을 동등한 존재로 생각하지 않고, 아랫사람의 실력과 도움을 주려는 마음을 존중하지 않고 경청도 하지 않는다면 실패는 자명하다. 자신이 가진 권한과 힘을 상대에게 내세우지 않음으로써 자발적 섬김을 유도하는 리더의 6코어 '겸손'을 다시 한번 마음에 새기자.

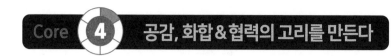

> "남을 이해하려면 그들의 신박한 상황을 경험하거나,
> 그들에게서 얻은 지식을 통해
> 그들의 세계에 공감해야 한다."
>
> **존 로크우드**

테드 창의 SF소설 《네 인생의 이야기》를 원작으로 한 영화 〈컨택트 2016〉(원제 Arrival)은 인간과 외계 생명체가 만나 소통하는 과정을 그리고 있다.* 어느 날, 전 세계 각국에 12개의 외계 비행물체(쉘)가 상륙한다. 인간은 이들을 '헵타포드'라고 부른다. '헵타'는 그리스어로 7이고, '포드'는 발이다. 즉 '헵타포드'는 '일곱 개의 발'을 가진 외계생명체를 뜻한다. 인간은 헵타포드에 대해 아무런 정보도 가지고 있지 않다. 그들은 보이고 들리는 것 외에 어떤 흔적도 남기지 않는다. 우주선은 화학성분을 알 수 없을뿐더러 어떤 폐기물, 가스, 방사선도 배출하지 않는다. 헵타포드 간 서로 교신을 할텐데 그것도 탐지가 안된다. 정박지의 선택 기준은 뭘까? 세계 최고의 전문가들도 그 답을 찾지 못했다. 저들은 과학자일까? 여행자일까? 어떤 목적을 가지고 지

---

* 드니 빌뇌브, 〈컨텍트(Arrival)〉(영화), 2017.

구에 온 것일까? 아무것도 알 수 없다.

모든 것이 그렇다. 알면 별거 아니지만 모르면 두려움부터 생긴다. 두려움은 불안감을 자아내고, 오해를 만들며, 갈등을 증폭시킨다. 헵타포드와 소통을 시도해야 하는 이유가 여기에 있다. 전세계는 인간보다 더 진화한 외계생명체의 공격을 받아 몰살당할지 모른다는 불안감에 동요한다. 또 한쪽에서는 영국의 인도 침략, 독일의 르완다 침략, 헝가리의 살라미 전술 등 역사를 근거로 들면서, 헵타포드에게 몰살당하기 전에 인간이 선제공격해야 한다고 목소리를 높인다. 동요를 잠식하고, 전쟁을 막기 위해서는 그들이 온 정확한 목적을 알아내야만 한다. 하지만 헵타포드는 인간과 전혀 다른 언어를 사용하고 있어 소통이 어렵다. 이때 언어학자 루이스 뱅크스 박사(에이미 아담스)가 남다른 방법으로 두각을 나타낸다.

사람 사이 관계도 그렇다. 서로에 대해 모를수록 오해와 갈등이 쉽게 일어난다. 오해와 갈등을 최소화하고, 화합으로 나아가기 위해서는 '양질의 커뮤니케이션' 과정이 수반되어야 한다. 특히나 조직은 같은 목적과 목표를 가진 집단이지만 지식, 가치관, 신념, 경험, 성격, 성향 등 다양한 사람과 세대가 모인 곳이기에 갈등이 늘 혼재한다. 갈등으로 발생한 부정적 감정은 팀의 균열을 만들고 붕괴시키는 데 결정적 역할을 한다. 그런 맥락에서 소통 오류로 인한 갈등 관리의 핵은 '감정'이다. 부정적 감정을 긍정적 감정으로 변화시키는 소통, 나아가 화합과 협력의 고리로 만드는 리더가 절대적으로 필요하다. 지금부터 영화 〈컨택트 2016〉의 주인공 루이스 뱅크스 박사의 모습을 통해 소통을 촉진하고 소통의 '질'을 결정하는 리더의 6코어 '공감' 소통의 비법을 배워보자.

공감, 분석보다 마음으로 다가가기

인간의 언어와 전혀 다른 언어를 사용하는 헵타포드와의 대화에 난항을 겪던 웨버 대령은 루이스 뱅크스 박사를 찾아온다. 루이스는 언어 해독 최고의 전문가이자, 1급 기밀 취급 자격을 가진 인물이다. 루이스는 외계 비행물체(쉘)로 향하는 헬기 안에서 자신과 함께 일할 물리학자 이안을 만난다. 이안은 루이스가 쓴 책의 한 문장을 언급하며 첫인사를 건넨다. "언어는 문명의 초석이자 사람을 묶어주는 끈이며 모든 분쟁의 첫 무기다." 이 문장은 매우 인상적이고 멋지지만 틀렸다고 말한다. 물리학자인 그의 관점에서 보면 문명의 초석은 언어가 아닌 과학이기 때문이다. 이런 두 사람의 생각 차이는 헵타포드와의 대화를 끌어내기 위한 관점과 방법에서도 차이를 보인다.

이안은 헵타포드와 소통하기 위해 질문 목록을 적어왔다며 같이 검토해 보자고 한다. 목록에는 그들이 어디서 왔는지, 어떻게 왔는지, 광속보다 빨리 이동할 수 있는지, 간단한 이진법 수열로 의사소통을 할 수 있는지 등 과학적이고, 논리적이고, 수학적인 내용으로 가득 차 있다. 이에 루이스는 "수학 문제를 내기보다 그냥 말을 거는 게 낫지 않을까요?"라며 친근감 형성, 즉 라포를 형성하는 것이 소통의 전제임을 이야기한다. 시간이 흘러 이안은 언어를 수학처럼 접근한 자신과 달리 있는지도 몰랐던 소통의 오류를 전부 미연에 방지하는 루이스의 모습을 보고 칭찬한다.

헵타포드 음성만으로 해독이 불가능하다고 판단한 루이스는 외계비행물체(쉘)에 도착하여 그들과 직접 소통하기 위해 시각자료를 준비한다. 루이스는 자신의 이름을 시각자료에 '인간HUMAN', '루이스LOUISE'라고 적고 그들에게 보여주었다. 잠시 후 헵타포드에게 자신을 직접 보여줘야 한다며, 방호복을 벗고 차단벽 쪽으로 향한 후 손바닥을 댄다. 혹여 세균 감염이나, 방사선에 노출될지 모른다는 두려움에 사람들은 돌발행동을 만류하는데, 그 순간 헵타포드도 차단벽으로 다가와 자신의 발을 갖다 댄다. 마음과 마음이 닿은 결정적 순간이다. 잠시 후 이안도 방호복을 벗고 인사를 나눈다. 헵타포드도 자신들의 문자로 이름을 시각화하여 보여준다. 이렇게 이루어진 통성명은 전세계 어느 누구도 해내지 못한 루이스의 성과였다.

대화할 때 이안의 질문 목록 같은 분석적인 질문을 받는다면 어떨까? 아마 '질문 폭격' 또는 '취조' 당하는 기분이 들 것이다. 대화를 하면 할수록 마음이 점점 더 차가워지고, 멀어지게 될 것이다. 분석적인 말들은 생각을 나누고, 더 좋은 방법을 이끌어야 하는 상황이나 자리에서 더 효과적인 말이다. 하지만 서로의 마음을 연결하고 우호적인 관계를 끌어내는 소통을 해야 할 때는 부정적인 작용을 한다. 주인공 루이스처럼 마음과 마음이 닿는 결정적 순간을 만들려면 분석보다는 마음으로 다가가야 한다. '존재 대 존재'의 관계로 팀원들이 어떻게 일하고 있는지, 고충은 어떤 것인지, 능력 문제인지, 사람 문제인지, 어떤 도움이 필요한지 등 관심을 가지고 마음으로 다가가야 한다. 또한 방호복을 벗고 인사하는 루이스처럼 나를 오픈하는 용기도 필요하다. 이런 친근하고 진심이 느껴지는 리더에게 마음을 열고, 나아가 화합하고 협력하고 싶은 마음은 누구나 같다. 이것이 공감의 시작이다.

공감, 표면적 뜻 이면의 욕구 읽기

헵타포드에게 시각자료로 인간의 언어를 가르치는 루이스를 지켜보던 웨버 대령은 대체 어떻게 할 생각이냐고 묻는다. 루이스는 화이트 보드에 "당신들이 지구에 온 목적이 뭡니까What is your purpose on earth?'라고 적은 후 자신의 방법을 설명하기 시작한다. 루이스는 이 질문에 대한 답을 얻기 위해서는 일단 헵타포드에게 '질문'이 뭔지 이해시켜야 한다고 말한다. 질문이란 알고 싶은 정보를 달라고 요청하는 행위라는 것, 그리고 특정 상대를 칭하는 '당신'과 집합으로서 '당신'의 차이점을 구분해줘야 한다고 말이다. 왜냐하면 현재 자신들이 마주하고 있는 헵타포드만이 아닌 12개 모두가 지구에 온 목적을 알아내야 하기 때문이다. 목적을 설명하려면 그들이 의도가 무엇인지 알아야 하고, 무엇보다 인간이 그들의 대답을 잘 이해하려면 어휘를 많이 공부해야 한다고 말한다. 설명을 들은 웨버 대령은 루이스의 성과는 인정하지만 말과 글을 가르치는 데 시간이 너무 많이 걸린다며 우려를 표한다.

루이스는 '캥거루'를 예를 들며 이 방법이 가장 빠른 방법이라고 설득한다. 1770년 제임스 쿡 선장의 배가 호주 해변에 좌초했다. 그들은 육지에 상륙하고 원주민을 만났다. 선원 한 명이 새끼를 배에 넣고 뛰어다니는 동물을 가리키며 뭐냐고 물었더니 원주민이 '캥거루'라고 했다고 한다. 그런데 나중에 알고 보니 '캥거루'는 동물 이름이 아니라 '모르겠다'는 뜻이었다고 한다. 이처럼 소통을 잘하기 위해서는 잘못 해석될 여지를 없애는 것이 중요하다. 그렇지 않으면 시간이 열 배는 더 걸릴 수 있다고 강조한다.

이렇듯 루이스는 소통의 오류를 방지하기 위해서는 그들의 언어를 정확히 알아야 하고, 또한 소통 과정에 '공감'이 전제되어야 함을 누구보다 잘 아는 인물이다. 임무를 맡기 전 산스크리스트어로 '전쟁'이 무슨 뜻인지 물어보는 질문에 버클리 댄버스 교수는 '다툼'이라는 표면적 뜻만 말한 반면 루이스는 '더 많은 암소를 원한다'고 답했다. 전쟁은 '더 많은 암소를 원하는 마음 때문에 생긴 다툼'이라는 당시 사람들의 깊은 내면의 욕구까지 읽어낸 것이다.

결론적으로 공감은 소통을 할 때 상대가 사용하는 언어의 표면적인 뜻 이면에 내포된 욕구까지 읽어내는 것이다. "우리 팀원들은 모두 이기적이고, 팀워크가 별로예요"라고 불평하는 구성원이 있다고 치자. 이때 표면적 뜻은 '현재 직장생활에 대한 불평불만이 있다'는 것이다. 하지만 그 이면에 '팀원들끼리 서로 도와주고 응원해주고, 팀워크가 좋아졌으면 좋겠다'는 그 사람의 욕구까지 알아준다면 진정한 공감이 될 것이다. 나아가 자신의 마음을 알아주는 리더에게 마음의 문을 더욱 활짝 열게 될 것이다. 《사랑받는 대화법》에서 조한겸 작가는 공감이란 한 존재가 다른 존재가 처한 상황과 마음에 대해 알아가고, 이해해가는 통합적인 과정이라고 말했다. 즉 진정한 공감을 위해서 인지적 노력은 필수적이라는 것이다. 리더라면 화합과 협력을 이끌어내는 가장 빠른 방법이 소통 과정에서의 '공감'임을 꼭 기억하자.*

공감, 사고방식 이해로 갈등 줄이기

루이스는 헵타포드의 문자를 분석하고 학습한 후 그들에게 지구에 온 목적을 시각자료로 물어보았다. 헵타포드는 그들의 문자로 '무기를 주다'라고 답한다. 이후 '무기'라는 단어로 인해 사람들 사이에 분쟁이 일어난다. '무기'의 정확한 뜻이 공격한다는 것인지, 요청인지,

---

* 조한겸, 《사랑받는 대화법》, 파지트, 2023.

경고인지 분간하기 어렵기 때문이다. 몇몇 군인은 두려움에 외계 비행물체(쉘)에 폭탄을 설치했다. 이때 루이스는 그들이 '무기'와 '도구'의 차이를 이해하지 못했을 수도 있고, 언어는 복합적이기 때문에 우리를 공격한다는 뜻으로 단정지을 수 없다고 주장한다.

중국의 군통수권자 샹 장군은 '무기'라는 헵타포드의 메시지에 자극을 받는다. UN을 통한 외교적 협상이 실패한 뒤 '중국은 인류를 분열시키는 외계인을 믿을 수 없다. 인류는 보호되어야 한다'며 전쟁을 선포한다. 중국은 상하이에 있는 헵타포드에게 최후통첩을 하고, 다른 국가들도 이에 동참할 것을 강력히 권고한다. 전쟁이 일어날 일촉즉발의 상황이다. 루이스는 전쟁을 막기 위해 급하게 외계 비행물체(쉘)로 들어가 헵타포드와 직접 대면을 시도한다. '무기'라는 말이 무슨 말인지 모르겠고, 다시 한번 "너희가 여기에 온 목적이 뭐지?"라고 물어본다. 이에 헵타포드는 '그들의 언어를 선물로 주는 것'이 '무기'의 참뜻이라고 답한다. 그들의 참 뜻을 알게 된 루이스는 샹 장군을 설득하여 전쟁을 막는 데 큰 기여를 한다.

헵타포드와 소통의 오류는 왜 생긴 것일까? 그것은 인간과 헵타포드의 언어체계가 다르다는 데 이유가 있다. 인간의 언어는 과거, 현재, 미래 시제가 있다. 이것은 인간이 시간을 순차적으로 인식하고 있기 때문이다. 예를 들어 '나는 팀장 리더십 책을 본다'라는 문장을 살펴보자. '나는', '팀장 리더십 책을', '본다', 이 세 어절을 순차적으로 나열하고 있다. 이처럼 인간의 언어는 선형적인 특성을 가졌다. 반면 헵타포드의 언어는 방향성, 시작과 끝도 구분이 없는 원형의 구조를 취한다. 즉 시간의 흐름에 구애받지 않는 그들의 인식을 반영한 언어 형태다.

헵타포드의 언어는 인류의 언어보다 굉장히 효율적으로 많은 정보를 담아낼 수 있다는 장점이 있어 복잡한 문장도 그들은 2초 만에 표현한다. 결과적으로 루이스는 헵타포드의 언어를 이해하고 분석, 학습하기 시작하면서 소통의 오류를 바로잡았다. 또한 루이스는 헵타포드어를 학습하면서 그들처럼 미래도 볼 수 있게 된다. 이 현상은 외국어에 몰입하면 사고 방식도 그 언어를 따라 바뀐다는 사피어-워프의 가설과 같은 맥락이다. 한마디로 사용하는 언어에 따라 생각하는 방식이 결정되고 사물을 바라보는 시각도 바뀔 수 있다는 주장이다.

영화 속 이런 현상에 착안해 리더로서 이해되지 않는 팀원을 공감하고 이해하는데 팁을 얻어보자. 새로운 세대가 사회로 진출할 무렵부터 기업에서는 세대 간 갈등, 세대 간 소통이 큰 이슈가 되었다. 대표적으로 "이걸요? 제가요? 왜요?"를 따져 묻는 요즘 세대의 당돌함에 기성세대는 아연실색하였고, 그들을 도통 이해할 수 없다는 뜻으로 밀레니얼 세대를 '외계인 신입사원', Z세대를 '또 다른 종'이라는 말로 표현하였다.[*] 누구나 살다 보면 나와는 맞지 않고, 절대 호환이 되지 않는 상대를 만난다. 이유는 서로가 자라온 사회적 배경, 환경이

---

[*] 허두영, 《요즘것들》, 사이다, 2018.

다르기 때문이다.

다름이 갈등과 분쟁이 되지 않게 하기 위해서는 새로운 세대가 왜 그런 말을 쓰는지 그들의 사고방식을 이해할 필요가 있다. "이걸요? 제가요? 왜요?"라는 말 속에 그들이 중요시하는 '공정성'과 '의미 있는 일을 하고 싶다'는 사고방식이 깊이 투영되어 있기 때문이다. 서로에 대해 모를수록 갈등은 커지고, 알수록 화합은 빨라진다. 루이스가 헵타포드의 '무기'를 공격으로 단정짓지 않고 정확한 뜻을 이해하여 전쟁을 막아낸 장면을 늘 떠올리자. 리더로서 소통의 오류를 늘 경계하고, '공감 소통'으로 구성원을 더 깊이 있게 이해하자. 노력할수록 갈등은 줄어들고, 화합과 협력은 더 커지는 멋진 팀을 만들 수 있을 것이다.

"당신이 하는 일이 세계를 변화시킬 것이라고
믿지 않는다면, 그 일을 하지 말라."
- 스티브 잡스

　성공한 CEO들을 보면 공통점이 있다. 젊었을 때부터 원대한 꿈을 꾸었고, 그것을 이루기 위해 치열하게 살았다는 점이다. '치열'하면 떠오르는 인물이 누구냐고 물으면 꽤 많은 사람이 애플의 공동 창업자 스티브 잡스를 떠올린다. 그는 2011년 췌장암으로 세상을 떠났다. 하지만 21세기 스마트 시대를 대표하는 아이콘으로서 그가 남긴 족적이 너무 컸기에 그의 일생을 돌아보기 위한 열기는 그가 세상을 떠난 후 더 뜨거워졌다. 2015년 제작된 영화 〈스티브 잡스〉는 그 열기를 증명한다.*

　영화는 1984년 애플-매킨토시, 1988년 넥스트-블랙큐브, 1998년 애플-아이맥 출시 발표 이렇게 그가 '세상을 바꾼 세 번의 프리젠테이션'을 준비하는 무대 뒤 이야기를 보여준다. 프리젠테이션을 준비하는 과정에서 그는 완벽함을 위해 사소한 것 하나 놓치지 않고, 자신의

＊　대니 보일, 〈스티브 잡스〉(영화), 2016.

의견을 관철하기 위해 주변 사람에게 상처주는 말도 서슴지 않고 내뱉는다. 아이디어를 성과로 연결시키기 위한 그의 집중과 몰입은 주변 구성원들에게 공포심을 불러일으킬 정도다. 치열하다 못해 냉정하고 삐뚤어진 모습은 마치 고집불통 소시오패스를 연상시킨다. 그런데 이런 미성숙한 리더를 사람들은 왜 그토록 따르는 것일까? 그리고 애플은 왜 그토록 창의적인 것일까? 매년 끊임없이 어떻게 그토록 지속적으로 경쟁사보다 더 혁신적일 수 있을까?

사이먼 시넥은 《스타트 위드 와이: 나는 왜 이 일을 하는가》에서 사람들에게 영감을 주는 조직과 리더는 생각하는 방식 자체가 다르다고 한다.[*] 이 세상에 존재하는 모든 조직과 사람들은 자신이 무엇What을 하는지 안다. 또 어떤 이들은 차별화, 가치 제안, 프로세스 우선순위, 독창적인 판매 제안 등 어떻게How 하는지도 안다. 하지만 '왜Why' 하는지 아는 개인이나 조직은 극히 드물다. '돈(수익)을 벌기 위해서'는 '왜Why'가 아니다. 그건 그저 결과일 뿐이다.

여기서 '왜Why'란 그 일을 하는 '목적, 동기, 신념'을 뜻한다. 애플은 경쟁사와 똑같이 컴퓨터 제조사이고, 기회도, 재능도, 쓸 수 있는 대행사도, 컨설턴트나 미디어 활용 기회도 크게 다르지 않았다. 하지만 사람들이 애플을 경쟁사들과 다르게 특별하게 느끼는 이유는 '기존 것에 도전하고, 다르게 생각하여 세상을 크게 변화시킨다'는 스티

---

[*] 사이먼 사이넥, 《스타트 위드 와이: 나는 왜 이 일 하는가》 세계사, 2021.

브 잡스의 남다른 생각, 바로 '왜Why'에 있다. 그는 일생 동안 다른 생각으로 세상을 변화시킬 수 있다는 자신의 신념을 믿고 행동했다. 즉자신의 '왜Why'를 실현시키기 위해 치열하게 달려나갔고, 그 모습은 구성원과 조직에 자발적 영감을 불러일으켰다. 고집불통 스티브 잡스. 그의 리더십 비결은 리더의 6코어 '치열'에 있었다.

20초 음성파일 '안녕hello', 세상을 변화시킨다

1984년 애플 매킨토시 출시 발표 프레젠테이션 40분 전, 원인모를 오류가 발생한다. 새로 출시하는 매킨토시 컴퓨터가 '안녕hello'이라고 말해야 하는데, 음성 데모에 문제가 생겼다. 몇 번을 시도해도 '안녕hello'이라는 음성은 나오지 않고 화면에 실행할 수 없다는 오류 메시지만 뜬다. 스티브 잡스는 엔지니어 앤디 허츠펠드를 불러 빨리 이 문제를 해결하라고 한다. 그런데 앤디는 음성 데모 오류 부분은 자신의 일이지만 40분 만에 해결할 수 있는 문제는 아니며, 2시간 발표에서 이 음성이 차지하는 시간은 고작 20초밖에 안 되는데 그냥 빼면 안 되냐고 말한다. 이에 스티브 잡스는 음성을 빼는 것은 절대 있을 수 없는 일이고 빨리 해결하라고 다그친다.

생각에 빠진 앤디, 잠시 후 그는 일부 오류는 수정한다 해도 하드웨어에 문제가 있으면 손댈 수 없다고 못 박는다. 왜냐하면 매킨토시는 사용자가 컴퓨터를 열어볼 수 없게 만든 폐쇄 시스템으로 만들어졌기 때문이다. 컴퓨터를 열어 하드웨어 문제를 손보려면 특수 장치가 필요하다는 말에 스티브 잡스는 이 현장에 엔지니어가 100명이나 있는데, 그 장치를 가진 사람이 한 명도 없다는 건 말도 안 된다며 언성을 높인다. 동료 조안나가 보기에도 이런 작은 오류로 앤디를 다그치고 언성을 높이는 스티브 잡스의 모습은 과해 보인다. 그녀는 그렇게 이유 없이 사람들을 멀어지게 만들면 '안녕'이라고 말할 사람조차 남아 있지 않을 거라고 했다. 이어 이 음성 소프트웨어는 광고에 내보내지도 않았으며, 이걸 데모에서 제외한다고 해도 실망할 사람은 아무도 없으니 합리적으로 행동하라고 조언한다.

스티브 잡스는 지금은 컴퓨터가 '안녕hello'이라고 말하는 게 중요한 일처럼 보이지 않겠지만, 이 일은 애플을 넘어 인류에게 매우 중요한 일이라고 설명한다. '벨'이라는 사람 이름이 전화회사를 대표하는 말이 됐듯이, 이걸 망치면 IBM은 컴퓨터 회사를 대표하게 될 것이고 10년 뒤에는 정보회사가 되는 일이 생길 것이라고 말이다. 그것은 인류에게 끔찍한 일이고, 그래서 지금 예의를 차리거나 현실적으로 행동할 시간이 없다고 조안나를 이해시킨다. 그리고 만약 음성 데모를 취소해야 한다면 출시 발표도 취소하라고 엄포를 놓는다.

해결 방법을 찾아봤지만 성공 확률이 6분의 1밖에 안 된다는 앤디의 말에 스티브 잡스는 폭발한다. 당장 이 확률을 6분의 5의 확률로 바꾸지 못하면 제품 출시 데모를 만든 모든 사람의 이름을 하나씩 발표하는 특단의 조치를 취하겠다고 협박한다. 화면에 있는 매킨토시 글꼴은 스티브 잡스가 디자인했고, 빛나는 밤 하늘과 비행기로 글씨를 쓰는 그래픽은 부르스 혼의 작품이고, 맥페인트, 맥라이트, 엘리스… 계산기까지 말할 것이며, 작동하지 않는 음성 데모는 앤디 허츠펠드가 만들었다고 공개적 망신을 줄 것임을 예고한다. 강도 높은 압박 때문인지 잠시 후 앤디는 해결 방법을 찾아낸다. 그 방법은 128컴퓨터를 512컴퓨터에서 실행하는 것이다. 그러나 그 방식은 사람들을 속이는 비윤리적인 방식이라며 조안나가 반대한다. 이에 스티브 잡스는 아무도 모를 거라고 회유한다.

컴퓨터가 '안녕hello'이라고 말하는 게 중요한 이유를 말해달라는 조안나에게 스티브 잡스는 이런 말을 한다. "할리우드에서는 말하는 컴퓨터를 무서운 존재로 만들었어. 이 녀석을 보면 친근한 얼굴이 떠오르지 않아? 저 디스크 슬롯은 바보같이 웃는 것 같지? 따뜻하고 장난기가 많아. 그러니까 '안녕'이라고 해야지. 원래 가능했으니까 '안녕'이라고 말해야 해." 이 대사 속에는 컴퓨터를 다룰 수 있는 사람만 쓰는 컴퓨터가 아닌, 컴퓨터를 다루지 못하는 더 많은 사람들이 사용할 수 있는 컴퓨터를 만들고자 하는 그의 꿈, 믿음, 신념이 녹아 있다. 그는 20초 '안녕hello' 음성파일이 세상을 변화시키는 촉매제가 될 것이라고 굳게 믿었고, 자신의 '왜Why'를 실현시키기 위해 치열하게 일했다.

누구나 쓸 수 있는 컴퓨터, 세상을 변화시킨다

부모님의 차고에서 애플을 설립하던 때, 스티브 잡스는 공동 창업자 스티브 워즈니악과 슬롯을 몇 개 만들지에 대한 의견 차이로 설전을 벌인다. 워즈니악은 8개의 슬롯으로 '오픈 시스템'을 만들자고 하고, 잡스는 8개는 너무 많으며 프린터용과 모뎀용 2개면 충분하다. '폐쇄 시스템'을 만들자고 한다. 오픈 시스템 vs 폐쇄 시스템의 대결, 당시 최종 승자는 워즈니악이었다. 이후 워즈니악과 애플2팀을 중심으로 오픈 시스템이 만들어졌고, 매출로 이어졌다. 하지만 스티브 잡스는 그의 일생동안 애플2팀을 끝까지 인정하지 않았다.

1) 1984년 애플: 매킨토시 출시 발표날

워즈니악이 잡스를 찾아왔다. 애플2팀을 공개적으로 인정해 달라고 부탁하기 위해서다. 잡스가 언급해 잠깐 자리에서 일어나도록 해주면, 그것만으로도 애플2팀에게 큰 동기부여가 될 거라고 간곡히 부탁한다. 하지만 잡스는 매킨토시를 소개하는 자리라 안 된다고 단박에 거절한다.

2) 1988년 넥스트: 블랙큐브 출시 발표날

스티브 잡스가 애플에서 해고되고, 넥스트로 옮겨가 교육용 컴퓨터 큐브를 출시 발표하던 날에도 워즈니악이 찾아왔다. 잡스는 워즈니악에게 자신이 해고된 후 언론에 공개적으로 자기를 욕한 이유를 물었다. 이때 워즈니악은 "잡스, 너는 코드도 쓸 줄 모르고, 엔지니어도 아니고, 디자이너도 아니고, 망치로 못 박을 줄도 모르지만, 나는 회로판을 만들었어. 그래픽 인터페이스도 제록스 회사에서 베꼈지. 넌 매킨토시팀의 리더인 제프 래프킨을 쫓아냈어. 모든 걸 다! 디자인도 다른 사람이 했잖아! 그런데 왜 '스티브 잡스는 천재'라는 기사가 매일 나올까? 넌 대체 뭘 하는데?" 이렇게 말한다. 이 말은 당시 애플 수입의 70퍼센트는 애플2팀 덕분이었는데, 잡스가 애플2팀을 인정하지 않는 태도 때문에 매우 화가 났음을 표현한 말이다. 하지만 잡스는 "넌 훌륭한 연주자고, 난 오케스트라를 연주하는 지휘자"라고 일축하며 워즈니악을 또 화나게 만든다.

3) 1998년 애플: 아이맥 출시 발표날

워즈니악은 14년 후 스티브 잡스가 애플로 돌아와 아이맥을 출시할 때도 그 자리에 있었다. 이때도 준비 중인 잡스에게 애플2팀은 최고의 팀이었다고 인정하라고 말한다. 이에 잡스는 애플2팀은 최고가 아니었고, 거기에 최고는 없었다, 모두 2군 선수들이었다고 날을 세워 말했다. 그리고 애플2팀과 워즈니악 때문에 회사가 망할 뻔했다고 강하게 비판했다.

스티브 잡스는 평생에 걸쳐 세상의 모든 사람이 쓸 수 있는 쉬운 컴퓨터를 만들기 위해 노력했다. 반면 워즈니악과 애플2팀은 컴퓨터를 사용할 줄 아는 일부 사람만을 위한 컴퓨터를 만들고자 했다. 당시 컴퓨터를 좀 사용할 줄 아는 사람들은 자신이 원하는 대로 컴퓨터를 만들고, 수정하고 싶어 했다. 그 니즈를 충족시키기 위해서 훌륭한 하드웨어 엔지니어가 음악용 키보드, 훌륭한 사운드보드, 효율적인 디스플레이보드, 개선된 메모리카드 등 컴퓨터 성능을 더 높여줄 필요가 있다고 생각했다. 누구를 위한 컴퓨터를 만들지 대상·목적 자체가 달랐기 때문에 충돌이 생길 수밖에 없었던 것이다. 보통 사람이라면 목표, 방향이 다르더라도 애플2팀의 노력과 결과를 한 번쯤 인정해줄지도 모른다. 그것이 일반적으로 생각하는 '인간미 있는 리더'의 모습이라고 생각하기 때문이다. 하지만 스티브 잡스는 자신의 '왜Why'를 향해 나아가기 위해, 애플2팀을 끝까지 인정하지 않는 지독한 냉혈안을 선택한다.

영화를 보면 스티브 잡스가 존 스컬리를 최고경영자CEO로 영입하기 위해 공을 들일 때 자신의 '왜Why'를 설명하는 장면이 있다. 그 장면은 그가 일생 동안 세상을 넘어 우주를 놀라게 하기 위해 얼마나 지독하게 초심을 지키고, 실현하기 위해 치열하게 살아왔는지를 잘 보여준다.

"지구상에서 가장 효율적인 동물은 콘도르라는 독수리예요. 가장 비효율적인 동물은 사람이고요.

그렇지만 사람이 자전거를 이용하면 가장 효율적인 동물이 되는 거죠.

좋은 컴퓨터는 보기 흉하지 않고 친근하면서도 쉬운 컴퓨터예요.

책상에 아름다운 탁상 램프가 어울리듯이 좋은 컴퓨터가 우리 마음에 자전거 역할을 할 거예요.

컴퓨터를 사용할 줄 아는 사람들에게만 파는 것보다 누구나 쓸 수 있게 하는 게 좋지 않나요?

이 세상의 모든 사람들에게 말이에요."

| 'Think Different', 리더의 치열함이 만든다 |

스티브 잡스가 돌아왔을 때, 애플은 18억 달러 적자에 시달리는 어려운 상황이었다. 그 당시 애플은 다른 많은 버전의 매킨토시를 포함해 컴퓨터와 주변기기를 무작위로 생산하고 있었다. 몇 주간의 제품 리뷰 후 잡스는 "그만!" 하고 소리쳤다. 이후 펜을 들고 맨발로 터벅터벅 화이트보드로 걸어가더니 2행 2열의 표를 그렸다. 잡스는 위에는 '소비자'와 '프로'라고 쓰고, 아래에는 '데스크탑'과 '휴대용'이라고 적었다. "우리에게 필요한 것이 여기 있습니다. 우리가 집중할 것은 이 네 가지이고, 이와 맞지 않는 모든 프로젝트는 취소되어야 합니다. 하지 않을 것을 결정하는 것은 할 것을 결정하는 것만큼이나 중요하죠. 기업에 있어서도 그렇고 제품에 있어서도 그렇습니다"라는 말에 정적이 흘렀다.

'Think Different' 캠페인이 탄생하는 순간이다. 그리고 구성원들의 마음속에 애플의 철학과 가치가 깊이 뿌리내리게 되었다.

《리더십의 심리학》에서 딘 토즈볼드와 메리 토즈볼드는 '리더는 조직의 거울'이라고 했다.[*] 직원들은 리더의 모습을 바탕으로 자신들의 많은 부분을 결정할 정도로 중요하다는 의미이다. 다시 말해 직원들은 조직 내에서 자신의 행동방식, 사고방식뿐 아니라 어느 정도로 헌신적으로 노력해야 하는지, 어느 선까지 예를 갖춰야 하는지, 또 얼마만큼 정직해야 하는 등을 리더의 모습을 보고 판단하고 결정한다는 것이다. 이런 의미에서 스티브 잡스가 가진 애플의 철학과 가치, 일에 대한 치열함이 조직과 구성원들의 자발성에 얼만큼 영향을 미쳤을지 짐작할 수 있을 것이다. 구성원들의 자발성을 끌어내는 리더가 되고 싶은가? 그렇다면 스티브 잡스처럼 자신의 '왜Why'를 구심점으로 치열하게 나아가라. 이것이 리더의 6코어 '치열'을 장착해야 하는 이유다.

---

[*] 딘 터즈볼드·메리 토즈볼드,《리더십의 심리학》, GASAN BOOKS, 2007.

"균형은 완벽함에서 오지 않는다.
흔들림에서 온다."

오프라 윈프리

2015년, 미국의 시사잡지 〈타임TIME〉은 26년 만에 올해의 인물로 여성을 선정했다. 주인공은 바로 16년간 독일의 최장수 총리로 집권한 앙겔라 메르켈 총리다. 2005년 독일은 '유럽의 병자sick man of Europe'로 불렸다. 통일 후 경제는 내리막길로 치달아 당시 실업률이 11퍼센트에 달했다. 하지만 메르켈 집권 후 서서히 실업률은 낮아졌고, 국민의 생활 수준도 개선되기 시작했다. 대개 지도자들의 퇴임은 레임덕과 함께 쓸쓸하기 마련인데 그녀에게 레임덕은 없었다. 유럽연합(EU) 최강국을 이끌고, 장기집권을 끝마치는 시점까지 국민 지지율 70~80퍼센트를 받은 리더 중의 리더였다.

이런 '메르켈 리더십'은 정치인으로서 특별함을 넘어 경이롭다는 평가를 받는다. 그래서인지 그녀에게는 '최초의 여성 총리', '최연소 독일 총리', '최초의 동독 출신 총리', '최장기간 재직한 총리', '역사상 자발적으로 퇴임하는 첫 번째 총리' 등 많은 타이틀이 따라다닌다. 이처럼 메르켈 총리가 큰 업적을 남기고, 국내외의 주목과 사랑을 받으며 장수할 수 있었던 비결은 무엇일까?

2017년 신년기획 KBS 스페셜 〈행복한 국가를 만드는 리더십〉 1부에서 메르켈 리더십에 대해 집중 조명했다.[*] 〈메르켈 리더십, 국민의 마음을 얻다〉 다큐를 보면 그녀가 리더로서 큰 결정을 내릴 때마다 '따뜻함 vs 냉철함', '겸손 vs 자신감', '진보 vs 보수' 사이의 균형을 잘 맞추는 것을 볼 수 있다. 미국의 경영학자 피터 드러커는 업무상 발생하는 다양한 상황에서 리더의 균형감각은 매우 중요하다고 말했다. 리더라면 불확실성의 시대, 시장의 다양성이 확대되고 변화가 빨라질수록 흔들림 속에서 '어떻게 균형을 잡을 것인가' 고민해야 한다. 균형 감각이 탁월한 리더는 현재 상황을 개선하고, 나아가 적극적인 가이드까지 제공한다. 메르켈 리더십을 통해 리더의 6코어 마지막 '균형'에 대해 알아보자.

'따뜻함 vs 냉철함' 균형 맞추기

메르켈의 별명은 '무티Mutti'다. 독일어로 '무티'는 '엄마'다. 그녀는 자식이 없지만 '무티 메르켈'로 불릴 정도로 온화하고 따뜻한 모성을 느끼게 하는 마력을 가지고 있다. 국민들은 그녀의 소탈하고 여유

---

[*] 손웅달, 나원식, 〈행복한 국가를 만드는 리더십! 1부, 메르켈 리더십 국민의 마음을 얻다〉(다큐멘터리), KBS. 2017. 01. 12.

있고, 따뜻한 모습에 친근감을 느낀다. 하지만 늘 따뜻하지만은 않다. 때에 따라서는 원칙을 가지고 현실 상황을 냉철하게 판단하고 행동하기도 한다. '무티 리더십'은 '냉철함 vs 따뜻함'의 균형을 바탕으로 국정 운영에 안정감을 불어넣었다.

따뜻한 리더십

당 내 그에게 도전장을 내미는 사람은 아무도 없을 정도로 대중적 지지도가 높았던 2015년, 난민 문제가 터졌다. 난민 문제는 그녀의 임기 기간 중 가장 큰 위기였다. 시리아 내전이 장기화되면서 당시 유럽에서는 난민 수용 문제가 본격화되었다. 바다를 건너 유럽으로 밀려오는 난민 수가 100만 명이 넘어가자 유럽 각국은 대책 마련에 고심했다. 메르켈은 많은 독일인들의 반대에도 불구하고 적극적인 난민 수용 정책을 펼쳤다. 난민 센터를 방문했을 당시 메르켈은 독일 국민들을 향해 "우리는 할 수 있습니다"라고 확신시켰으며, 실제 90만 명의 난민을 받아들였다. 그해 〈타임〉은 메르켈을 올해의 인물로 선정했고, 메르켈은 서방세계의 등불이자 민주주의 가치를 상징하는 선구자가 됐다.

난민 수용정책으로 치러야 할 대가도 있었다. 독일로 유입된 난민들의 문제가 깊어지자, 독일 군중들은 분노했고, 메르켈의 지지율은 처음으로 50퍼센트 아래로 떨어졌다. 그때 메르켈은 "나는 오랜 세월 장벽 너머에 살았습니다. 다시는 생각하고 싶지 않은 일이죠. 나는 난민을 적으로 취급하자는 경쟁에 참여하지 않을 것입니다"라고 단호하게 말했다. 어떤 반대의 목소리에도 변명하지 않았다. 난민 문제는 지금도 계속되고 있다. 그러나 과거 독일이 저지른 말로 표현할 수 없는 어두운 역사를 완전히 잊게 할 만큼 독일을 인도주의 국가 이미지를 갖게 만들었다.

단호한 리더십

메르켈은 냉철한 이미지와 단호한 리더십으로도 유명하다. 동독 출신 물리학자였던 메르켈은 1990년 통일이 되자 기독교민주연합에 입당해 연방의원으로서 정치를 시작했다. 그의 정치 커리어는 '헬무트 콜'이라는 인물을 만나며 변곡점을 맞이한다. 당시 독일 최장수 총리였던 콜은 메르켈을 정치 유망주라고 판단했고, 장관직에 발탁했다. 메르켈은 헬무트 콜 전 독일총리를 자신의 인생을 바꾼 인물이라고 했다. 헬무트 콜이 학자였던 메르켈을 장관으로 만들어주었으니 맞는 말이다. 그러나 콜이 부패 자금 의혹 사건에 휩싸이자, 1999년 메르켈은 공개적으로 그를 비판하며 단호하게 결별을 선언했다.

정치적 스승을 배신했다는 비난도 있었지만, 당을 지키기 위한 합리적인 결단으로 국민들에게 청렴한 지도자로서 믿음을 준 계기가 되기도 했다. 이후 2005년 총선, 슈뢰더 전 총리를 상대로 메르켈이 승리를 거두며 독일 최초의 여성 총리가 되었다. 만약 그때 콜과의 인연을 과감하게 끊지 않았다면 지금의 메르켈은 없었을지 모른다. 훗날 메르켈은 자신의 충성심은 한 남자를 향한 게 아니라 당의 미래를 향한 것이며, 콜에게 진 빚은 정치적인 빚이지 개인적인 빚은 아니라고 했다. 또한 그녀는 사람과는 결별했지만, 그의 훌륭했던 정책은 버리지 않았다.

2009년 말에는 유로존의 재정 위기가 불거졌고, 메르켈은 유로화를 구하기 위해 팔을 걷어붙이고 나섰다. 그리스가 디폴트를 선언한 후에는 유로존 국가들을 상대로 강력한 구조개혁과 긴축정책을 실시하도록 압박을 가했다. 이에 반대하는 그리스를 비롯한 몇몇 국가들은 메르켈을 히틀러에 비유했고, 메르켈이 가는 곳마다 반대 시위가 있었다. 그러나 결과적으로 메르켈의 결정이 옳았다. 뼈를 깎는 개혁을 통해 독일과 유로존은 위기에서 벗어날 수 있었고, 메르켈은 스스로 이 성과를 총리로서 이룬 가장 큰 업적 가운데 하나로 꼽았다.

스테판 람비(ARD TV 정치 다큐멘터리 전문 PD)는 "메르켈 총리는 침착합니다. 현재 독일이 불안한 시기이지만, 여유가 있고 정치를 감정적이 아니라 이성적으로 하려고 노력합니다"라고 했다. 메르켈은 이념 대신 냉철한 합리성으로 그때그때 위기와 난맥상을 잘 관리하고, 실행 가능한 것만 추구하면서 나라를 안정시키고, 사회 각계와 국제사회의 갈등을 끈기 있게 조정하고, 자신의 실수를 스스로 수정해 나가는 지도자였다. 독일 언론은 메르켈 리더십 특징을 '권력을 과시하지 않고서도 정부 정책을 힘 있게 추진하는 것'이라고 하였으며, 이를 '메르켈리즘'이라고 불렀다.

'겸손 vs 자신감' 균형 맞추기

메르켈 총리의 이름은 '메르켈하다'라는 동사로도 널리 쓰인다. 독일에서 '메르켈하다'는 눈에 띄지 않게 한 걸음씩 앞으로 나아가 목표에 도달한다는 긍정적인 의미로 쓰인다. 눈에 띄지 않게 한 걸음씩 앞으로 나아간다는 것은 '리더의 겸손함'을 뜻하고, 목표에 도달한다는 것은 '리더의 자신감'을 말한다. 이것은 국민들이 메르켈을 겸손과 자신감 모두를 겸비한 훌륭한 리더십을 가진 인물로 평가한다는 증거다.

P&G의 CEO인 A.G. 래플리는 성공을 쟁취하기 위해서는 '겸손한 자신감humble confidence'이 필요하다고 했다. 자신의 능력에 대한 '자신감'과 함께 끊임없이 배우려는 '겸손함' 또한 가져야 한다는 뜻이다. 그런 의미에서 리더는 자신의 강점뿐 아니라 약점이 무엇이며, 자신이 과거에 실패한 것이 무엇인지, 약점과 실패에서 무엇을 배워야 하는지 알아야 한다. 또한 다른 사람으로부터 기꺼이 배우고, 자신이 틀렸을 때 인정하며, 건설적인 비판을 받아들이려는 의지도 있어야 한다. 리더는 자신감이 지나쳐 오만함에 빠지지 않도록 늘 배움의 자세를 유지해야 한다. 성취를 자랑하고 싶은 충동이 생길 때에도 구성원에게 주의를 돌려 그들을 칭찬해야 신뢰로운 리더가 될 수 있다.

2016년 12월 6일, 독일 집권당인 기독교민주연합의 전당대회 날이다. 이날은 2년 임기의 당 대표를 뽑는 날이다. 메르켈이 단독 출마했다. 그녀가 대표로 다시 선출되고 그다음 총선에서 승리하면, 총리를 4번 연임하는 대기록을 세우게 된다. 그녀의 인기는 대단했다. 이날도 거의 90퍼센트에 가까운 득표율로 당 대표에 선출됐다. 전당대회 날, 일찍 도착한 메르켈은 한 사람 한 사람 찾아가 먼저 인사를 했다. 최고권력자가 먼저 인사를 하는 모습은 아랫사람이 윗사람을 찾아가 인사하는 우리와는 다른 낯선 광경이다. 그녀는 자신의 일거수일투족을 담기 위해 쉴 새 없이 카메라 셔터를 누르는 취재 기자들에게도 친절하고 성실하게 답변한다. 헤어스타일도 옷차림도 늘 검소하며 부를 과시하지 않는다. 그녀에게 권력자의 오만함이란 없다.

그녀는 자신이 빛나 보이는 쇼맨십은 지양하고, 언제나 솔직하고 대담했다. 어떻게든 자신을 부각해서 정치적으로 주도권을 잡으려는 카리스마 있는 모습을 위해 노력하는 다른 정치인들과는 달랐다. 자신감 넘치면서도 자신을 내세우지 않는 겸손한 리더였다. 겸손은 리더를 믿음직하고, 매력적인 사람으로 만든다. 기독교민주연합 의원인 토마스 야르존벡은 인터뷰에서 "메르켈 총리는 겸손하고 허영심이 없으며, 어떤 종류의 스캔들도 일으킨 적이 없습니다. 동시에 그녀는 자신 있게 앞으로 직진하는 스타일이고, 바로 그런 점을 독일 국민들이 좋아합니다"라고 말했다. 오랜 기간 그녀를 최고 권력자로 만든 힘은 '겸손한 자신감'에 있었다.

일반적으로 '자신감'과 '겸손함' 두 단어는 상반된 의미를 가지고 있기 때문에 하나의 매력을 선택하면 다른 매력은 포기해야 한다고 생각한다. 하지만 이 둘이 조화를 이루면 그 매력은 배가 된다. '리더의 자신감'은 구성원들에게 영감을 주고 목표를 달성하기 위한 동기를 부여한다. 여기에 '겸손'의 균형까지 갖추면 구성원들이 리더에게 지원받고, 스스로 가치 있다고 느낄 수 있는 포용적인 환경까지 조성할 수 있다.

'진보 vs 보수' 균형 맞추기

2013년 12월 17일, 총리를 선출하는 날이다. 독일에서 총리는 총선에서 가장 많은 의석을 차지하는 정당 대표가 후보로 초대되고, 토론 없이 투표로 결정된다. 메르켈이 총리에 당선됐고, 세 번째 연임에 성공한다. 그러나 당시 총선에서 메르켈의 정당은 과반 의석을 확보하지 못해 단독 정부 구성이 어려운 상황이었다. 그녀가 대표로 있는 기독교민주연합은 보수정당이다. 안정된 정부를 이끌기 위해 보수성향의 정당과 연합하지만 과반에는 다섯 자리가 부족했다. 그녀는 경쟁관계인 진보 성향 사회민주당에 파격적인 제안을 하고 대연정을 성공시킨다. 메르켈의 결단으로 80퍼센트의 지지를 받는 정부가 출범했다. 이념과 정책이 다르고 강력한 경쟁관계에 있는 정당의 마음을 움직인 비결은 무엇일까?

메르켈은 권력을 독점하지 않았다. 그녀는 경쟁 정당인 사회민주당에 부총리와 외교, 법무 등 주요 장관 자리를 맡겼고, 의석 비율보다 많은 장관직도 내주었다. 사회민주당의 주요 정책도 과감하게 받아들였다. 프라이부르크 대학 정치학과 바그샬 교수는 "메르켈 총리가 집권하는 동안 기민연합이 많이 좌측으로 움직였고, 그로 인해 사민당과 기민연합 및 기사연합 사이의 거리감이 많이 줄어들어 여러 분야의 정책에 대한 합의를 이룰 수 있게 됐다"고 했다.

메르켈은 '진보 vs 보수' 사이의 균형을 맞추기 위해 자신의 주장을 고집하지 않고 토론으로 의견을 좁혀 나가는 방식을 취했다. 요한네스 페히너 의원(국회 법사위원장이자 사회민주당 대변인)도 "메르켈 총리는 12년간 정부를 이끄는 동안 사회의 어떤 계층에도 상처를 주지 않으려고 많은 정책을 독단적으로 확정하지 않았다. 그것을 임기 동안 잘 반영하였고, 인기를 유지했다"라고 그녀의 통합 방식을 칭찬했다. 대통합의 정치는 정당의 미래보다 국가를 위한 선택이다. 그 선택의 최대 수혜자는 언제나 정치인이 아닌 국민이여야 한다는 그녀의 정치적 신념이 '균형 리더십'으로 발현되었음을 알 수 있다.

메르켈 본인은 자신이 남긴 정치적 유산이 무엇이냐는 질문에 대해서는 늘 대답하길 거부해왔다. 역사적 평가는 자신이 해야 할 일이 아니라는 이유에서였다. 지난 2019년 독일 북부의 작은 항구 도시인 슈트랄준트를 방문했을 당시 메르켈은 "50년 후 역사책 속에서 당신이 어떤 사람으로 묘사되면 좋겠느냐"는 질문에 "그녀는 노력했다She tried", 이 짧은 문장 하나만으로 만족한다고 말했다. 그녀는 국민의 행복을 위해 '따뜻함 vs 냉철함', '겸손 vs 자신감', '진보 vs 보수' 사이의 균형을 맞추기 위해 끊임없이 노력했다. 그리고 국민들은 절대적 지지와 사랑으로 답했다. 메르켈은 자신의 바람대로 역사에 '국민의 행복을 위해 노력한 리더'로 기억될 것이다.

지금부터 리더

초판 1쇄 2024년 2월 24일
초판 2쇄 2024년 3월 4일

지은이 지정훈, 조한겸, 정우성, 전수정, 박한샘, 박찬규, 박진일, 김화정, 김정현, 김윤정

기획 이유림
편집 정은아
마케팅 총괄 임동건
경영지원 임정혁, 이순미

펴낸이 최익성
펴낸곳 플랜비디자인

표지 디자인 스튜디오 사지
내지 디자인 새섬

출판등록 제2016-000001호
주소 경기도 화성시 동탄첨단산업1로 27 동탄IX타워 A동 3210호

전화 031-8050-0508
이메일 planbdesigncompany@gmail.com

ISBN 979-11-6832-095-6 (03320)